Molding Excellent Leadership: Culture and Politics in the Modern World

政治的リーダーと文化

TSUTSUI Kiyotada
筒井清忠 編著

瀧井一博
奈良岡聰智
待鳥聡史
加藤秀樹
苅部直
村田晃嗣
小林傳司
久保文明
宇野重規
細谷雄一
岡田暁生

千倉書房

政治的リーダーと文化

目次

政治的リーダーと文化

序論

現代における「政治」と「文化」

筒井清忠
TSUTSUI Kiyotada

本書は「政治的リーダーと文化」という主題に関する初めての書物である。タイトルはもちろんのことその発想においても。ということは、これまでこうした視点がなかったということでもある。現代政治の行き詰まりとその原因の多くがリーダーシップの虚弱性にあること、そしてそれが文化と大きく関係していること、それらが多くの人に悟られ出したことによって、ようやくこの主題の重要性が認識され出したのだといえよう。

さて「政治的リーダーと文化」という問題を考察するに当たってはこの問題を含めた「政治と文化」という問題についての一定の了解なしには議論を先に進めることは

できないであろう。この場合、「政治」という用語の含意は比較的鮮明であり、「首相ないし大統領」「議会」「政党」「選挙」といった形で誰しもほぼ同じ内容をイメージしていると想定できるが、「文化」は多義的であり認識にばらつきのあることが予想される。「文化」という言葉には、社会学などで使われるように「立ち居振る舞いすべて」＝「生活」と言い換えてもかまわないような広い用法もあれば、日常生活においてよく使われるように「芸術」「美術」などを指すような狭い用法もあるからである（もちろん「政治」に関しても厳密に言えば広狭二義が考えられるのだがやはり「文化」ほど広義ではないであろう）。

本書は、この点についてあえて厳密な定義づけを行っていない。広義にせよ狭義にせよ、「政治」という問題を考えるにあたっては「文化」という視点に関連させていくことが何よりも大切だというのが、本書の基本的前提だからであり、その方がよりダイナミックな議論が展開できると考えたからである。実際集まった原稿を読まれた読者はこのことを納得されるであろう。

次に、ハッキリさせておかなければならないのは、「政治」と「文化」という問題を考えるにあたっては、「政治↓文化」（政治の背後・奥に文化を見る）という方向から考えるのと、「文化↓政治」（文化の背後・奥に政治を見る）という方向から考えるのとの、方向性を異にする二つのアプローチが存在するということである。以下、この二者について検討していくことにしたい。

前者の「政治↓文化」という方向からのアプローチとは、「政治」の考察に当たってはその文化的背景にまで遡って検討しなければならないとするものである。いわゆる政治文化論はこのタイプの典型といえよう。よく知られているように、ガブリエル・A・アーモンドとシドニー・ヴァーバは早く一九六三年に『現代市民の政治文化――五カ国における政治的態度と民主主義』(邦訳、石川一雄他訳、勁草書房、一九七四年)を著し、この視点を提起したのである。

アーモンドらは、国家・政党・圧力団体・選挙制度などの政治制度の比較研究に際しては、同じ制度でも国ごとに機能が異なっていることに着目しその背後の政治文化の分析にまで踏み込まねば真の比較政治研究にならないということを提言したのである。比較政治学は単なる比較制度論や比較機構論の限界を突破しなければ本格的なものにならないことを提起したともいえよう。

そして、こうした視点からアーモンドらは、五カ国の調査を基にして政治文化に関する未分化型・臣民型・参加型の三類型論を提起している。それは次のようなものであった。

①未分化型――ある集団のメンバー（国民）が政治に対して明確な態度・志向を示さないタイプ。そこではメンバーの政治参加への志向が見られない。政治的・経済的・社会的な役割が分化していない前近代社会やアフリカの部族社会などに見られる。

②臣民型――集団メンバーが自己の利益の表明や要求に対して関心を持たず、むしろ政府の決定内容やその施行の方に関心を持つタイプ。集団メンバー自身の政治参加意識は極めて低い。

③参加型――集団メンバーの政治参加意識が強く、自己の要求の提示によって政府に影響を与えることができると意識している。

アーモンドらは、①の未分化型と②の臣民型に比して③の参加型は民主主義の政治体制に親和性が高いとしており、この議論がアメリカ型の民主主義をモデルとする発想から成り立っていることは明白であろう（アメリカとイギリスの政治文化の実態は②③の混合とされているが）。戦前のドイツや日本が②に想定されていることは言うまでもない。

重要な提言であるにもかかわらずアーモンドらの議論がその後あまり重層的に発展

せず先細りとなっていったのは、同時代には有力であった同種の機能主義的理論が衰退していくのと運命をともにしたという面もあるが、やはりこの米英至上主義的発想に対する反発が大きかったと見るべきであろう（後に述べる文化の相対主義的把握の台頭の影響も大きいが）。政治文化を語るにあたって、アメリカ型デモクラシーのみが正しいという前提から議論を組み立てられては多くの人はついて行けなくなってしまうのである。こうしてこの種の政治文化論は衰退することとなってしまった。

しかし、政治現象の背後に文化的要素があることを否定しうる人はいないであろうし、それがそれぞれの文化圏によって大きく規定されることも否定はできないであろう。文化によって政治のすべてが規定されるとするのも行き過ぎだが、両者を全く無関係とするのも一つの行き過ぎなのである。従って、比較文化論や比較文明論の中には怪しげなものが多いことも事実だが、問題はその中から柱となりうる信頼できるものを取り出しそれを政治現象にどう結び付けていくかというところにあるといわねばならない。

この点、丸山真男の政治思想分析には今日でも学ぶべきものが多いし、橋川文三・神島二郎・京極純一らの仕事はなお多くのヒントを秘めていることが想起されるべきであろう。柳田民俗学を日本政治分析に架橋するような仕事が神島二郎を超える形で行われねばならないのである。すなわち、システム論的な政治文化論によって初めて動き出したにもかかわらず逆にそのために発展せずに放置されたままの状態に置き去られた「政治→文化」へのアプローチを活性化する作業は私たちになお未決の課題として残されていると言わねばならないのである。

次に「文化→政治」という方向からのアプローチについてみていきたい。このタイプの典型はマルクス主義のイデオロギー論であろう。それはすべての文化現象を政治的に理解するのである（最終的にはその政治がまた経済という「土台」に還元されるのだが）。文化現象の社会科学的分析といえば一時期はこの方法しか存在しないが如き観を呈した時期もあったほど、隆盛を極めたものである。しかし、すぐに予想されることだがこれはかなり窮屈《きゅうくつ》な社会現象の理解枠組みとなる。ここに政治革命をすべてに優先させるレーニン主義的な政治主義が導入されると、あらゆる現象を敵か味方か、革命的か反動的か、という二分法の裁断に委ねる極めて単純で痩せた文化論しか構築できなくなってしまうからである。そこでは、文化現象を分析しようというのであるから文化を大事にするはずだった分析者がいつのまにか文化を政治に従属させるような議論を展開してしまう結果となるのである。

カール・マンハイムの知識社会学は、こうしたマルクス主義のイデオロギー論自体がある党派性を持ったものであることを明らかにした。マルクス主義者は、ブルジョア社会の文化現象は、すべてブルジョアジーの政治的利益に還元されるという立場から「イデオロギー暴露」の手法をとっていた。例えば、ある言説は必ずある政治的立場に還元されるというわけである。これに対しマンハイムは、これはマルクス主義者にも適応されると指摘したのである。確かにある文化現象を政治的立場に還元する作業をしているその作業・立論自体がある政治的立場からなされていると還元されて解釈されることは拒否できないであろう。自分だけが何か特権的立場にいられるという根拠はどこにもないのであるから。

が、このあたりからこの系統の議論はある袋小路に入りはじめたといってよいであろう。何かを相対化する立論はそれ自体が相対化され、その相対化を受け入れざるを得ないからである。こうした相対主義のジレンマに「文化↓政治」という方向からのアプローチは陥ってしまったのである。

そのため「文化↓政治」という方向からのアプローチはしばらく議論が活性化しない時期が続いた。そしてその後、かなりの時間が立ってからこの方向を活性化させるべく現われ始めたのがカルチュラルスタディーズと呼ばれるものであった。そこでは、文化現象の理解に際し政治的問題との関係を重視する視点を新たに持ち込むことで議論の活性化が図られ、発展が期待されたのである。

しかし、他方ではこの立場の議論は、よほどのダイナミックな分析方法を持ち込まなければ上述のマルクス主義のイデオロギー論の焼き直しにしかならないことも危惧《きぐ》されたのである。そして、ディズニーアニメをアメリカ帝国主義に還元するようなものにしかならないのでは、という懸念は的中した。その一部ともいうべき「伝統・近代創作論」にそこそこ面白い議論があったことがせめてもの救いではあったが、それはやはり還元主義と相対化の呪縛を超えられず、やがて失速していったのである。すなわち、かつてのマルクス主義では文化現象を「資本主義」や「帝国主義」へと還元していたのであるが、それは「国民国家」へと還元していくに過ぎなかったのである。そして結局「文化というものは皆相対的なものだ、作り作られるものだ」という以上に言えることがなくなり、やはり文化相対主義のジレンマに陥ってしまったのだった。

文化現象の政治性を見ていくアプローチはこんな単純な政治主義ではなく、文化現象の独自性を認識しつつそれが政治とどのようなかかわりを持っているかの諸側面についてダイナミックな分析を示すものではなくてはならないであろう。一例をあげれば、ある文学作品や映画作品を政治的に分析するに際しては、その政治的機能は一定の政治的磁場の中で決せられるものであるという視点から、それが、ある局面では革命的・反体制的であり別の局面では体制擁護的なものであったりするというような分析が行われなければならないはずなのである。さらにはその内容の局面ごとに政治的機能も異なってくるというような精緻さや、さらには何らかの逆説性を含んだ分析がなければ文化現象の重層性に迫ることはできないであろう。

こうして、残念ながら今や「政治→文化」という方向からのアプローチも「文化→政治」という方向からのアプローチもともに袋小路に入ってしまったような状態の中で、我々は「政治と文化」ひいては「政治的リーダーと文化」という問題を考えなければならない局面におかれているのである。我々はどうすればこの隘路《あいろ》から脱出できるのであろうか。

まず現代における「政治と文化」問題の特性について考えてみることにしよう。現代における「政治と文化」状況の一つの特質はその相互浸透性にあると言えるであろう。「政治→文化」という方向からだけでもなく「文化→政治」という方向だけでもない「政治＝文化」とでも表現すべき現象がとくにこの現代日本では引き起こされているのである。

例えば、そこでは「政治家の文化人化」と「文化人の政治家化」とが並行して急速に進行しており、それを通して「政治の文化化」と「文化の政治化」とが現象そのものとして進行しているのである。この議論の前提として、知識人・文化人の内部で急速に、総合的知識人というものがいなくなり、タレント文化人と大学の専門人とに両極分解が進んでいるという重要な現実があるのでまずこのことについてやや詳しく説明しておきたい。

従来知識人というものには、主に大学で専門研究に従事する専門知識人、マスメディアとくにテレビによく出るタレント文化人、マスメディアとくに活字媒体で活躍する総合的知識人の三種類の存在があった。明治時代までは福沢諭吉にせよ夏目漱石にせよ圧倒的に総合的知識人が有力であった。福沢が慶応義塾を作り、漱石が東京大学に籍を置いていたように大学知識人という面も含んではいたがそれは彼らにとって一面に過ぎず、日本の近代化をめぐる諸課題に取り組む彼らは内外の問題に対する総合的視野を持った総合的知識人たるところにその特性があった。

大正後期、活字メディアの急速な発達の中この総合的知識人は分化し、大学で専門研究に従事する専門知識人とマスメディアで活躍する教養主義的総合的知識人とに二分される。小林秀雄・三木清といった人々は新しい総合的知識人であり教養主義を代表する人々であった。これに対して専門知識人は狭い範囲に閉じこもることで自己の防衛に乗り出した。それは福沢・漱石らのような総合的知識人のあり方を否定することであり遺憾ながら自己を視野狭窄《きょうさく》の世界に追いやることであった。

戦後、一九五〇〜六〇年代にテレビが発達するとともにタレント文化人が登場し始める。テレビでコメントをしたりする文化人である。最初彼らは限定された専門分野に関して発言することが多かったが、ワイド・ショー等の発達により次第にあらゆるジャンルについて発言するようになり、ついにはお笑い番組などのバラエティ番組にも進出することになる。

こうして、専門知識人・タレント文化人・総合的知識人の三者鼎立の状況がしばらく続く牧歌的時代が過ぎていった。戦後の総合的知識人を代表する丸山真男はほとんどテレビに出ることはなくそれが当然視され、総合的知識人の卵たる大学生ならば『中央公論』や『世界』といった論壇誌を読むことも当然視された時代がそれである。

やがて一九七〇年代ころから急速に教養主義の衰退が始まりそれとともに論壇誌は部数を減らし総合的知識人の存在は影が薄くなっていった。大学の専門知識人以外に、総合的知識人＝「テレビに出ない知識人」とタレント文化人＝「テレビに出る知識人」が並立していた状態は終わり、総合的知識人が姿を消していったのである。こうして今はもう日本には大学の専門人とタレント文化人しかいなくなってしまった。

他方では、このプロセスの中で、芸能人の文化人化も進んでいった。総合的知識人の衰退に呼応するかのように芸能人の中から政治・社会問題に対してもコメントをするような人々が現れはじめタレント文化人化していったのである。

私たちの目の前にあるのはこうした状況である。タレント文化人が次第に政治化し知事や国会議員などの要職に就く人々が急速に増大しつつある。今や彼らの存在抜きに選挙、ひいては日本政治の未来予測は語れぬといってもよいであろう。

私の言う「相互浸透」とはこのような状況を指しているのである。先進国では多少ともどの地域でもこうした傾向が見られるが、日本ほどに「相互浸透」が大きく進んでいるところはない。選挙の開票ニュースに芸能人・タレント文化人が大挙出演するというような光景は日本にのみ見られる現象なのである。

日本ではどうしてこうした状況が進んだのであろうか。色々な理由が考えられるが、最大の理由は日本が世界で最も大衆化が進んだ国だということであろう。明治維新と戦後改革という二回の大改革を通して日本社会は平準化を続けてきた。旧幕・封建体制を倒した明治維新後の新政権は「四民平等」を実現しつつもなお様々な差別を残し、また華族制度など様々な特権制度を新たに創出したが、一九二〇年代頃から新たな平準化の運動が始まりそれは戦後体制に受け継がれた。戦後もなお克服の必要な差別は残ったが新憲法の下、華族制度などの特権制度が廃止され日本がさらに平準化の進んだ社会となったことは否定できない。

大衆化・平準化された社会は、特権的エリート層の存在を許容しない。政治世界においても知識世界においても大衆（の代表者）の発言の重視が求められ、既存のプロの軽視が進んでいくのである。「大衆に人気のある存在」こそ現代日本における最大の強者となる。こうして選挙の投票率（数）と視聴率という同じ大衆的原理で支配される二大ジャンルが通底していくのである。

もはや「政治＝文化」とでも表現すべき現象すなわち「政治の文化化」と「文化の政治化」を大きな流れとしては何人もとめることはできないであろう。こうした流れの中で私たちは「政治」と「文化」を、ひいては「政治的リーダーシップと文化」を考え直すためのヒントを提示すべく研究を重ねた。その成果が本書である。筆者自身の見解としては何らかの形での「総合的知識人」の再生を期しているのだが、読者がこの意図を理解され、この方向に向けてのヒントを本書から掴み取っていただければ編者としては望外の幸せである。

［付記］本稿と深い関わりを持った論考として、筒井清忠「『知識人』の再生と教養」『ＩＤＥ 現代の高等教育（教養と大学）』No.527、ＩＤＥ大学協会、二〇一一年一月号、がある。とくに知識人の問題に関心のある読者はこちらも参照されたい。

第I部

日本における政治的リーダーと文化

第1章

知の国制——伊藤博文の国家構想

瀧井一博
TAKII Kazuhiro

1　伊藤博文——知の政治家

初代内閣総理大臣であり、最初の近代的憲法典（大日本帝国憲法。以下、明治憲法）を制定して議会制度の導入に指導的役割を果たすなど明治を代表する政治家といって過言でない伊藤博文だが、一般にその評価は決して高くはない。一見して華やかなその功績とは反比例して、学界でも彼の研究は低調である。

伊藤のイメージを推し量るよすがとして、国民的歴史小説家司馬遼太郎氏の描く伊藤像をみてみよう。名作『坂の上の雲』では、日露戦争の前夜に伊藤が開戦回避のために画策したロシアとの提携を描いたくだりで、次のように述べられている。

こんどの外交上の大課題にあっては、なるほど日英同盟が日本のためにもっともいい。が、伊藤はそれは期待だけの世界であるとみた。あの英国が、日本のようなアジアの田舎国家と対等の攻守同盟をむすぶはずがないとおもうのである。

それより、ロシアのほうが、伊藤からみれば可能性が高い。ロシア、世界最大の陸軍をもつとはいえ、その文明は西欧からみればまだ後進状態にあり、その点、日本にくらべてとびはなれた格差がない。気やすくもある。さらにロシアは、アジアに圧迫をくわえつづけている直接の犯罪行為者であり、それとじか談判して犯罪の度合をゆるめてもらうほうが、交渉として早道である。

伊藤は、そう信じた[1]。

現実政治家《リアルポリティカー》伊藤は、日英同盟を非現実的と踏んでいた。それ故に、ロシアの南下に対抗するための日本の選択肢は当のロシアと同盟を結ぶことしかないという飛躍した結論が出てくる。恐露家伊藤による世に悪名高い日露協商の試みである。司馬氏もそれを、「隣り村にまで押しこんできている武装強盗団に対し、自分の村と隣り村だけはなんとか侵さないでもらえまいかと、頭をさげて直取引きにゆくようなものであり、盗賊団にすれば虫のよすぎるはなしであった。同時に村の者からみれば、腰ぬけとしかみえない」と裏書きされ、「伊藤はたれよりもすぐれた現実家であるために、こういう場合になると恐怖が恐怖としてしか映らない欠陥がある」と断じている[2]。別の大作『翔ぶが如く』でも、次のような伊藤評が認められる。

伊藤には、政治家としての哲学性が、西郷や木戸ほどには無かった。そのぶんだけ伊藤は、魅力というほどのものを、同時代人にはむろんのこと、後世にも感じさせるところが薄い。が、哲学性がより薄いぶんだけ、政治というおそるべき権力の戦場における作戦能力が西郷や木戸よりも高かった[3]。

つまり、哲学無き周旋家、思想無き現実主義者、それこそ司馬氏の抱く伊藤像といってよい。確かに、司馬氏は「政治におけるまるっきりの現実主義者は二流以下の政治家にすぎず」、「政治家がどのような理想をもっているかにおいて人物の品質がきまる」とされて、「伊藤にあっては、理想と現実が、つねに調和していた」との評も下している[4]。だが、右に見てきた引用と照らした時、それはいささか突飛《とっぴ》に響く。「理想と現実が、つねに調和していた」というが、現実を制御する伊藤の「理想」性とは果して何なのか。司馬氏の筆はこの点、黙して語っていない。

詮ずる所、伊藤博文なる政治家は、農家の出自にもかかわらず幕末の動乱期に「周旋家」(吉田松陰)の才を駆使して立身出世の階梯を昇ってゆき、明治に入ってからは木戸孝允、西郷隆盛、大久保利通の維新の三傑が志半ばで世を去った後、棚ぼた的にリーダーの座を手中に収めた軽佻浮薄な権力政治家というのが、大方の描く彼のイメージなのではないだろうか。その姿は、およそ文化とは縁遠いもののように見受けられる。

確かに、そのような逸話には事欠かない。彼が大変な遊び人であったことは、歴史通の間では有名である。本節のタイトルに「知の政治家」と掲げたが、「知」ではなく「痴」だろうとの声が聞こえてくる気がする。

だが、その一方で、彼が極めて知的な政治家だったことも疑いがない。幕末にイギリスに密航して以来、英語のリテラシーは彼が最も自負するものであった。彼が洋書や英字新聞を好んで手にしていたことには、多くの証言がある[5]。

また、英語のみならず彼には漢詩のたしなみもあった。遊説の際などには当代の著名な漢詩人森槐南をしばしば帯同していた彼は、旅先での風景などを漢詩に詠い、森から添削してもらうことを楽しみとしていた。晩年の韓国統監の時代には、漢詩をもって韓国の儒者たちと交歓を図ろうともした[6]。

このように伊藤は、意外と古今東西の教養に富んだ人物だったのである。とはいえ、本節が「知の政治家」と掲げるのは、単に彼が実は文化の香り高い政治家だったということを指摘したいがためではない。個人的な知への愛好を越えて、伊藤にとって知とは政治の根幹にあるべきものなのであり、国家とは知の発揚・循環・錬成を旨として存立するものにほかならなかった。本章が「知の国制」と題する所以である。伊藤の構想する国家は、どのような意味で「知の国制」と称されるのか。以下、そのことを論述していきたい。

2　伊藤にとっての「知」

伊藤を「知の政治家」と定義したが、ではその「知」とはどのようなものなのか。結論を言えば、彼の掲げる知とは「実学」であった。伊藤は思弁的観念的な学問を嫌忌し、利便を生み出し経済的生活を豊かにする経験主義的で実用的な知識を愛した。その見地から彼は、民権運動家や教条的な儒学者や国学者の議論を政談として排斥した。

そのような伊藤の実学的知の伝道が最も顕著に認められる事例として、晩年の韓国統治がある。周知のように、伊藤は初代韓国統監として同国の保護国化を推し進め、日本による韓国併合の道を切り開いた人物とされる。だが、最近の実証的研究は、伊藤が日本政府にとって韓国併合の最大の障害だったことを明らかにしている[7]。伊藤はむしろ併合を回避するために、韓国の内政指導にまで介入し、同国が近代化して自強の道を歩めるように仕向けたかったものと推察できる。

そのひとつの証左として、彼が統監として在任中、一貫して韓国民を実学へと嚮導《きょうどう》しようとしていたことが挙げられる。伊藤は一九〇八年一二月に韓国の閣僚を前にして、次のような体験談を披露した。すなわち、「自分の如きは幼少の頃より漢書を学ひ、周の盛時を耳にしたるか、初めて洋行し其文物制度及各般技術の発達顕著なるを見て真の周道は西洋に於て行はれつつあるを見て、国家なるものは斯くの如くならさるへからすと思ひ」[8]帰国したという。漢籍に説かれている理想の政治の状態＝「周道」は、今日の西洋で行われているとして、東洋的な漢学の伝統と決別し、西洋の学問に立脚して社会の仕組みを革新すべきことが説かれているのである。

前述のように、伊藤は、私的には漢学的素養を有する文人嗜好の持ち主だった。しかし、彼にとって、公的な国家の統治機構が前近代的な儒学によって席巻されることは許し難いことだった。国家を構成するものは、西洋的な科学知であるべきだった。儒学の教えというものは、いわば中国古代の周代という一時期の政治社会を前提としたものに過ぎない。その言説を金科玉条視して現在を処断しようとすることは、時代錯誤の極みと伊藤の眼には映じた。そのような彼の主張は、儒学を国家統治の礎に置く韓国社会のラジカルな変革を意味するものであり、韓国の王室や伝統的学識階層である儒林からの執拗な抵抗にあった。伊藤の韓国統治の挫折の一因は、彼の唱える実学政策が韓国の支配エリートについに受け入れられなかったことに求められる。

では、目を日本に転じてみれば、どうだろうか。伊藤は日本においても実学に基づいた国づくりを一貫して唱え、それは同時代の人々から受け入れられていたのだろうか。続く節では、この点を彼の政治家としての二大偉業である明治憲法と立憲政友会にみていきたい。

3 知の国制の構築——明治憲法制定の意味

まず一八八九(明治二二)年制定の明治憲法である。しかし、筆者がここで問題としたいのは、憲法(constitution)それ自体ではない。英語のconstitutionには、日本語の憲法という意味以前に、事物の構造や組成といった意味もある(ドイツ語で憲法にあたるVerfassungも同様である)[2]。伊藤はこのようなconstitutionの複雑なからくりを体得していたように思われる。憲法制定を控えた伊藤が、一八八二(明治一五)年から一年以上の長きにわたって、欧州で憲法調査に従事したことはよく知られているが、「憲法」調査との呼び名からイメージされるのとは異なり、彼の主たる関心は憲法というよりもそれを包含する国家の全体的な構造のほうにあった。そのことは、ヨーロッパの地で彼が書き記した次の一節に明らかである。

縦令如何様ノ好憲法ヲ設立スルモ、好議会ヲ開設スルモ、施治ノ善良ナラサル時ハ、其成迹見ル可キ者ナキハ論ヲ俟タス。施治ノ善良ナランヲ欲スル時ハ、先其組織準縄ヲ確定セザル可カラズ。〔中略〕スタインノ講談中ニモ、憲法政治ノ必要不可欠モノハ、帝家ノ法、政府ノ組織及ヒ立法府組織ノ三箇ニシテ、此一ヲ欠ク立君憲法政治ニアラスト、三箇ノ組織定法能ク確立シテ並ヒ行ハレテ相悖ラサルノ極ヲ結合スル者、則憲法ナリト、由之観之、政府ノ組織行政ノ準備ヲ確立スル、実ニ一大要目ナリ[10]。

文中、「スタイン」とあるのは、ウィーン大学の国家学教授ローレンツ・フォン・シュタインである。ドイツにおける社会学・行政学の祖でもある彼は、「憲法」とは皇室、政府、立法府の三機関がそれぞれ自立して互いに均衡していることと伊藤に説いた。それを受けて、伊藤は「どんなに良い憲法を作っても、良い議会を開設しても、実際の統治が善良でなければ、画餅に帰する」と喝破しているのである。同じ「憲法」の語を使っているが、前者のそれが国家の構造を意味し、後者が憲法典を指しているのは明らかだろう。シュタインから憲法にとどまらないconstitutionのより広範な意義を教示された伊藤は、「一片之憲法而已取調候而モ何ノ用ニモ不相立儀ニ御座候」[11]として、帰国後、まずは行政機構の改革と整備に取り組むことになる。

まず彼が着手したのは宮中改革だった。その際の指導理念は、宮中府中の別の確立である。この頃、明治天皇は三十代になって青年君主としての威風を身につけていっていた。それを受けて天皇親政運動というものが起こる。天皇に直接執政を委ねようという運動である。伊藤はそれに反対する。君主という一個人の意思によって政治が左右されることは望ましくないと考えた伊藤は、まず宮中と府中とを切り離すという改革を行い、天皇親政運動を封じ込めるのである[12]。

次に、一八八五(明治一八)年一二月、内閣制度の導入をはじめとする行政機構の改革が行われる。その結果、初代の内閣総理大臣に伊藤が就任した。それまで大臣になれるのは有栖川宮や三条、岩倉など皇族華族に限られていた。伊藤のような政府の実質的リーダーでさえ、国家の今後はそれに関係なく、国民であれば誰もが大臣の職に就くことが形式上可能になった。

さらに伊藤は、大学制度の改革に着手する。すなわち一八八六年に帝国大学という新たな高等教育体制を構築した。今日の東京大学である。そして、彼は帝国大学を国家の行政を担うエリート官僚のリクルートシステムとして位置づけた。これにあわせて、帝国大学法科大学——今日の東京大学法学部——のなかに、国家学会という組織が作られる。国家学会とは、今日でも東京大学大学院法学政治学研究科のスタッフを中心に運営されている学術組織であるが、それは元来、このときに伊藤の支援で、わが国初の政策シンクタンクの意味合いをもって創設されたものだったのである。

一八八八(明治二一)年には枢密院が創設される。これは当初、憲法典や皇室典範の草案を審議するために設けられたものであったが、伊藤はそれをさらに天皇の政治的行為のための諮問機関として位置づける。既述のように、彼は宮中を政治から区別し、そこに天皇を押し込めようとした。しかし、明治憲法の規定上、天皇は形式のうえでは統治権の総攬者《そうらんしゃ》であり、主権者である。そのような主権者としての天皇が、政治的な意思決定を行う場合には、枢密院の場に出て、そこでの審議を通じてなすべきであるとされた。枢密院は、天皇の政治活動を制度化し秩序付けようとする伊藤の構想の一環なのである。

以上のような一連の国家の構造改革に画竜点睛を施したものが、一八八九（明治二二）年の明治憲法の発布であり、これによって、立憲国家のいちおうの体裁が整ったといえる。

このように明治憲法制定期の伊藤は、狭義の憲法のみならず、それを一齣とするより広義の国制の確立に腐心していたのである。以上に述べた国制を構成する諸ファクターのなかからここでそのひとつを取り上げ、伊藤がこの時期に思い描いていた国のかたちをより立体的に浮かび上がらせてみたい。そのファクターとは、帝国大学である。

伊藤は立憲体制を布《し》くには、それに先立って、新しい国制に見合った新たな知の制度化が不可欠だと考えていた。ここに来て彼は、国家というものがまた知を基盤として成り立っているという考えに至ったのである。それをもたらしたのが、憲法調査でのシュタインの講義だった。

先述のように、シュタインの講義は狭義の憲法ではなく、もっと広い意味の国制を対象とするものだった。行政学の創始者として、彼の教説は行政を中心に行われたが、その基底には大学論があった。シュタインは伊藤に対して、立憲制に先立ってそれを支える知の機関を作り上げること、すなわち大学を政治エリート供給のための国家機関として整備することを強く説いた[13]。そして、この点にこそ憲法調査の最大の収穫があった。そのことは、シュタインの日本への招聘を提案する伊藤の手紙に、「若し廟議此師〔シュタイン〕を備入、大学校を支配せしめ、学問の方嚮を定めしなば、実に現今の弊を矯め、将来の為め良結果を得ること疑なしと信ず」[14]明記してあることからも窺える。

伊藤はシュタインを通じて、大学を国家機関として、国制の不可欠のファクターとして改革するとの構想に開眼したといえる。国会図書館憲政資料室の『伊藤博文文書』のなかに残されているあるシュタイン国家学の講義ノートには、「堅牢ナル政体ノ基礎トナルヘキ官吏ヲ養成スルハ大学校ノ務ナリトス。故ニ大学校ハ政事上ニ関シ緊要ナル目的ヲ有スルモノニシテ、唯其学術ノミヲ教授スルヲ以テ目的トスルモノハ未タ其目的ノ半途ナルモノニシテ、完全ナル王義ヲ備ヘタルモノナリト云フコトヲ得サルナリ（「スタイン氏講義筆記」上・下、『伊藤文書』二三四－一、二）」との一節が認められ、大学で生産される知と知識人をまって初めて国家の体制は確立されることが論じられている。換言すれば、国制を刷新するには、その前提となる学識階層と知の装置を創出しなければならないということである。そのような企図でもって、憲法に先駆けて創立されたのが、帝国大学だった。帝国大学を中心とする知の体系（「帝国大学体制」[15]）を導出する端緒として、伊藤憲法調査はあったのである。

4 知の国制の彫琢──立憲政友会設立の意味

次に、明治憲法と並ぶ伊藤のもう一つの功績である一九〇〇（明治三三）年の立憲政友会の創設をみてみよう。従来、伊藤によるこの政党の結成は、超然主義者伊藤の変節として捉えられてきた。しかし、別稿で明らかとしたことだが、憲法成立時に伊藤は皇族や華族の面々を前にして国民中心の政治への展望を語っていた[16]。つまり、当時から彼はやみくもに政党政治を排斥していたのではなく[17]、伊藤の政友会設立は憲法制定期からの一貫した思想の所産として捉え直すことが可能である。

この点を本章の主題である「知」という側面から論証してみたい。前節では、伊藤が明治憲法制定期に行政中心の国制改革を行い、その前提として行政を担う人的リクルート機関として帝国大学を創立したことを指摘した。伊藤はシュタインの教えを受け入れて、立憲制度の導入に先立ち、行政を確立するための知の革新を行うことを必須と見なした。そのようにして、憲法にとどまらない国制の制定が伊藤の真の狙いだったのである。

だがその一方で、彼はそのようにして構築された国制に憲政の精神を注入することを意図した。すなわち、国制という容器のなかでは国民の政治参加を促す憲政の運動が展開されるべきというのが彼の国家構想だったのであり、その帰結が立憲政友会だと目せられるのである。政友会創立前年の一八九九(明治三二)年、伊藤はその下準備として日本各地を遊説して回った[18]。その時彼が発した言葉のなかに、以上の点を探ってみたい。

伊藤は国民の政治参加を促したと述べた。その背景にあるのは、「各種の事業に従事するもの何者か政治と相関連せざる者あらむ」[19]との認識である。彼によれば、文明の世とは、政治が人間の社会活動の万端に浸透した世界なのである。それはつまり、人間の行うあらゆる事業の背後に国家が控え、必要とあれば国家がそれら事業を後押しし推進させていくことが予定されている世界である。このような認識に立脚して伊藤は、国民が政治の領域に客体のみならず、主体として登場することを切望していた。彼はこの時期、衆議院議員選挙法の改正を通じて有権者層を拡大し、また、所得税の比重を高める税制改革によって国民の広い層を納税者へと転換させようとしていた[20]。

それは、都市の商工業者を政治的に動員し、日本をブルジョア国家へと脱皮させる政策と考えられるかもしれない。しかし、伊藤がこの政策を一貫して「文明の政治」への階梯として語っていることは見逃されるべきでない。彼は単に都市ブルジョアの政治参加を訴えていたのではなく、「文明」という理念を掲げ、より一般的な政治哲学を終始展開しているのである。繰り返しになるが、その哲学とは、国民を政治の主体として確立するということである。「文明の人民は独り民間の事に通ずるのみならず、政府の事も知らなければならぬ、政府の事を知つて政府が如何なる事に人民から税を取立てるか、其取立てた金をどうするかと云ふことも知らなければならぬ」[21]、と彼は力説している。

伊藤は、国家に納税する国民が、国家の統治をチェックし方向付けるという意味で国民国家を考えていたのである。もとより、その国民には一定の要件があった。それは一つには財力、そして第二に知力である。この二つの力が国力の基盤だと伊藤は説く。したがって、それを促進するためには、実業と教育の拡充が挙げられている。

このうち、より基幹的なのは、教育である。それによって実業も起り、そして立憲政治の発展ももたらされるからである。そのような政治に参与する者としての国民を成り立たしめるもの、それは単に財産だったのではない。それ以上に強調されていたのが、教育であった。伊藤の遊説のさらなる大きな目的が、教育の重要性を国民に喚起するということであった。そこには、彼の思い描いた理想の政治の姿が秘められている。それは次のようなものである。

専制の政治は多く秘密に渉ることが多いのでありまして、所謂孔子が説いて居らるるやうに由らしむべし知らしむべからずと云ふ仕掛方法であるが、憲法の政治は成るべく国民に政治の利害得失を明に知らしむると云ふ仕掛方法である。而して之を知ると知らざるとは、其教育の如何に関係することである。素より教育のことは一朝にして進歩せしむることは容易ならぬことであるが、併し漸々に子弟をして学に就かしめて教育の進歩するに従ひ、又時勢の変遷するに従ひ、憲法政治の仕掛方法を解釈することが段々に経験が積んで来るに従つて、政治のことも何でも分り易くなると云ふやうにならなければならぬ[22]。

ここで伊藤は、立憲制度の眼目を国民への政治的情報開示に求め、教育の進展につれて、国民が政治についての理解を深めていくことを憲法政治の要諦として説いている。では、彼は立憲国家における教育とはポリス的市民を育てるための政治教育と考えていたのだろうか。

逆説的だが、伊藤にとって、教育とは非政治的なものでなければならなかった。それは、先ず何よりも、国民を実業にいそしむ専門的職業人に仕立てるべきものだった。既述のように、伊藤にとって学問とはすべからく実学たるべきものだったが、その実態は何なのか。

伊藤の掲げる実学の意義として第一に挙げられるのが、非政治性である。学問の名のもと、伊藤は政談の排斥を唱える。そのようにして彼は、かつて私立学校で展開されている自由民権論を批判していたが[23]、一八九九年においてその矛先は、漢学などに依拠した国体論者に向けられる。伊藤は、漢学者は「何でも専制的のことでなければ日本の国体に適はぬが如く思ふて居る」が、それは「彼等の眼界の狭小にして又古今の政治と、其実体とを解する能はざる所」からきた謬見《びゅうけん》だとして、立憲政治の何たるかを理解しない漢学など「虚学」に過ぎないと論難する。それに対する「事実応用の出来る学問」、それこそが今日学ばれるべきものだという[24]。

実学の第二の意義は、この実際の生活への応用可能性ということである。実用性こそ文明社会の学問だという。このような実用的学問観は、学問の道具視をも導く。伊藤は、「学問は青年の人が成長の後に於て各々志す所の事業を為さむと欲するの手段に過ぎぬ」と言ってのける。「学問其ものが目的を達しさせる訳ではない。先づ学問を以て世に処するの階梯として、而して学んだ所のものを以て事実に応用して始めて、人は経験を得る。其経験の積んだ者は如何なる事に従事しても其事を成し遂げ得ると云ふことになるのであります」、と[25]。

これは一見、学問を実利主義的に貶めた物言いだが、ここではむしろこの発言にはらまれている伊藤のメッセージを把握することに努めよう。そのためには、伊藤の生い立ちを思い出してみる必要がある。

農家の生まれであった彼が功なり名を遂げていったのは、紛れもなく教育の賜物だった。来原良蔵や吉田松陰との出会い、英学を志しての密航など伊藤は幕末の世に旺盛な知識欲でもって、広く世界を知り、そして出世の階梯を昇っていった。知とは、彼にとって、身分制度の克服をもたらしてくれるものであり、また、攘夷主義という偏狭なナショナリズムからの脱皮を可能としてくれたものだった。

このような来歴を考え合わせれば、学問を手段と言い切る彼の言説が指し示すものも次のように説明できよう。伊藤は自らの経験に照らして、学問を通じて各人が知を取得することにより彼らが個人として自立し、身分などの社会的しがらみに束縛されずに世に処していける存在となることを理想としたのである。そのために、知は実社会のなかで活用される必要があった。言うならば、個人と社会をつなぐ媒体として知はあったといえよう。知を通じて個人は自己を実現し、社会のなかで活動し、さらには社会に働きかけ、それを作り変えていくことすらできる。「実学」ということに込められたメッセージとは、知を通じて諸個人は各自の社会性を存分に開花させ、自己を確立することができるというものだったと思われる。

以上のことをまとめれば、次のようになろう。一八九九年の遊説で伊藤が国民に語りかけたかったこと、それは「文明の民」による国民政治の呼びかけだった。

伊藤が求めた「文明の民」とは、一次的には非政治化された経済人に他ならなかった。政談にうつつを抜かすことなく、日々の経済活動にいそしむ人間である。しかし、他方で伊藤は、そのような経済人を改めて政治に動員することを図る。「各種の事業に従事するもの何者か政治と相関連せざる者あらむ」と呼びかけていた伊藤は、経済人が経済人としての本分を全うするために、一定の政治性が不可欠であることを説くのである。

そのロジックは次のように説明できよう。国民一人一人は、普段は自己の生業に専心するべきであるが、その一方で、そのための条件を整備するために政治への参加が必要となる。つまり、各人は自らの経済活動を阻害したり、あるいは逆にその発展を助成するような政治的要因が存在すれば、その除去や実現を目指して政策形成に関与するべきなのである。

伊藤は専門知が実地に応用されるなかから、国家の経済発展に資する政策的知見が湧出することを期待し、そのような政策知を現実政治に反映できる国家の意思形成のシステムを構築しようとしたものと推察できる。この目的のための政治的フォーラムとして議会があり、議会へと政策的知見を吸い上げるパイプが政党だった。そのような政党として、立憲政友会が創出されたのである。もっとも、伊藤自身の頭のなかでは、それは通常考えられるような政党というよりも、民間の知を吸い上げ、それを政策知として錬成して、国家の意思形成に反映させていくシンクタンクのようなものとして観念されていたといってよい。その意味で、伊藤は帝国大学と並ぶもうひとつの国制上の知の機関として、政友会を形成しようとしたのだと考えられる。

5　知の政治家の挫折

本章では伊藤を知の政治家と定義した。そこでの知とは「実学」であった。彼は思弁的観念的な学問を嫌忌し、利便を生み出し経済的生活を豊かにする経験主義的で実用的な知識を愛した。その姿は、福澤諭吉と通じるものがある。確かに筆者は、伊藤を福澤と並び称されるべき思想家として位置づけられるのではないかと考えている。

とはいえ、両者は実学的知の実践のあり方をめぐって立場を異にする。福澤が官と民の峻別に固執し、官を排した民間の自由な経済活動を自らの足場としたのに対し、伊藤は知を媒介にして官民がつながりひとつの公共圏が形成されることを追い求めていた。政友会を彼は民間の実業のなかから生成される知を汲み上げ、それを政策知として錬成し、議会の場に届けるためのシンクタンクのようなものとして構想していたこと、既述の通りである。帝国大学も同様で、彼はそこに学者のみならず、政治家、官僚、実業家など国家の経綸にたずさわるあらゆる人々が集い、知識を交換するフォーラムを創設しようとした（国家学会[26]）。伊藤にとって、知とは人々の間を貫流していくべきものだったのであり、彼が作ろうとした国家とは、それ自体が知を循環させるひとつのフォーラムだったのではないかと思えてくる。そこでは官や民といった区別は相対化されたのである。

伊藤の政治家としての限界は、あまりに主知主義的なその思想にあるといえよう。そのひとつの例証として、彼のナショナリズムに対する認識不足がある。伊藤は排外的ナショナリズムを嫌忌した。一八九九年の遊説のもうひとつの目的が、不平等条約の改正による内地開放のために生じつつあった外国人排斥運動を宥めることであった。伊藤は国を豊かにするためには、積極的に国土を開放して、外国との交流を進めなければならないとの立場だった[27]。それに抗する民族主義的ナショナリズムを彼はついに理解できなかった。

伊藤の韓国統監としての失敗も、そこに起因する。彼は、韓国人の反日ナショナリズムの何たるかを理解できず、それが韓国統治の障害となってしまったのである[28]。伊藤にとって、ナショナリズムのような非合理的な感情は、文明化が進めば自然と解消していく問題と映じたのだった。文明を唱道し、それに則った統治の制度を整えるということにおいて、日本における統治と韓国における統治で伊藤のなかに径庭はなかったが、韓国人にとって伊藤は外からやって来た〝他者〟であり、その他者から文明を押しつけられることは堪え難いことである。それは自民族の文化の否定と受けとめられるからである。

伊藤博文という近代日本を代表する政治家の生涯と思想をたどっていった時、そこには政治におけるリーダーシップと文化の問題が独特のかたちで立ち現われてくる。彼の政治的リーダーシップの指針となったのは、文化とは区別される文明だった。

文化と文明を、ここではさしあたり次のように定義しておきたい。文化というものが、歴史や伝統に根差した自己(自国民)の独自性と固有性を標榜する価値の体系であるのに対し、文明とは他者を前提とし、それとの交流と対抗のかたちで展開されるより普遍性を目指した価値の運動である、と。したがって、文化はしばしば他言語への翻訳不可能性を標榜するのに対し、文明は翻訳を通じての流通を信条とする。

伊藤は自分を育んだ文化的教養と国家経営とを峻別した。後者は文明の原理に則って遂行されるべきものだった。西洋に由来する議会政治や官僚制といった合理的国制に統治の様式としての妥当性と汎用力を認め、その導入に尽力したのである。伊藤にとって、文化はそのような文明的統治機構の枠内に安住しそれを運用する精神へと転化すべきものだった。

だが、現実政治の局面で彼の足をすくったのは、その文化だった。民族性に由来するナショナリズムという文化問題に伊藤は足をすくわれたのである。ここには、政治的リーダーシップにおける合理性の追求と非合理性への目配せという微妙な問題が潜んでいる。

註

1——司馬遼太郎『坂の上の雲』第三巻(文春文庫、一九九九年)九〇頁。
2——同前書、六九頁。
3——同『翔ぶが如く』第二巻(文春文庫、二〇〇二年)二七八頁。
4——同『坂の上の雲』第三巻(文春文庫、一九九九年)八九-九〇頁。
5——伊藤の英語力について、拙稿「長州ファイブとしての伊藤俊輔——「博文」の誕生」『本』第三四巻六号(講談社、二〇〇九年)を参照。
6——崔在穆「伊藤博文の韓国儒教観」、伊藤之雄/李盛煥編『伊藤博文と韓国統治』(ミネルヴァ書房、二〇〇九年)所収。
7——前掲、伊藤之雄/李盛煥編『伊藤博文と韓国統治』。

8――金正明編『日韓外交資料集成』第六巻下(巌南堂書店、一九六五年)一一四三頁。
9――拙稿「伊藤博文の立憲デザイン――憲法と「国のかたち」」『外交フォーラム』第二〇五号(都市出版、二〇〇五年)を参照。
10――平塚篤編『続伊藤博文秘録』(原書房、一九八二年)四六‐四七頁。
11――同前書。
12――坂本一登『伊藤博文と明治国家形成』(吉川弘文館、一九九一年)を参照。
13――この点の詳細については、拙著『ドイツ国家学と明治国制――シュタイン国家学の軌跡』(ミネルヴァ書房、一九九九年)。
14――春畝公追頌会編『伊藤博文伝』中巻(原書房、一九七〇年)三〇五‐三〇六頁。
15――中野実『近代日本大学制度の成立』(吉川弘文館、二〇〇三年)。
16――拙稿「伊藤博文の描いた「国のかたち」――その1：明治憲法の制定を考える」五百旗頭真ほか著『日本の近現代史　述講　歴史をつくるもの』下(中央公論新社、二〇〇六年)二〇九頁以下。
17――一八八二年の憲法調査の時点で、伊藤は「政党は議会あれば自から現るゝ者」との認識を示している(八月二七日付山田顕義宛書簡『伊藤伝』中、三〇四‐三〇五頁)。
18――この時の遊説についてより詳細には、拙稿「伊藤博文の憲法行脚立憲政治とは何か」『ラチオ』第四号(講談社、二〇〇七年)を参照。
19――伊藤博文『伊藤侯演説集』第二(東京日日新聞、一八九九年)一八五頁。
20――一八九九年の増税において、所得税率の引き上げがなされ、それまでの法人非課税も見直されることになった。以後、所得税は歳入のなかで占める比重を増していく。それは、従来の地租中心の税体系からの転換(土地に対する税から所得に対する税へ)を図ろうとしたものといえる(税務大学校研究部『税務署の創設と税務行政の100年』四六頁)。次章で論じるような政友会への実業家の取り込みという伊藤の計略は、彼らへの納税者意識の植えつけと国家的責務の向上を連動させたものとして把握できる。

21——前掲、伊藤博文『伊藤侯演説集』第二、一六〇 - 一六一頁。

22——同前書、二六五頁。

23——前掲、拙著『ドイツ国家学と明治国制』一八六頁以下。

24——伊藤博文『伊藤侯演説集』第三(東京日日新聞、一八九九年)四〇頁。

25——同前書、三八 - 三九頁。

26——国家学会については、前掲、拙著『ドイツ国家学と明治国制』の第三部を参照。

27——前掲、拙稿「伊藤博文の憲法行脚」一八四頁。

28——前掲、伊藤之雄/李盛煥編『伊藤博文と韓国統治』所収の李盛煥「「伊藤博文の韓国統治と韓国ナショナリズム」および拙稿「知の嚮導としての韓国統治」を参照。

第2章

近代日本政治と「別荘」

「政界の奥座敷」大磯を中心として

奈良岡聰智
NARAOKA Sochi

1 近代日本政治における「別荘」

近代日本の政治史を振り返ると、「別荘」がしばしば大きな政治的決定の舞台となってきたことに気付かされる。日露戦争前、京都の山県有朋《やまがたありとも》別荘・無鄰庵《むりんあん》に、元老の山県、伊藤博文と桂太郎首相、小村寿太郎外相が集まって、ロシアとの外交交渉に臨む基本方針を決定したことはよく知られている（無鄰庵会談）[1]。最後の元老・西園寺公望が後継首相を決定したのは、主として京都の別荘・清風荘《せいふうそう》や興津の別荘・坐漁荘《ざぎょそう》においてであった[2]。太平洋戦争末期には、近衛文麿、鳩山一郎らが、官憲の目が届きにくい京都や軽井沢の別荘で、ひそかに終戦工作を練った[3]。政治家にとって、「別荘」は、単なる富や権力のシンボルではなく、修養、思索、親交、決断のための重要な場所だったのである[4]。

政治家の別荘には、彼らの問題関心や人間関係が明瞭に表れた。例えば、那須には、松方正義、三島通庸《みしまみちつね》、西郷従道、大山巌ら、殖産興業の先頭に立つため、自ら農場を開いた薩摩の政治家の別荘が立ち並んだ[5]。葉山には、皇太子(のちの大正天皇)の静養のために御用邸が作られたことが契機となって、有栖川宮、北白川宮など皇族、松平慶民《まつだいらよしたみ》、河井弥八、岡本愛祐《おかもとあいすけ》など宮中関係者の別荘が多く作られた[6]。軽井沢は、西洋人の宣教師が中心となって別荘地として発展したため、初期の住人には、末松謙澄《すえまつのりずみ》、尾崎行雄ら、洋行経験を持ち、欧米と縁の深い政治家が多かった[7]。別荘地の「土地柄」は、いわば政治家の「人柄」の反映でもあったと言うことができるだろう。

数ある別荘地の中で、明治期に多くの政客が訪れる「政界の奥座敷」として機能し、この地に別荘を構えた首相経験者は実に八人にものぼる[8]。大磯は、明治期に特別な存在感を放っていた場所として、神奈川県大磯町が挙げられる。大磯をそのような地たらしめたのは、明治政府の第一人者・伊藤博文が邸宅・滄浪閣《そうろうかく》を構えていた影響が大きい[9]。大磯は、伊藤によって別荘地としての発展が促進され、伊藤と縁の深い政治家の別荘が数多く建ち並んだ。一体、大磯とはどのような別荘地だったのだろうか。また、伊藤は大磯の地とどのように関わったのだろうか。

本章では、伊藤博文と「別荘地」大磯の関わりについて考察し、近代日本政治において「別荘」

が果たした役割について考えていきたい。分析に際しては、「別荘」を建築物としてよりも、政治家の個性が端的に表れる一つの「場」として捉え、そのような「場」の形成過程、担い手や機能に着目していく。本章によって、大磯という近代日本を代表する「別荘地」の実態が明らかになると共に、近代日本の政治的リーダーシップを支えていた「別荘文化」と言うべきものの存在が浮かび上がるであろう。

2 「別荘地」大磯の形成——その出発、初期の住人たち

近世の大磯は、東海道の宿場町として栄えたが、明治維新以降は参勤交代がなくなり、二度の大火に見舞われたこともあって衰微した。このような状況を打開したのは、海水浴と別荘であった。一八八五年、初代陸軍軍医総監の松本順(良順)の提唱によって、日本初の海水浴場が大磯に開設された。海水浴は、ドイツ人医師ベルツらの提唱で普及しつつあったもので、当時は医療の一環として考えられていた。一八八七年、東海道線の大磯駅が開業し、東京からのアクセスが大幅に改善すると、多数の名士が来訪するようになり、以後大磯は療養地として発展した(大磯の位置は図1を参照)。この頃まだ別荘は多くなく、旅館に長期滞在するのが一般的であった。元々大磯は宿場町であったため、江戸期の旅籠や旅館が衣替えすることで、海水浴客や長期療養者に対応できたのである。

大磯駅の開業と時を同じくして、海水浴場近くに旅館と病院を兼ねた禱龍館《とうりゅうかん》が建設された[10]。これは、松本が友人の松平太郎（元幕府の歩兵奉行）と共同で建てたもので、建設費のうち二〇〇〇円を松本と松平が、残る六〇〇〇円を渋沢栄一、高木兼寛、安田善次郎ら医者、政財界の有力者三三名が出資していた。出資者は、海水浴や食事を楽しみ、医者の診察を受けることができ、開業後しばらくは大盛況が続いた。経営権は二年余りで松本、松平から人手に渡ったが、禱龍館は大磯を代表する旅館として発展を続け、長期滞在者を受け入れる旅館は他にも多数開業した。そのような中で、一八九〇年には、同志社大学の創設者・新島襄が旅館百足屋《むかでや》で療養し、滞在中に死去するという出来事もあった[11]。

導入当初に医療行為として捉えられていた海水浴は、まもなく娯楽の対象にもなり、大磯は夏の行楽地として注目されるようになった。また、温暖なこの地は冬の避寒地としても注目され、夏冬に旅館の別館や離れに長期滞在する富裕層が増えていき、これはやがて恒常的な別荘へと姿を変えていった。他方で、多くの旅館で病院機能は縮小・廃止され、大磯では療養所《サナトリウム》は発展しなかった。こうして、一八九〇年代以降、東京からのアクセス、気候、海水浴場など有利な条件を活かして、大磯は富裕層の別荘地として急激に発展していった[12]。

それでは、大磯にはどのような人物が別荘を構えたのであろうか。初期の住人たちを概観していこう[13]。

大磯発展の基礎を築いた松本順は、自身も大磯に別荘を構えた。現在の大磯駅の北側の好立地で、土地は松本に感謝する地元有志から提供されたものであった。松本は、二三〇〇坪の土地に六〇坪ほどの木造の家を建て、この別荘に滞在する間に禱龍館に出向いて診察を行っていた。後に松本は、自伝の中で、大磯の発展を次のように振り返っている。

図1　湘南地区の主な海水浴場（明治末期）

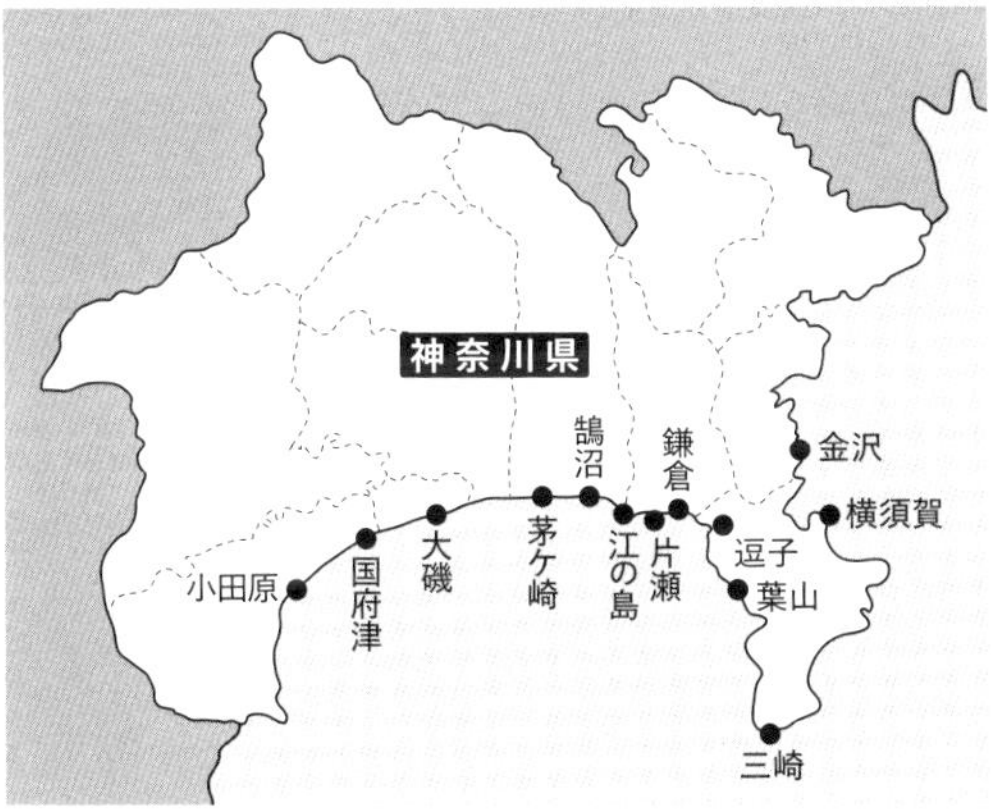

「富貴の人、地を購い別墅を営むもの、今なお漸々多く、地価そのために騰貴し、旧時に百倍する所少なからず、宣なり。土人の悦び限りなきこと」[14]

松本が海水浴場を開く前から大磯に別荘を構えていた、最初期の住人の一人が、吉田健三である。吉田は、幕末からジャーディン・マセソン商会の代理人を務め、巨富を築いた実業家である。吉田は、一八八四年に大磯に別荘を構え、健三の死後は未亡人の士子《ことこ》が居住した。実子に恵まれなかった健三夫妻の養子となり、幼少期をこの家で過ごしたのが、後の首相吉田茂である。当時の建物の様子ははっきり分からないが、豪華な建築だったと言われ、少年時代の茂は、二五畳の洋間を書斎にして勉強に励んだと伝えられている[15]。

松本の勧めで大磯に別荘を構えたのが、山県有朋である。山県は陸軍参謀本部長時代に松本に初代の軍医総監を引き受けてもらったことがあり、その時の恩義に報いる意味もあって、大磯に別荘を持つことになったのではないかと思われる。一八八七年に約五〇〇〇坪の土地に建てられた草庵は、小淘庵《こゆるぎあん》と命名された。命名は、小淘湾を眼下に臨んでいたことによる。小淘庵は、海手に遥か房総半島を、山手には箱根の山々を見渡すことができる風光明媚の地であった。山県が詠んだ次の歌からは、山県がこの地の眺望から安らぎを得ていたことがよく分かる。


「まとうちし時雨や雪にかはりけむ　箱根あし柄けさましろなる」

「夕なきにかさなる帆かけ末きえて　かすむあたりや安房の遠山」[16]

大磯には、松本と親交があった海軍軍医総監の高木兼寛も別荘を持っていた。その高木の勧めで一八八八年に大磯に別荘を構えたのが、三島通庸(警視総監)である。三島は当時病を患っていたため、高木から地所の半分を提供してもらい、大磯で大流行していた海水浴をしながら療養を行った[17]。療養の甲斐なく、三島はこの年に東京で死去したが、その嗣子弥太郎(のち日本銀行総裁)も、一八九二年にアメリカ留学から帰国後、この別荘で療養生活を送った。以後三島家は、大磯の別荘を避寒や避暑によく活用した。

別荘の利用者は、三島家の縁者にも及んだ。一八九六年、三島通庸の次女峰子の夫である牧野伸顕（大久保利通の次男）がイタリア公使として赴任した際、牧野夫妻は幼い長女雪子を三島家に預けた。雪子は、三島家に伴われて幼い頃からよく大磯に通うようになった[18]。彼女はのちに吉田茂夫人となり、生涯大磯と縁を持つことになる。

大磯に別荘を構えた実業家の代表格が、三菱の創業家・岩崎家である。一八九〇年、三菱二代目社長の岩崎弥之助（弥太郎の弟）は、母美和の隠居所として大磯駅前に別荘を購入した。この別荘は、母を思うという意味で思萱堂《しけんどう》と名付けられ、のちに副島種臣によって陽和洞《ようわどう》と命名された[19]。弥之助はこの地を深く愛し、大磯で釣りを楽しみ、近藤廉平、加藤高明ら岩崎家の縁者と能の稽古を行うなど、くつろいだ時間を過ごした[20]。一九〇七年には、地誌『大磯誌』の発刊を支援している[21]。弥之助の死後、陽和洞は甥の岩崎久弥（弥太郎の長男、三代目社長）に譲られた。久弥一家もこの地に愛着を抱き、よく大磯に滞在した。岩崎家の別荘跡は、第二次大戦後に久弥の長女・澤田美喜の力でエリザベス・サンダースホーム（孤児院）となる。

この他、一八九〇年代前半までに、島津忠寛（旧佐土原藩主）、山内豊景（旧土佐藩主）ら華族、樺山資紀（海軍大臣）、沖守固（神奈川県知事）ら政治家や高級官吏が大磯に別荘を持っていたことが確認できる[22]。当時既に、軽井沢、日光、葉山などでも別荘地が形成されつつあったが、有力者の別荘の数では、大磯に及ばなかった。このように大磯では、松本の人脈を起点として、連鎖的に別荘が形成されていった。

3 伊藤博文の邸宅の変遷——小田原から大磯へ

伊藤博文の本邸は、明治初期には築地、次いで高輪に置かれていた[23]。明治二〇年代以前には恒常的な別荘は所有せず、静養の際には、よく熱海の旅館を利用していた[24]。明治一四年の政変前夜には、熱海で井上馨、大隈重信と憲法制定、国会開設について話し合ったことがよく知られている[25]。一八八六(明治一九)年には、内務省衛生局長の長与専斎の提唱によって、温泉療養後のリラクゼーション施設として熱海梅園が開設されたが、その由来を記した石碑「茂木氏梅園記」の字は伊藤の筆によるものである[26]。

伊藤が初めて別荘を持ったきっかけには、明治憲法制定の準備が深く関わっていた。一八八二(明治一五)年、伊藤は憲法制度調査のためヨーロッパに渡り、翌年まで各国で調査を行った。伊藤は帰国後、初代内閣総理大臣に就任し、まもなく憲法制定の準備に取りかかった。憲法草案の起草メンバーは、伊藤の他、井上毅、伊東巳代治、金子堅太郎の三人の幕僚であった。一八八七(明治二〇)年、伊藤は横須賀北端の無人島・夏島に別荘を構え、幕僚と共に別荘に籠もって起草作業を進めた。

夏島は、現在では陸続きとなり、周囲に工場が建ち並んでいるが、当時は無人島で、東京からは、横浜まで汽車で出た後、船で渡る必要があった。元々この島は、砲台建設が予定されている軍用地であったが、伊藤は憲法草案を作るにあたって、いずれ移転することを前提として建設許可を取り付けていた。伊藤があえて夏島という不便な土地を選んだのは、周囲の雑音を断ち切るためであった。当時、自由民権派は政府攻撃の材料とするため、事前に憲法草案を入手しようと躍起になっていたし、政府内部でも憲法の起草方針が一致していた訳ではなかった。伊藤は、軍用地内に別荘を構えることによって、機密を守り、信頼する幕僚と討議に集中した。

伊藤の夏島別荘は、女中部屋と台所を除けば、わずか六部屋という非常に質素なものであったが、彼らは不自由をしのんで草案をまとめた。伊藤が約三ヶ月間の討議の末にまとめた草案は、「夏島草案」と呼ばれ、二年後に発布された明治憲法の原案となった。伊藤の夏島別荘は、まさに「明治憲法誕生の地」であったと言える。今日、夏島別荘の跡地付近には、「明治憲法草案起草の跡」と刻まれた記念碑が建てられている[27]。伊藤は、憲法起草の過程で、湘南の温和な気候や風景が非常に気に入ったようである。伊藤が後に詠んだ「湘南」と題した漢詩からは、彼のこの地への深い愛着が窺われる。

「路入湘南秋色晴。松林一帯海風清。帰家先賞園中菊。不問厳霜及落英」[28]

憲法が発布された一八八九年、伊藤は高輪の本邸を三菱の岩崎弥之助社長に売却した。同年、伊藤は神奈川県小田原町に夏島別荘の一部を移築して、父親の隠居所とすると共に、翌年には新しい建物も新築して自らの邸宅とし、滄浪閣《そうろうかく》と命名した[29]。建物は非常に簡素なものであった。伊藤が東京の本邸を引き払い、小田原に居を構えたのは、憲法制定作業が一段落したため、政治の中心から一歩引いて充電しようと考えたからである。『楚辞』に由来する「自然の成り行きに任せて身を処する」という意味の邸宅の名前には、伊藤の心情がよく表れている。以後伊藤は、晩年に品川の大井町に邸宅を持ったものの、東京に私邸を持った期間はほとんどない。

小田原滄浪閣ができると、伊藤の上京機会が減ったため、明治天皇が心配することもあった模様である[30]。しかし、伊藤が長らく政治の中心から離れていることは許されなかった。一八九四年の春から秋にかけては、穂積陳重、富井政章、梅謙次郎によって、滄浪閣で民法改正作業が行われた[31]。また伊藤は、小田原に転居した後も貴族院議長、枢密院議長、首相など要職を歴任したため、東京の官邸と頻繁に往復した。伊藤は、この途次にしばしば大磯に立ち寄り、禱龍館や招仙閣といった旅館に滞在した。大磯滞在時には、しばしば山県の別荘も訪問した[32]。一八九二年一一月、伊藤は、人力車と馬車の衝突により重傷を負ったが、翌年一月からしばらくは大磯の岩崎邸で療養している[33]。この時の大磯滞在は殊の外印象深かったようで、伊藤は次のような漢詩を詠んでいる。

「詩酒三旬養宿痾。閑中日月占来多。芙蓉独立群峰上。瞰下東洋萬里波。」[34]

このように、伊藤は次第に大磯の地に馴染んでいった。

一八九二年、伊藤は第二次内閣を組織し、条約改正、日清戦争などで多忙な日々を送ることになった。このような中で、東京から遠い小田原の別荘を維持するのは困難になったのであろう、伊藤は一八九四年に小田原を引き払っている。当時、東海道線は国府津から富士山の裾野をまわっており(現在の御殿場線)、小田原へは国府津から馬車などを走らせる必要があったため、東京からはかなり遠かったのである(東海道線が熱海経由となり、小田原駅が開業したのは一九二〇年)。小田原滄浪閣の建物は、伊藤の転居後もそのまま残っていたが、一九〇二年の小田原大海嘯で大破したと伝えられている。小田原が別荘地として本格的に発展するのは、明治末期から第一次大戦後にかけてである[35]。

伊藤が大磯に別荘を購入した直接のきっかけは、陸奥宗光の影響であった。陸奥は、第二次伊藤内閣の外相として、日清戦争期の外交指導を行ったが、肺を患っており、その療養のため一八九四年に大磯に別荘を購入した。陸奥は外相在任中から体調を崩しがちで、医師ベルツの勧めもあって、翌年に戦争が終わると大磯の別荘で静養に努めた[36]。陸奥は、別荘で静養に努める傍ら著述活動に力を注ぎ[37]、日清戦争を振り返った回顧録『蹇々録《けんけんろく》』の執筆を行った。同書の緒言には、「明治二八年除夜大磯において」と書かれている[38]。

一八九六(明治二九)年、伊藤は小田原より東京に近い大磯に転居した[39]。名高い大磯滄浪閣の誕生である。場所は旧東海道沿いの海岸側で、陸奥の別荘のすぐ近くであった(図2を参照)。伊藤は、購入前に大磯を訪れて陸奥に相談し、候補地を二つに絞り込んだ。旅館百足屋の仲介で候補地を

図2　大磯の主な別荘

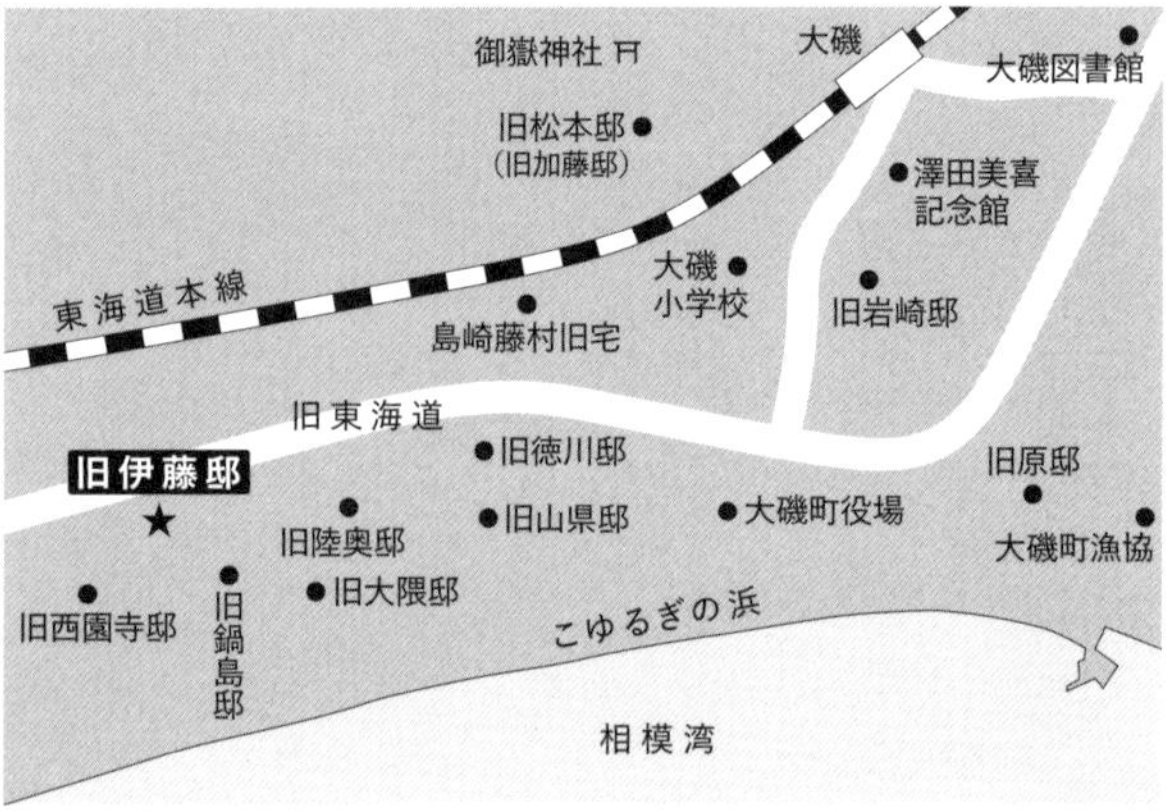

精査した陸奥は、伊藤に「両地とも景色は拙邸よりは遙に秀絶に有之、前面海を眺むるのみならず、左右後に富士、箱根より高麗山をみるを得べし」と報告した。候補地の一つは「鍋島邸を囲繞する高地山林」とされていたが[40]、同年に滄浪閣の東隣に旧佐賀藩主鍋島直大が別荘・迎鶴楼を建設していることから、伊藤はこの候補地の一つを購入したものと見られる。

五月一三日、三島中洲、依田学海、森槐南ら文人を招いて、滄浪閣落成の宴が開かれた。滄浪閣は、敷地の西側に西洋館、東側に和館が建てられていたが、いずれも非常に簡素なものであった。滄浪閣には絶えず来客があり、伊藤は多忙であったが、伊藤は僅かな時間を利用して読書に励んだ。冬は一階の南向の一室で籐の安楽椅子に座り、夏は二階の風通し良い所で長椅子に横たわりながら、和服着流しでよく読書をしていたという。また、夜になると一人で起き出して、書類に目を通したり、覚書を認めたりしていたという[41]。

伊藤の大磯転居を仲介した陸奥であったが、その後も体調は良くならなかった。一八九七年にはハワイに転地療養したが、養生の甲斐なく、陸奥はこの年東京西ヶ原の本邸（現古河庭園）で死去した。伊藤の長女末松生子は、のちに陸奥が大磯に住んでいた頃を思い返して、次のような歌を詠んでいる。

「陸奥宗光伯の大磯にいましける頃　夏の夜の月かげすずし病みいます隣の君もながめますらん」[42]

一八九七年一月、伊藤は本籍も大磯に移転し、大磯町民となった。以後伊藤は、一九〇九年に亡くなるまで滄浪閣を本邸とした。もっとも、多忙な伊藤は頻繁に上京しており、滄浪閣を不在にして、東京の帝国ホテルや霊南坂の官邸、娘婿の末松謙澄の邸宅（芝公園）に宿泊することも多かった[43]。一九〇五年に韓国統監に就任してからは、日本と韓国を往復する日々が続き、滄浪閣では公務がない時に静養するのが主となった。したがって滄浪閣は、本邸とはいっても、別荘的な性格を濃厚に持っていたというべきであろう。

伊藤にとって滄浪閣は、憩いの場であり、親しき者との交遊の場であり、思索の場でもあった。伊藤は大磯の海岸を散歩するのを好んだが、仰々しい警護を嫌い、少数のお共だけを連れて歩くのが常であった。政治的に対立する立場にあった山県や大隈重信が、滄浪閣を直接訪問することもあった[44]。一九〇二年に滄浪閣で催された伊藤の還暦の宴では、山県が長文の祝辞を朗読している[45]。日露戦争前夜には、日英同盟や開戦をめぐって伊藤と意見を異にしていた桂太郎首相も、しばしば滄浪閣を訪問した。桂は葉山に別荘を持っており、伊藤が葉山に赴くこともあった[46]。別荘の名前は長雲閣といったが、命名者は伊藤であった[47]。桂の自伝によれば、日英同盟の基礎となった提案の草稿は、伊藤と桂が長雲閣で一緒に起草したものであったという[48]。このように、伊藤は政見を異にする政治家とも、胸襟を開いて政治的コミュニケーションに努めた。その舞台となったのが、滄浪閣をはじめとする彼らの別荘だったのである。

一九〇〇年二月、皇太子嘉仁親王が滄浪閣に行啓した際、伊藤は次の漢詩を詠んでいる。「富嶽開顔帯紫霞。湘南春色萬人家。鶴車暫駐滄浪閣。古木庭中又着花。」[49]滄浪閣に春の花が咲き乱れ、富士の山々を見渡す中で、皇太子を自邸に迎えた伊藤の喜びが素直に表現されている。一九〇二年夏に、滄浪閣で作った次のような漢詩もある。「酔中天地闊《ひろし》。世事且相忘《せじしばらくあいわする》。不問滄浪水《そうろうのみずをとわず》。功名夢一場。」[50]この詩には、幕末以来国事に奔走した伊藤の満足感が表現されていると考えられている[51]。

伊藤は、大磯住民との親交も非常に大事にした。伊藤は、大磯に別荘を持つ富豪達が何でも東京から取り寄せ、土地の者が喜ばないのを見て、米、味噌など全て地元から買えと命令したという[52]。一九〇一年、大磯小学校新築のための寄付が募られた際には、名簿の筆頭に名を連ね、翌年の大火の後にも復興費を寄付した。また、一九〇四年以降、貯蓄の大切さを教えるため、毎年大磯小学校の新入生に一〇銭入りの郵便貯金通帳をプレゼントし、上級生は毎春滄浪閣に招待したと伝えられている。

4　大磯と「伊藤山脈」

一八九九年、西園寺公望が大磯に別荘を建てた。これは伊藤の勧めによるもので、場所も滄浪閣の西隣であった。伊藤は、この別荘に隣荘《となりそう》と命名した[53]。西園寺は、翌年に伊藤が創立した立憲政友会に加わり、やがて伊藤から総裁を引き継いで政党政治の実現に尽力していくことになるが、伊藤の最晩年の一〇年間、両者はまさに大磯の「お隣さん」であった。伊藤博文夫人梅子の歌集には、次のような印象的な歌が掲載されている。

「西園寺君大磯の新築の家にわたましありける時　海山を打わたしける新やかた心ゆたかに君いますらん」[54]

風流者で知られた西園寺自身も、大磯で詠んだ歌を残している。

「大磯の別荘にて　山ゆるぎ浪こころせよ芥子花」

「滄浪閣を訪ふて帰るさ　捨《ママ》ててある富士を拾ふてもどりけり」[55]

後者からは、西園寺と伊藤が心を許し合っていた様子がよく分かり、微笑ましい。

陸奥宗光門下の俊英外交官であった原敬の別荘も、大磯にあった。原は、一八九六年に大磯南下町に別荘を構えている[56]。原は見舞いのためしばしば大磯に陸奥を訪問し、その病状悪化を間近で感じていた[57]。原が別荘の購入地として大磯を選択したのは、病が重くなっていた陸奥とできるだけ近くで接する時間を確保するためであったと思われる。間もなく陸奥は死去したが、原はその後大磯の伊藤、西園寺をしばしば訪問するようになり[58]、やがて政友会にも参加した。後に原は西園寺の後を継いで政友会の第三代総裁に就任するが、伊藤、西園寺、原と続く政友会人脈は、大磯で育まれたという側面がある。

原と並ぶ陸奥門下の双璧である加藤高明の別荘も、大磯にあった。加藤は、三菱の創設者・岩崎弥太郎の娘婿で、一八九〇年に岩崎家が大磯駅前に別荘を購入して以来、しばしば大磯に来る機会があった[59]。陸奥を通して伊藤の知遇も得、一九〇〇年に第四次伊藤内閣の外相に就任してからは、滄浪閣を訪問するようにもなった[60]。こうして徐々に大磯の地に馴染んだ加藤は、一九〇二年に大磯に別荘を購入し[61]、政友会に入党こそしなかったものの、晩年に至るまで伊藤との親交を続けていくことになる[62]。伊藤梅子夫人の『落梅集』には、伊藤家、岩崎家、加藤家が親しく往来していたことを示す印象的な歌が詠まれている。

「加藤男爵夫人度々玉づさおこせ給へる嬉しさに　見るたびにいともやさしく嬉しきは心こめたる君のたまづさ」

「大磯なる岩崎君のもとに牡丹の花を見て　なつかしくさきにほいたる二十日草長き盛もなほあか

ずして」[63]

元衆議院議長の中島信行も、一八九八年に横浜の本邸を引き払い、大磯の別荘に転居している[64]。中島が大磯に別荘を持った経緯は定かではないが、最初の妻・初穂が陸奥の妹であり、自由党の指導者として陸奥と政治的にも近かったことから[65]、陸奥と往来する中で、大磯と縁ができたものと思われる。転居の直接のきっかけは、陸奥と同様に結核の治療であったが、療養の甲斐なく、中島は翌年に病死した。中島の後妻・俊子(湘煙、婦人運動家)も一九〇一年にこの地で亡くなるが、俊子によれば、伊藤はしばしば中島邸を訪れていたという[66]。中島との交游は、伊藤が政友会創立のかなり前から自由党の領袖と直接接触を持っていたことを示している。このように、滄浪閣ができた頃から、大磯は本格的に「政界の奥座敷」として発展を始めた。

この他、静岡県興津町に別荘を構えていた伊藤の盟友・井上馨もしばしば大磯を訪問したし[67]、末松謙澄、鮫島武之助ら伊藤の側近は頻繁に大磯に来ていた[68]。こうして見ると、伊藤門下の西園寺、原、加藤の別荘が立ち並び、伊藤周辺の政治家が頻繁に訪れるなど、大磯は伊藤を中心にまわっていた感さえ覚える。伊藤は、しばしば子分を育てなかったと評される。確かに、伊藤は山県有朋とは異なり、官界の枢要ポストに自らの子分を張り巡らせることはしなかったが、伊藤を慕い、伊藤のもとで働こうという政治家たちが確かに存在したことが、「別荘地」大磯の形成過程から見えてくる。「伊藤山脈」とでも称すべき伊藤を中心とする政界の人脈が、存在したのである。

それでは「政界の奥座敷」の日常は、どのようなものだったのだろうか。残念ながら伊藤はまとまった日記を残しておらず、大磯での日常生活は詳しく分からないが、幸い、伊藤と親交のあった渋沢栄一が詳しい日記を書き残している[69]。以下では、渋沢の日記をもとに、大磯の日常風景をより具体的に見ていくことにしたい。

明治初期、渋沢栄一の本邸は兜町にあり、東京の北部近郊に位置する飛鳥山に、約四〇〇〇坪の別荘があった。渋沢は、飛鳥山の別荘を賓客接待や静養の場として活用する一方で[70]、避寒避暑の際には貸別荘を利用し、自らの別荘は所有しなかった。渋沢は、避寒避暑の地として大磯を愛好しており、一八八七年に禱龍館の出資者となって以来、よく滞在していたらしい。表は、一八九九年から一九〇二年の間に渋沢が大磯に滞在した時期と宿泊場所を抜粋したものである[71]。この時期渋沢が、正月や夏になると決まって大磯の禱龍館に滞在していたことが分かる。特に正月は、午前中に渋沢が設立した第一銀行や各会社から新年の挨拶を受けた後、午後に大磯に行き、以後しばらくゆっくりと静養するのを常としていた。一九〇一年のみは、義兄で学問の師でもあった尾高惇忠が死去したため、一月二日に帰京しているが、その他の年は、いずれも一〇日以上大磯に滞在を続けた。

大磯との往復には汽車を利用していた。当時、東京の玄関口・新橋駅から大磯駅までは約二時間かかり、その間車中では、たまたま乗り合わせた乗客と歓談することが多かった。日記を見ると、伊藤の他に[72]、芳川顕正（逓信大臣）、稲垣満次郎（シャム公使）、桂太郎（陸軍大臣）、横田国臣（司法次官）、犬養毅（代議士）、園田孝吉（十五銀行頭取）など、実に多様な人々と同車している[73]。彼らは大磯に別荘を持っておらず、渋沢と特に親交が深いわけでもなかったが、それだけにここでの会話は、普段触れることの少ない情報を得る貴重な機会になっていたものと思われる。

大磯に着くと、渋沢は静かに読書をすることが多かった。日記には「終日読書又は遊戯に消閑す」という記述が頻出し[74]、『古文真宝』『古今集』『近世文鑑』『戦争と経済』『甲子夜話』といった本を読んでいることが確認できる[75]。また、自叙伝『雨夜譚』を執筆したり[76]、自らの意見書や演説筆記[77]、旧主徳川慶喜の伝記草稿に目を通したりするなど[78]、著述に励むこともあった。しばしば日記の整理や[79]、教育勅語や家法の浄書も行っている[80]。渋沢は、大磯に滞在するにあたって、内省し、自己と向かい合うための時間の確保を重視していたのである。もちろん、海岸

表　渋沢栄一の大磯滞在（1899〜1902年）

❖1899年	
1月1日〜10日	濤龍館
3月12日〜23日	濤龍館
8月10日〜24日	濤龍館
10月14日〜15日	長生館
10月22日〜24日	長生館
11月19日〜22日	長生館
12月17日〜19日	長生館
❖1900年	
1月1日〜18日	長生館
3月24日〜26日	長生館
8月11日〜19日	長生館
8月24日〜30日	（不明）
❖1901年	
1月1日〜2日	長生館
8月25日〜9月1日	（不明）
❖1902年	
1月1日〜10日	長生館

出典：「渋沢栄一日記」1899〜1902年（『渋沢栄一伝記資料』別巻第一）

を散歩したり[81]、夏には海水浴を行ったりと[82]、健康維持にも気を遣っていた。このような行動パターンは、伊藤ともかなり近いものであったと思われる。

もっとも、渋沢は、大磯滞在中に仕事から完全に離れていたわけではない。むしろ、別荘地のゆったりした雰囲気の中で、重要な会談が行われることもあった。例えば、大磯に別荘を持っていた三菱の岩崎弥之助や久弥は、何度か禱龍館に渋沢を訪ね、漢口製鉄所や九州鉄道について会談を行っている[83]。実業家では、第一銀行の佐々木勇之助、浅野セメントの浅野総一郎、住友銀行の志立鉄次郎らがよく大磯に渋沢を訪ねていた[84]。

渋沢が大磯滞在中に親しく往来していた政治家は、伊藤、山県、大隈の三人であった。例えば一八九九年一月について見ると、一月一日に渋沢が大磯に入ると、四日に伊藤が渋沢を訪ね、数時間話をしてから帰っていった。翌日、渋沢は岩崎弥之助の別荘で行われた宴に参加し、そこで大隈と同席した。一月七日、渋沢の許に押川方義、本多庸一が訪ねてきたので、渋沢は二人と滄浪閣に出向いたが、伊藤は帰京していて不在であった。そこで、大隈別荘を訪問して「韓国に対する教育の事」を話し、いずれ伊藤にも話をして、会合を催すことを約束した。三人は帰途に山県を訪問したが、こちらも不在で山県には会えなかった。ただし、山県は翌日に渋沢のもとに来訪し、二人は、渋沢の自伝や徳川慶喜の伝記のことなどを話して別れている。このように渋沢は、大磯滞在中、伊藤、山県、大隈の別荘、とりわけ伊藤の別荘を気楽に訪問していた[85]。「政界の奥座敷」では、政財界のトップ同士が親しく往来し、意思疎通を行っていたのである。

渋沢は一八九九年八月までは濤龍館を常宿にしていたが、同館がその後海嘯に襲われ、大きな被害を受けたため[86]、この年一〇月以降は長生館という旅館を利用するようになった。しかし、渋沢が長生館に長期滞在したのは一九〇五年までで、以後渋沢の足は大磯から遠のいた。これ以降渋沢は、正月は飛鳥山の本邸（一九〇一年に兜町から移転）で過ごすようになり[87]、老齢のため、夏に海水浴をすることもなくなった（日記で確認される最後の海水浴は一九〇一年八月）[88]。もっとも、伊藤や山県との親交は、彼らが亡くなるまで続き、東京で往訪がなされることになった。

5　伊藤博文の死と大磯——滄浪閣と「伊藤山脈」のその後

伊藤と大磯の関係を考える上で、韓国との関わりを見逃すことはできない。伊藤は、一九〇五年に韓国統監に就任し、以後韓国との往来を続けた。大磯町では、多忙な伊藤の憩いのため大磯駅から滄浪閣に通じる道路を拡張し、桜や梅の街路樹を植えた。この道は、今日に至るまで統監道と呼ばれている。一九〇七年、伊藤は韓国皇太子・李垠《りぎん》の養育掛に任命され、彼を日本に連れてきた。伊藤は李垠の見聞を広めるため一緒に全国を旅すると共に、滄浪閣で熱心に教育を行った。伊藤は、日本国内では相対的に穏健な韓国政策を構想し、韓国王族に対してもなるべく彼らの立場に配慮すべきだと考えていた。自ら皇太子の養育に当たったのは、まさにそのためであった。しかし、日本国内では韓国併合論が強まっていき、伊藤の穏健論はやがて影響力を失っていった。他方で、伊藤は韓国側からの敵意を一身に受ける立場にも立たされた[89]。一九〇九年、大磯の滄浪閣から満州に旅立った伊藤は、ハルビンで安重根によって殺害された。

伊藤の死後も、大磯の地を好んだ梅子夫人は、生活の本拠を引き続き滄浪閣に置いた。しかし一九二一年、嗣子博邦が住んでいた東京大井町に転居することになり、滄浪閣は李王家に譲渡された。これは、伊藤の意を汲んだ梅子夫人が、自らの意思で行ったもののようである[90]。梅子夫人は、伊藤が韓国に対して抱いていた「痛み」のようなものを深く感じていたのではないだろうか。梅子夫人が大磯を離れる際には、滄浪閣門前から統監道に数百人もの大磯町民が列をなして見送った[91]。

滄浪閣を別荘とした李王家は、その後大磯と深い縁を持ち続け、地元から「李王さん」と呼ばれて親しまれたという。伊藤が自ら教育した李垠は、一九一六年に梨本宮方子と結婚した。梨本宮家の別荘は大磯にあり、方子が婚約のことを知ったのは大磯別荘においてであった[92]。方子の母伊都子は旧佐賀藩主鍋島家の出身で、鍋島家の別荘・迎鶴楼は滄浪閣の東隣にあったので、方子にとって、大磯や滄浪閣は幼少時から馴染みが深かったはずである。

一九二三年の関東大震災で滄浪閣は大きな被害を受け、再建された。しかし、近年の調査によれば、再建後の滄浪閣は、伊藤時代の木材を活用して作られていたことがほぼ間違いなく確認できるという[93]。戦後、滄浪閣はプリンスホテルの手に渡り、レストランなどとして活用された。二〇〇八年には重要文化財に指定され、現在原形復元に向けた計画が進行中である。滄浪閣の敷地内には、伊藤が敬愛する大久保利通、木戸孝允、三条実美、岩倉具視を祀った小堂「四賢堂」が建てられていた。伊藤の没後、その四人に伊藤が加わって「五賢堂」となり、第二次大戦後は吉田茂邸に遷座され、西園寺公望、吉田も合祀され、「七賢堂」となった[94]。吉田茂邸は近年惜しくも焼失したが、「七賢堂」は現存している。このように、大磯には今日に至るまで伊藤の面影を偲ぶ遺構が残されており、伊藤はいまだに「大磯の顔」として生き続けている。

伊藤の死後、大磯はどのように変わったのであろうか。結論的に言えば、その後も大磯は別荘地として発展を続けたものの、伊藤のような中心的存在がいなくなったため、大物政治家が集う「政界の奥座敷」としての地位は保ち得なかった。また、交通網の発達と共に、小田原、興津、軽井沢、日光、伊豆など各地に有力な別荘地が形成されていき、別荘地としての大磯の優位は相対的に低下していった。奇しくも伊藤が死去した頃が、別荘地としての大磯の最盛期であったと言うことができるであろう。

伊藤の死去と相前後して、「伊藤山脈」に属した政治家たちは相次いで大磯を去った。まず西園寺公望は一九〇九年に大磯を去り、静岡県興津町（現静岡市）に別荘を求めて坐漁荘と命名した。この頃西園寺の本邸は、東京の駿河台にあったが、大正期に入ると普段は気候の温暖な興津に居住し、用事がある時のみ上京するのを常とした。別荘を実質的な本邸としたわけである。敷地面積約一二〇〇坪の非常につつましい別荘であった[95]。春秋の自然が綺麗な季節には京都の別荘・清風荘に、夏の暑さが厳しい時期には御殿場の別荘に滞在した[96]。興津には井上馨、伊藤博邦（博文の嗣子）らも別荘を構えており、互いによく往来していた[97]。興津は別荘地としては小規模であったが、昭和期に入って西園寺が「最後の元老」になると、実質的に後継内閣が決定される場として注目を集めるようになる。

原敬は、一九〇七年に大磯の別荘を売却している[98]。原は当時既にこの地に魅力を感じなくなっており、数年前から大磯を訪問することは稀になっていた。政友会内で力をつけ、党運営に際して伊藤や西園寺の力を頼る必要性が薄れていたことも影響していたであろう。原は、その後数年のうちに二つの別荘を建設した。一つは、故郷盛岡の別荘・介寿荘《かいじゅそう》である。一九〇九年に母親の隠居所として建設したもので、約二〇〇〇坪の立派な和風の邸宅であった[99]。原は帰省した際にはこの別荘に滞在し、地元の支援者との懇親や読書に励んだ[100]。

もう一つは、鎌倉腰越の別荘であった[101]。この別荘は一九一四年に購入し、翌年に建物を新築したもので[102]、小山荘のような雰囲気のものであった。原は週末に腰越に滞在し、孤独に思索を練るのを常とした。原が残した膨大な日記は、その証である。もっとも原は、親しい知友には別荘を開放することもあった。政友会領袖の夫人が腰越に集まることもあったし（その名も政友会をもじった清遊会！）[103]、腰越の人々を招待した園遊会、政友会担当の記者倶楽部（十日会）のメンバーとの歓談も行われている[104]。

加藤高明は、死去するまで大磯に別荘を持ち続けた。加藤の大磯別荘は、原の腰越別荘と似て、孤独に思索を深め、真に親しい者とうち解けて話をする場として活用されていた[105]。他方で加藤は、一九一八年に、新たに軽井沢にも別荘を購入した。軽井沢には大隈重信、尾崎行雄、島田三郎、町田忠治、望月小太郎ら憲政会系政治家の別荘が多く、党務に便利だという事情があったらしい[106]。軽井沢は、第一次大戦前後から中流階級を対象にした別荘地、リゾート地として開発が進んでいた。加藤自身は軽井沢よりも大磯に魅力を感じていたようで、政界引退後の生活の場としても大磯を考えていた節があるが[107]、第一次大戦以降、政治家や実業家の別荘はむしろ軽井沢に集中していくことになる。

伊藤のライバル・山県有朋も、伊藤の死去と相前後して大磯を去った一人である。山県は一九〇七年に大磯の小淘庵を三井家に売却し、相模湾を見下ろす小田原の高台に新たな別荘を取得した[108]。この年、山県は七〇歳（古稀）を迎え、公爵に陞っており、生涯の節目となる年に隠居所を作ろうとしたことが、別荘を移した直接の動機であろう。

もっとも、山県が小田原にあえて転居した背景には、伊藤への微妙な対抗意識も働いていたように思われる。大磯には、伊藤と近い西園寺や原、加藤らが別荘を構え、家族ぐるみの交際もなされていた。また、伊藤は大磯町民とも親密であった。他方で、大磯における山県の存在感は、それほど大きくなかった。自分の方が先に別荘を構えていたにもかかわらず、伊藤が大磯の「顔」であり、付近に近親者も少ないことは[109]、山県にとって必ずしも心地よいことではなかっただろう。これに対して小田原の古稀庵の東隣には、三井財閥の事実上の総帥である益田孝の別荘・掃雲台があり、西隣には大倉財閥の創始者・大倉喜八郎が別荘を構えた。またこれ以降、小田原には大島義昌（陸軍軍人）、松本剛吉（政治家）、野崎広太（実業家）、山下亀三郎（実業家）ら山県と深い関わりを持つ人物たちが次々と別荘を建てた。こうして古稀庵は、山県晩年の充実した権力の象徴となり、彼は「小田原の大御所」と称されるようになった。

このように、大正期に入って別荘地が各地に形成されると、大物政治家の別荘は拡散する傾向が強まった。山県は小田原、井上馨や西園寺は興津、原は鎌倉、加藤は大磯、後藤新平は軽井沢[110]というように、大物政治家たちは思い思いの場所に別荘を構えるようになり、彼らが気軽に往来する機会は減った。明治期の大磯のように、大物政治家がこぞって集う「政界の奥座敷」はなくなったのである。これは、交通網が発達し、各地で別荘地開発が進んだ結果であると同時に、元老世代が政治の第一線から引き、政党勢力が伸張したことによって、政治が多元化したためでもあるだろう。「政界の奥座敷」大磯の消滅は、伊藤や山県ら藩閥政府の指導者たちが膝をつき合わせて語り合いながら政治を行っていた時代の終わりを告げ、来るべき大正デモクラシーの時代を予示していたと言えるかもしれない〔11〕。

6　おわりに

本章では、伊藤博文と明治期を代表する「別荘地」であった大磯の関わりについて検討してきた。東海道の宿場町であった大磯は、明治維新後衰退したが、松本順の尽力によって海水浴場として発展し、やがて多数の別荘が形成されていった。政財界の有力者の別荘が立ち並んだため、大磯は「政界の奥座敷」として機能していくようになるが、その中心にいたのは伊藤博文であった。伊藤は、その知性と開放的な性格によって多くの政治家をひきつけ、西園寺公望、原敬、加藤高明らと大磯の別荘で親交を深めた。また伊藤は、大隈重信、山県有朋、桂太郎ら政敵とも意識的にコミュニケーションを図ったが、大磯の別荘は、その重要な舞台ともなった。伊藤と大磯の関わりを通して、明治日本の政治リーダーたちの行動様式がよく見えてくる。

日本政治史研究は、政治過程や政治家のリーダーシップを研究対象とするが、それらが織りなされる「場」を、それ自体として研究対象にする意識は、従来稀薄だったように思われる。政治家の邸宅はもっぱら建築史の研究対象とされ、政治史研究では、個別事例がすぐれた評伝の中で言及されるケースを除けば[112]、本格的な研究対象とはされてこなかった[113]。その結果、近代日本の政治がどのような「場」で行われてきたのか、我々は体系立った理解を持っていないのが現状である。とりわけ、政治家の「別荘」は重要な政治的機能を果たしてきたにもかかわらず、その役割は一見表立っては認識されないため、これまでほとんど研究がなかった。これは、従来の政治史研究の大きな欠落であり、我々の政治理解を浅いものにしてきたように思われてならない。

本章では、このような研究の欠を埋め、政治がどのような「場」で行われたのかを再現するための基礎作業として、「別荘」という存在に着目し、明治期の代表的な「別荘地」大磯の形成・発展過程について検討してきた。近代日本が立憲国家としての体裁を整え、日清・日露戦争に勝利し、産業革命を推し進める上で、政治リーダーが思索を練り、緊密に連携し、果断に決断を下すことは不可欠であったが、「別荘」はしばしばその重要な舞台となった。近代日本の政治は「別荘文化」が支えていたというと言い過ぎになるかもしれないが、少なくともその重要な一端を担っていたのは間違いないように思われる。

［付記］本稿は、鹿島財団の研究助成による研究成果の一部である。

註

1――宇野俊一校訂『桂太郎自伝』(平凡社、一九九三年)二七四頁。ただし、一九〇三年四月に開かれたこの会議で開戦まで決定したというのは誤った俗説である(『京都市政史』一巻、京都市、二〇〇九年、二九八頁)。

2――一九二四―三二年の政党内閣期において、西園寺はほぼ単独で後継首相を決定していたが、後継首相の奏薦を求める天皇の下問に対して、西園寺が東京の本邸で奉答したのは二回のみで(浜口雄幸内閣、犬養毅内閣)、京都(第一次加藤高明内閣、田中義一内閣)、興津(第一次、第二次若槻礼次郎内閣)、御殿場(第二次加藤内閣)と、別荘で奉答するのが常であった(岡義武・林茂校訂『大正デモクラシー期の政治 松本剛吉政治日誌』岩波書店、一九五九年、三一二頁、四三二頁、四七七頁、五六七頁、伊藤隆・広瀬順晧編『牧野伸顕日記』中央公論社、一九九〇年、三七九頁、高橋紘・粟屋憲太郎・小田部雄次編『昭和初期の天皇と宮中 侍従次長河井弥八日記』第五巻、岩波書店、一九九四年、五八頁、二一五頁)。

3――杉森久英『近衛文麿』(河出書房新社、一九八七年)五一〇―五一一頁、五二三頁、『鳩山一郎回顧録』(文藝春秋新社、一九五七年)二〇―二二頁。

4――この点に関して、筆者は既に拙稿「大磯から見た近代日本政治」(『創文』五〇二号、二〇〇七年一〇月)、同「「別荘」から見た近代日本政治」(『月刊自由民主』二〇〇八年八月)、同「別荘から見た近代日本政治」(『公研』四八巻四号、二〇一〇年四月～連載中)で論じている。

5――西那須野町史編さん委員会編『西那須野町の開拓史』(西那須野町、二〇〇〇年)。

6――杉浦敬彦『葉山の別荘』(用美社、二〇〇七年)。

7――宮原安春『軽井沢物語』(講談社、一九九一年)第一―二章。

8――伊藤博文、山県有朋、大隈重信、西園寺公望、寺内正毅、原敬、加藤高明、吉田茂の八名である。

9――明治政治史における伊藤の役割については、近年再評価が進んでいる。代表的なものとして、伊藤之雄『伊藤博文　近代日本を創った男』（講談社、二〇〇九年）、瀧井一博『伊藤博文　知の政治家』（中公新書、二〇一〇年）を参照。

10――畔柳昭雄『海水浴と日本人』（中央公論新社、二〇一〇年）一二三‐一二五頁。

11――太田雄三『新島襄』（ミネルヴァ書房、二〇〇五年）三一〇‐三一五頁。

12――『大磯町史』七（大磯町、二〇〇八年）、『おおいその歴史』（大磯町、二〇〇九年）。

13――以下、別荘の購入年や敷地面積など基本的な情報に関しては、特に断りのない限り、主に『大磯のすまい』（大磯町教育委員会、一九九二年）による。

14――小川鼎三・酒井シヅ校注『松本順自伝』（平凡社、一九八〇年）九六頁。

15――猪木正道『評伝吉田茂』上（読売新聞社、一九七八年）五四頁。

16――徳富猪一郎編述『公爵山県有朋伝』下巻（山県有朋公記念事業会、一九三三年）一一一八‐一一二二頁。

17――三島義温編『三島弥太郎の手紙』（学生社、一九九四年）二六七‐二七一頁。

18――一八九八年九月一三日付三島和歌子宛三島弥太郎書翰（「三島家文書」三島昌子氏所蔵）。史料をご提供下さり、種々ご教示を賜った三島昌子氏、仲介の労を執って下さった上田和子氏に厚くお礼申し上げます。

19――岩崎家伝記刊行会編『岩崎弥之助伝』上（東京大学出版会、一九七九年）四五一‐四五七頁。

20――拙稿「加藤高明と岩崎家――駐英大使時代を中心に」（『法学論叢』一六六巻六号、二〇一〇年）。

21――前掲、岩崎家伝記刊行会編『岩崎弥之助伝』上、四二〇頁、『大磯誌』（富山房、一九〇七年）。

22――前掲『大磯のすまい』、水沼淑子「大磯における明治期の別荘建築について――『明治二七年一月改正建物台帳』などによる検討――」（『日本建築学会大会学術講演梗概集』二〇〇七年八月）。

23――伊藤邸の変遷については、拙稿「伊藤博文と大磯」（『伊藤博文没後一〇〇年記念　滄浪閣の時代』大磯町郷土資料館、二〇〇九年）を参照。

24――『伊藤博文公年譜』(春畝公追頌会、一九四一年)一三八頁、伊藤博邦『春畝遺稿』(伊藤博文公伝記編纂会、一九三〇年)八-一〇頁、一四頁、二一頁。
25――『世外井上公伝』第三巻(内外書籍、一九三三年)二〇九-二一二頁。
26――熱海梅園については、熱海市ホームページを参照。http://www.city.atami.shizuoka.jp/city/browser?ActionCode=content&ContentID=1115955824739&SiteID=0
27――楠山永雄『伊藤博文公と金沢別邸』(金沢郷土史愛好会、二〇〇九年)。
28――前掲、伊藤博邦『春畝遺稿』七三頁。
29――以下、滄浪閣についての記述は、特に断りのない限り、前掲『伊藤博文没後一〇〇年記念 滄浪閣の時代』に基づく。
30――前掲『伊藤博文公年譜』一八七頁。
31――中野敬次郎『小田原近代百年史』(形成社、一九六九年)一八一-一八三頁。
32――前掲『伊藤博文公年譜』二〇一、二〇二、二一三頁。
33――前掲『伊藤博文公年譜』二〇八-二〇九頁。
34――前掲、伊藤博邦『春畝遺稿』四〇頁。
35――前掲、中野敬次郎『小田原近代百年史』一九七-二五五頁。
36――原奎一郎編『原敬日記』一巻(福村出版、一九六五年)一八九五年六月三〇日、一八九五年〔推定〕九月一九日付伊藤博文宛陸奥宗光書翰(伊藤博文関係文書研究会編『伊藤博文関係文書』七、塙書房、一九七九年)、『読売新聞』一八九五年七月六日、一二月一日。
37――『読売新聞』一八九五年九月五日。
38――陸奥宗光著、中塚明校訂『新訂 蹇々録』(岩波文庫、一九八三年)。その後大磯の別荘は、実子古川潤吉

（古河市兵衛の養子）に譲られた。

39――前掲『伊藤博文公年譜』二三八－二三九頁。

40――一八九五年（推定）一一月五日付伊藤博文宛陸奥宗光書翰（前掲『伊藤博文関係文書』七）。

41――古谷久綱『藤公余影』（民友社、一九一〇年）二四五－二四六頁、伊藤文吉「父博文の私生活」（『中央公論』一九三九年二月号）。

42――末松生子『松の下枝』（末松生子、一九三一年）五〇頁。

43――末松謙澄『孝子伊藤公』（博文館、一九一一年）二八三頁、前掲、古谷久綱『藤公余影』二四〇頁。

44――大隈は、一八九七年に大磯の陸奥宗光別荘の隣に別荘を購入したが、あまり積極的に活用しなかったようで、一九〇一年に古川市兵衛に譲渡している。

45――前掲『伊藤博文公年譜』二八五頁。

46――前掲『桂太郎自伝』二三九頁、二五六頁、二六九頁。

47――徳富蘇峰編著『桂太郎伝』坤、九八〇頁。別荘や旅館での交流を好んだ伊藤は、長雲閣以外にも、多くの邸宅や旅館の命名者として名を残している。後述する西園寺公望の別荘・隣荘の他、代表的なものとしては以下が挙げられる。村井吉兵衛（実業家）の京都別荘・長楽館（一九〇九年命名、大渓元千代『たばこ王村井吉兵衛』世界文庫、一九六四年、二四七－二四八頁）。下関の料亭・春帆楼（一八七一年命名、春帆楼ホームページ http://www.shunpanro.com/history.html）。山県の料亭・四山楼（一八七九年命名、四山楼ホームページhttp://www.shisanro.jp/）。浅見又蔵（実業家）の別荘・慶雲閣（一八八六年命名、慶雲閣ホームページ http://www.nagahamashi.org/bunka/meiji/keiunkan/）。長崎の料亭・富貴楼（一八八九年命名、富貴楼ホームページhttp://www4.ocn.ne.jp/~fukiro/）。箱根の旅館・環翠楼（一八九〇年命名、環翠楼ホームページhttp://www.kansuiro.co.jp/）。佐世保の旅館・万松楼（一八九六年命名、万松楼ホームページhttp://www.banshoro.com/）。伊藤がこれほど料亭や別荘の命名者として名前を残しているのは、明治政府の第一人者であったというだけでなく、漢籍の深い素養を持ち、訪問先で漢詩を詠むことが多かったことが影響しているものと思われる。

48――前掲『桂太郎自伝』二八四頁。
49――前掲、伊藤博邦『春畝遺稿』八三‐八四頁。
50――同前書、九五‐九六頁。
51――前掲、伊藤之雄『伊藤博文』五二九頁。
52――安藤徳器『園公秘話』(育生社、一九三八年)一五七頁。
53――小泉策太郎『懐往時談』(中央公論社、一九三五年)三三六頁。
54――伊藤梅子『落梅集』(末松生子、一九二五年)二七頁。
55――前掲、安藤徳器『園公秘話』九七‐一〇〇頁。
56――前掲『原敬日記』一八九六年六月二日、「小島方よりノ計算書及同封の役場受取等」(原敬文書研究会編『原敬関係文書』別巻、日本放送出版協会、一九八四年、三〇九頁)。
57――前掲『原敬日記』一八九五年五月一四日、一八九六年一月五日、一九日。
58――『原敬日記』一八九八年七月四日、一九〇〇年七月二七日。
59――前掲、拙稿「加藤高明と岩崎家」。
60――『読売新聞』一九〇一年一月一〇日、『横浜貿易新報』同年一月一七日、前掲『原敬日記』同年九月一七日。
61――『読売新聞』一九〇二年三月一二日。加藤が購入したのは、旧松本順別荘地であった。
62――拙著『加藤高明と政党政治　二大政党制への道』(山川出版社、二〇〇六年)、拙稿「イギリスから見た伊藤博文統監と韓国統治」(伊藤之雄・李成煥編著『伊藤博文と韓国統治』ミネルヴァ書房、二〇〇九年)。
63――前掲、伊藤梅子『落梅集』六、三五頁。

64――岸田俊子著、鈴木裕子編『湘煙選集二　岸田俊子文学集』（不二出版、一九八五年）一三頁。
65――横澤清子『自由民権家中島信行と岸田俊子』（明石書店、二〇〇六年）。
66――中島俊子「大磯だより」（前掲、『湘煙選集二　岸田俊子文学集』）二一七頁。
67――『読売新聞』一八九六年二月一一日、『横浜貿易新報』一九〇一年一月一七日、一九〇六年二月一七日。
68――『読売新聞』一八九八年一月一九日、一八九九年七月二四日、一九〇〇年一一月二八日、一九〇一年一月四日、一九〇二年一〇月二六日、一九〇四年八月二八日、一九〇六年二月一二日、一九〇九年六月二七日。
69――「渋沢栄一日記」は『渋沢栄一伝記資料』別巻第一（渋沢青淵記念財団竜門社、一九六六年）に所収されている。
70――渋沢の飛鳥山邸については、井上潤「飛鳥渋沢邸の変遷」（『北区郷土誌』北区史を考える会、一九九三年）、『王子・滝野川と渋沢栄一――住まい、公の場、地域』（渋沢史料館、二〇〇八年）を参照。
71――一八八七‐九八年の日記は残されていないため、残念ながら初期の禱龍館利用の実態は不明である。
72――「渋沢栄一日記」一九〇〇年三月二六日、一一月一九日。
73――「渋沢栄一日記」一八九九年一月一日、一〇月二二日、一九〇〇年一月一日、一八日、八月二四日。
74――例えば、「渋沢栄一日記」一八九九年三月一九日。
75――「渋沢栄一日記」一九〇二年一月一日、九日、一九〇五年一月六日、七日。
76――「渋沢栄一日記」一八九九年一月八日。
77――「渋沢栄一日記」一九〇〇年一月八日、一九〇五年一月五日。
78――「渋沢栄一日記」一九〇二年一月四日、一〇日。
79――「渋沢栄一日記」一九〇〇年一月二日、一九〇二年一月二日。
80――「渋沢栄一日記」一九〇〇年八月一四日、一五日、一九〇五年一月六日。

81――「渋沢栄一日記」一九〇〇年一月一六日、一九〇五年一月五日。
82――「渋沢栄一日記」一九〇〇年八月一二日、二五日、二八日、二九日、一九〇一年八月二五日 二八日。
83――「渋沢栄一日記」一九〇〇年一月五日、七日、八月二二日。
84――「渋沢栄一日記」一九〇〇年三月一八日、二一日、八月二〇日、二二日、一九〇〇年一月七日、八月一四日。
85――「渋沢栄一日記」一九〇〇年八月一四日、二一日、一九〇一年八月三〇日、一九〇五年一月一二日。
86――「渋沢栄一日記」一九〇〇年一〇月一五日。
87――ただし、一九〇六年、一九〇七年は神奈川県国府津町（現小田原市国府津）の旅館・国府津館で正月を過ごしている。
88――一九〇五年、一九〇七年の夏は、箱根で過ごしている。
89――韓国統監としての伊藤博文については、前掲、伊藤之雄『伊藤博文』、瀧井一博『伊藤博文』を参照。
90――『読売新聞』一九一四年七月一三日、『東京朝日新聞』一九二一年六月三日夕刊、一一日。
91――鈴木昇『大磯の今昔（九）』（鈴木昇、二〇〇〇年）二三頁。
92――梨本伊都子『三代の天皇と私』（講談社、一九八五年）一三一頁。
93――米澤榮三氏（株式会社米澤設計）のご教示による。
94――照沼好文「大磯吉田茂邸内社七賢堂について」（『神道研究紀要』第九輯、一九八四年九月、のち財団法人吉田茂記念事業財団編『人間吉田茂』中央公論社、一九九一年所収）。
95――西園寺と興津の関わりについては、北野慧『興津と元老』（松永益、一九六六年）七〇－一七五頁を参照。
96――前掲、小泉策太郎『懐往時談』三三三－三五一頁、前掲、安藤徳器『園公秘話』一二七－一三三頁。
97――土屋和男「近代和風住宅を通した景勝地の形成に関する史的研究」第四章（土屋和男研究室ホームページ、

http://hinomi.rocket3.net/tsuchiyalabo/dr/indexdr.html)
98――前掲「小島方よりノ計算書及同封の役場受取等」。
99――「盛岡別邸」(前掲『原敬関係文書』別巻、三一一-三一七頁)。
100――「四十一年七八月盛岡滞在諸勘定」(前掲『原敬関係文書』別巻、三一一-三一七頁)、『写真集原敬　歿後五十年　その生涯』(原敬遺徳顕彰会、一九七〇年)一四〇-一四二頁。
101――原の腰越別荘については、前掲、拙稿「「別荘」から見た近代日本政治」も参照。
102――原奎一郎編『原敬日記』四巻(福村出版、一九六五年)一九一四年一〇月四日、一九一五年四月二一日。
103――前掲『写真集原敬』七〇-七一頁。
104――原奎一郎編『原敬日記』五巻(福村出版、一九六五年)一九二〇年五月三〇日、「大正九年腰越別邸園遊会費用覚」(前掲『原敬関係文書』別巻、三三三-三三四頁)、『野村秀雄』(野村秀雄伝記刊行会、一九六七年)六六五-六六六頁。
105――加藤の大磯別荘については、拙稿「大磯から見た近代日本政治」も参照。
106――軽井沢の発展には、憲政会系の政治家が多く関わっている。例えば、堤康次郎(実業家、憲政会所属代議士)は、早稲田大学を卒業後、軽井沢にあった大隈重信の別荘を訪れた際に、別荘開発が進むのを目の当たりにして、永井柳太郎(早稲田大学教授、憲政会所属代議士)らの助言を得て、一九一五年から別荘地開発に着手している。また、一九一六年に設立された軽井沢避暑団の中心人物の一人は、島田三郎(憲政会所属代議士)であった(『軽井沢町誌』歴史編〔近・現代編〕、軽井沢町誌刊行委員会、一九八八年、二四一-二五二頁)。このように憲政会系政治家の別荘が多かったため、軽井沢には「憲政村」という称があったという(『東京日日新聞』一九一八年八月二〇日)。
107――加藤は関東大震災で破損した大磯別荘を修築したが、一九二六年一月、完成直後に急逝している(津田鑿

「故加藤伯の思い出」『建築畫報』一七巻三号、一九二六年三月）。

108――古稀庵については、古稀庵記録保存調査団『山県有朋旧邸小田原古稀庵調査報告書』（千代田火災海上保険株式会社、一九八二年）を参照。

109――桂太郎、平田東助、清浦奎吾、大浦兼武、田健治郎ら山県直系の有力政治家は、大磯に別荘を構えなかった。寺内正毅は大磯に別荘に構えたものの、彼が別荘を建てたのは、既に山県が大磯を引き払っていた一九一八年のことである（黒田甲子郎編『元帥寺内伯爵伝』元帥寺内伯爵伝記編纂所、一九二〇年）。壮年期の山県の別荘周辺に、近親者の別荘が集まらなかったのは、盟友や側近と打ち解け、気軽に交際した伊藤と異なり、山県がそれほど側近と打ち解けて接することがなかったということの表れではなかろうか。

110――後藤新平の軽井沢別荘については、前掲、宮原安春『軽井沢物語』二四三―二四七頁を参照。

111――なお、大正期以降の別荘地で、敢えて明治期の大磯に似た地を求めるとすれば、軽井沢ということになろう。しかし、軽井沢には大物政治家が数多く訪れたものの、洋風のホテル、テニス場やゴルフ場といった大磯にはなかった様々な仕掛けが存在し、大磯に比べて「社交」という要素の比重が大きかった。また軽井沢では、避暑外国人の影響もあって、自治組織として軽井沢避暑団が結成され、住民を対象とする音楽会、講演会や啓蒙活動も活発に行われるなど、大磯では見られなかった独自の文化が育った（前掲『軽井沢町誌』二四六―二五二頁）。このような大磯と軽井沢の相違は、明治期と大正期以降の政治、社会の質の相違を示唆しているが、その分析は別稿に譲りたい。昭和期の政治家と軽井沢の関わりについては、御厨貴「軽井沢はハイカルチャーか」（青木保・川本三郎・筒井清忠・御厨貴・山折哲雄編『近代日本文化論三　ハイカルチャー』岩波書店、二〇〇〇年）を参照。

112――一例として、岡義武『山県有朋』（岩波新書、一九五八年）、伊藤之雄『元老西園寺公望　古稀からの挑戦』（文春新書、二〇〇七年）、同『山県有朋　愚直な権力者の生涯』（文春新書、二〇〇九年）が挙げられる。

113——数少ない例外として、御厨貴『権力の館を歩く』(毎日新聞社、二〇一〇年)が挙げられる。

第3章

政治文化と首相のリーダーシップ

待鳥聡史
MACHIDORI Satoshi

1 問題の所在

日本政治におけるリーダーシップの弱さ、乏しさについての指摘は、もはや常套句になった感すらある。本来、リーダーシップ概念は政治学でも経営学（組織論）でも最も定義の難しいものだとされ、どのような状態であればリーダーシップが発揮されていると言えるのかを明確に示すことは容易ではない。だが、多くの人々はそうした学術的な課題とは無関係に、リーダーシップの欠如について批判的に論じる傾向が強い。とりわけ、政治の頂点にいるはずの首相が十分なリーダーシップを発揮していないという認識は、日本政治を語る上での前提となっているように思われる。

首相リーダーシップがなぜ弱いのかについて、従来の見解は大きく二つの説明を与えてきた。一つは制度的な要因に注目する説明であり、明治憲法体制下の内閣官制以来、首相は内閣における「各大臣ノ首班」すなわち同輩中の第一人者に過ぎず、大臣および大臣が所掌する各省を統御できないままであったこと、それが戦後にも基本的に引き継がれてきたことを主張する。この立場からは、戦後には新たな内閣法が成立し、議院内閣制が確立されたことを踏まえても、閣議において発議権を持っていないことなどから、首相のリーダーシップは依然として不十分だったとされる。

もう一つの説明は、エートスないしは文化的な要因に注目するものである。日本のほぼあらゆる組織において、権力はほぼ常にボトムアップの意思決定によって支えられており、リーダーシップを発揮してトップダウンで物事を決めることを嫌う雰囲気が存在する。それが内閣や政党に適用されるとき、リーダーという「御輿《みこし》を担ぐ」構造が生まれる。同時に、その構造は意思決定の最終的な責任や主体が曖昧になることにも通じるのであり、いわゆる「無責任体制」を日本政治に生み出すことになった。戦前に関しては、この「無責任体制」が究極的には君主無答責という明治憲法の基本構造から生まれているとされ、第一の制度的説明に近い部分があった。しかし、戦後に関しても「無責任体制」は継承され、非制度的なエートスないしは文化として、日本政治のリーダーシップ不在につながっていると考えられている。

これら二つの見解に対しては様々な批判が可能であろうが、そもそも事実関係についての認識として適切だったのだろうか。つまり、近現代の日本政治において強力な首相リーダーシップは本当に存在しなかったのであろうか。一切存在しなかったわけではなく傾向を語っているだけだ、という言い方も可能かもしれないが、強力なリーダーシップが例外的であるかどうかは十分に確かめられてこなかったことは確かである。むしろ、リーダーシップが発揮されなかった時期こそが例外であって、そこから導かれた議論を過度に一般化しすぎた可能性はないだろうか。

本章ではこの点について、ごく単純な方法ながら在任日数に注目し、日本の内閣史において首相はどのくらいの期間在任していたのか、そこにどのような特徴が見られるのかをまず明らかにしたい[1]。在任日数についての検討は、制度的要因が首相リーダーシップにとって無視できない効果を持つことを示唆する。そのことを踏まえ、一九九〇年代の橋本政権下での行政改革においてなされた内閣機能強化が、首相リーダーシップ創出の試みとしてどのような意味を持ち、実際にどの程度の効果があったのかを、首相の面会データの分析から検討していくことにする。

もとより、首相としての長期在任がリーダーシップの強力さと完全に同義であるわけではない。しかし、多くのリーダーシップ論が指摘するように、組織におけるリーダーシップには外部の目標に向かってフォロワーを牽引する側面と、適切な管理によってフォロワーの不満を累積させない側面がある。長期にわたって在職した首相は、少なくとも内閣や与党という組織管理については巧みであったと判断されるのであれば、それはやはりリーダーシップを発揮した首相、すなわち「強い首相」だったと考えることに大きな無理はないであろう。少なくとも、リーダーシップの定義をめぐる議論の泥沼を回避する一つの便宜的方法として、在任期間の長短をリーダーシップの代理指標として用いることには、ある程度の正当化が可能だと考えられる。

2　平均在任日数

最初に基礎的なデータとして、明治憲法下と現行憲法のそれぞれについて、内閣ごとの平均在任日数を算出した[2]。算出に際しては、制度上は大命降下や首班指名のたびに別途与えられる「第一次」「第二次」といった代数について、連続で在任した場合には合算した。明治憲法体制下では第二次近衛内閣と第三次近衛内閣のみが該当するが、戦後は第二次から第五次までの吉田内閣など多数が当てはまる。また、大日本帝国憲法が成立する前の諸内閣についても、ここでは明治憲法体制下に含めた。それをまとめたのが表1のaである。

この数値から、明治憲法体制下に比べて現行憲法体制の下では、内閣の在任期間がほぼ倍にまで延びていることが分かる。衆議院の多数派によって選出され、維持されているという民主主義的正統性が与えられ、首相や一部閣僚の自己都合によって総辞職することが難しくなった分だけ、戦後の内閣は明らかに長命になったのである。「無責任体制」のレトリックの鮮やかさとは裏腹に、憲法体制の変革という大きな制度的変化を経た戦後日本政治において、内閣は明確な責任を担っているということもできるだろう。首相リーダーシップに関する制度的説明は、制度がリーダーシップの制約であることを強調してきたが、実際には制度的基盤は首相の地位を強める方向に作用している。

表1 首相の平均在任期間

a 単純平均

憲法体制	平均日数
明治（伊藤～第一次吉田）	490.3
現行（片山～鳩山由紀夫）	794.4

註：明治憲法体制下で連続して大命降下を受けて首相になった、第二次近衛内閣と第三次近衛内閣については合算している。

b 再任を合算した場合の平均

憲法体制	時期区分	平均日数
明治	元老内閣期（伊藤～西園寺）	1750.4
	政党内閣期（原～犬養）	538.0
	軍部内閣期（斎藤～鈴木）	440.3
明治憲法体制（伊藤～第一次吉田）合計		745.5
現行憲法体制（片山～鳩山由紀夫）合計		794.4

註1：戦後、明治憲法下で就任した首相（東久邇、幣原、第一次吉田）については、時期区分ごとの算出には用いず、明治憲法体制期全体の算出にのみデータを含めた。
註2：時期を空けて再任された場合にも、同一首相として合算している。
出典：a bとも、本文註2にある資料から、筆者が算出して作成。

ただし、戦前の首相たちがすべて短命内閣に終わったと判断するのは早計である。というのも、よく知られているように、明治憲法体制下では同一人物が間隔を空けて首相に再任されることも多数見られたからである。初代首相となった伊藤博文から第一七代の大隈重信までは、第二代の黒田清隆を除いて全員が一度以上首相を務めているが、その間に連続在任した人物はいない。この時期の首相はほぼ全員が元老であり、首相ポストは彼らの間で事実上ローテーションされていたのである。この点を考慮して、間隔を空けて再任された場合も同一人物ならば合算した場合を表1のbに示した。再任を合算すると、明治憲法体制下の首相の平均在任日数は七四五・五日にまで延びる。ただし、それでも現行憲法下に比べて五〇日ほど短い。

3 長期政権と短命政権

平均在任日数についての検討から、戦前と戦後の首相リーダーシップを比較すると、制度的基盤が明確になった戦後の方がやや「強い首相」となっていることが示唆された。ただし、これはあくまで平均レヴェルの話であって、個々の首相ごとの違いは捨象されてしまっている。もう少し踏み込んだ検討として、いくつかの作業を追加的に行うことにしよう。

まず、平均値として導かれた在任日数が、首相ごとにどの程度のばらつきがあるのかについて、最大値と最小値を算出して考えてみたい。ここでいう最大値とは、在任期間が最も長かった首相の日数であり、最小値とは在任期間が最も短かった首相の日数を指す。明治憲法体制期において、最大値は桂太郎の二八八六日、最小値は東久邇宮稔彦王の五四日である。現行憲法体制下だと、最大値は佐藤栄作の二七九八日、最小値は羽田孜の六四日となる。平均在任日数だけで見ると明治憲法体制の方が短かったにもかかわらず、最大値は現行憲法体制を上回ること、また最小値についても明治憲法体制の方が低い値を取っている。これらから、明治憲法体制の場合には、総じて現行憲法よりも短命政権が多かったが、首相の在任期間には個人差が大きかったため、一部の首相は戦後に比べてはるかに長く在任したことが数字上も明らかである。

明治憲法体制下の首相にこのようなばらつきが生じる理由は、体制の後半期、すなわち大正以降の時期に短命政権が多くなり、前半期に元老がローテーションで首相を務めていた時期と強いコントラストが生じているところに求められる。元老が首相になる場合には、もっぱら明治天皇からの個人的信任によって就任しており、伊藤から西園寺公望までの平均在職日数は一七五〇・四日に及ぶ。これに対して、いわゆる「憲政の常道」論に基づいて衆議院選挙の結果や政党間関係を考慮した大命降下が進められた時期を政党内閣期として、原敬から犬養毅までの平均在職日数を算出すると五三八・〇日、斎藤実から鈴木貫太郎までを軍部内閣期とすると、その平均在職日数は四四〇・三日にとどまる。

現行憲法になってからはどうだろうか。最大値から最小値を引いた値が相対的に小さい値をとっていることからも分かるように、首相ごとの差異は小さい。しかし、在職期間が一五〇〇日以上に及んだ首相は、吉田茂、池田勇人、佐藤栄作、中曾根康弘、小泉純一郎の五人にとどまる。一五〇〇日は約四年だから、解散がない場合の衆議院議員の任期に相当する期間を務めあげることは、戦後であっても例外だということが分かる。そして、中曾根が在任した八〇年代、および小泉が在任した二〇〇〇年代については、彼らの前後の時期とは明瞭な違いが存在している。たとえば、一九七〇年代の田中角栄から大平正芳までの平均は七二五・三日、九〇年代の海部俊樹から小渕恵三までの平均は五五六・九日で、いずれも全体の平均値以下である。小泉退任後の安倍晋三から鳩山由紀夫に至っては、平均で三三七・八日にとどまる。そのため、戦後の長期政権の時期とは、吉田から佐藤までと括るのが妥当なのであろう。

4　長短の違いを生み出す要因

ここまでの検討から、明治憲法体制と現行憲法体制のそれぞれについて、長期政権の時期と短命政権の時期が存在していることがデータ上も確認された。明治憲法体制の場合には、長期政権の時代とはおおむね明治時代と重なり、元老が代わる代わる首相を務めた時期であった。その後、政党内閣期、軍部内閣期と時代が下るにつれて平均在任日数は短くなっていった。戦後になると、佐藤内閣が続いていた一九六〇年代までの時期は長期政権の時代であり、七〇年代以降は短命政権が多くなった。八〇年代の中曾根、二〇〇〇年代の小泉はともに長期政権だが、かつてのように前後にも比較的長く在任する首相が多くいるわけではなく、孤立して存在している印象がある。

このような違いを生み出す要因には、首相ごとの個人的な理由も関係している。たとえば、戦後三番目の短命政権であった石橋内閣の場合、総辞職した理由は首相の病気であった。戦前にも、原や犬養のように在職中に暗殺された例や、加藤高明のように在職中に病没した例もある。しかし、時期ごとの違いが傾向としてかなり明確に存在することを考えれば、それらはいわば例外的な理由であり、より一般的な条件の違いが作用しているのではないかと思われる。具体的に言えば、首相にとっての権力基盤の強さ、あるいは動員可能な権力資源の多さに、違いがあるということになるだろう。

理論的に考えれば、首相とは政府を運営するための政治的判断を行う「執政」の職務を委任された人物であり、委任を行うのは明治憲法体制では君主たる天皇、現行憲法では有権者に公選された議員からなる国会である[3]。天皇や国会からの信任を失えば、首相はその座を追われる。天皇との個人的な信頼関係が大きな意味を持っていた明治憲法体制下において、元老内閣期にはとくに在任期間が長かったのは、その典型的な結果だということができるだろう。間隔を空けての再任も、何らかの理由で一時的に崩れた個人的な信頼関係を修復するために、時間が必要だったことの結果と見ることもできる。また、戦後には戦前よりも在任期間の平均値が上昇し、最大値と最小値の差に表れたばらつきが小さくなったのは、信任が国会多数派である与党の集団的な意思決定の結果として与えられるようになり、野党と提携しての不信任は与党議員にとって極めて困難であるからだと考えられる。

しかし、それが天皇から与えられるものであるにせよ、国会多数派から与えられるものであるにせよ、信任は単なる形式的な行為でもなければ、期間が定められたものでもない。その程度は政治状況に応じて変化するのであり、場合によっては失われてしまうこともありうる。ここに短命政権が生まれる基本的な理由がある。すなわち、経済や社会の情勢悪化、あるいは対外政策に関する閣内不一致などによって、首相や内閣に与えられた信任が失われてしまうことが少なくないのである。明治憲法体制下の軍部内閣、戦後でも一九七〇年代や九〇年代といった経済的な変動期に短命政権が多くなるのは、重要課題における閣内不一致や経済情勢の悪化に伴って信任が実質的に失われた首相が多かったためだと考えられる。

5　日本の首相リーダーシップの伝統的形態

このように考えてくると、在任期間という観点から見た日本の首相リーダーシップは、戦前からほぼ一貫して、特異な要因によって規定されているというよりも、内閣制度を採用する国家としてごく一般的な傾向を示してきたことが分かる。明治天皇と元老、あるいは占領期のマッカーサーと吉田のように、当面の政府の運営への評価とは直接に結びつかない個人的な信頼関係を築いていた場合も確かにある。だが、それ以外の時期については、経済情勢や国際情勢への対応を指標として政府運営への評価が行われ、その評価に基づいて信任の程度が変化し、信任が大きく損なわれた場合には、内閣不信任のような解職手続きによるか自発的辞任によるかは別として、首相の交代が図られてきたのである。つまり、信任がそこなわれないように政府を運営し、異論を封じ込めておくことが、首相のリーダーシップだということができるだろう。

そして、状況的要因によって変動しやすい実質的な信任の程度が、首相の在任期間にできるだけ直結しないようにするのが制度的要因である。言い方を変えれば、制度的要因は総じて信任を安定化させる効果を持つ。その点でも、近現代の日本政治は特異な事例ではない。明治憲法体制と現行憲法の差異は、君主の単独信任よりも、政治的命運を共にする議会多数派からの集合的信任の方が安定的になりやすいことの表れである。戦前の政党内閣の限界は、天皇との個人的信頼関係が構築されて初めて信任関係が安定する内閣制度において、信頼関係の代替物として議会二大政党の指導者であることという別の制度的条件を接ぎ木的に導入した点にあった。もちろん、長期的には一九世紀のイギリスのようにその代替が成功する可能性はあったかも知れないが、状況的要因の変動が激しかった大正から昭和初期の日本でそれが実現したかどうかは判断しがたい。

ここまでに見出された日本政治における首相リーダーシップの特徴は、従来の定説であった「弱い首相」論の根拠に疑問を喚起させるものである。とりわけ、政治文化的な説明には十分な裏付けがないように思われる。ボトムアップを重視する組織文化が、リーダーシップにとっての制約要因として作用していた可能性を完全に排除することはできない。だが少なくとも、在任期間の長短から見出される信任関係の安定性という観点からは、政治文化の特異性が存在するにしても、首相リーダーシップを規定していたのは、より一般的な要因ではなかったかと考えられるのである。実際のところ、近現代の日本政治に繰り返し登場したのは、元老ほど強固に天皇と個人的信頼関係で結びついていない場合であっても、状況的要因を巧みに利用しながら反対勢力を押さえこみ、長期にわたる在任を可能にした「強い首相」たちであった。

6　内閣機能強化の試み

日本の内閣がその機能を期待されたようには果たしておらず、首相のリーダーシップが脆弱であるという認識は、一九八〇年代の中曾根内閣期から明確に強まったように思われる。事実問題としても、一九七〇年代以降には短命政権が増えていた。佐藤内閣が退陣した一九七二年以降、中曾根を唯一の例外として、一〇〇〇日すなわち三年以上在任した首相はいなかった。高度経済成長の終焉や与野党伯仲の出現は、状況依存的なリーダーシップによって「強い首相」が登場する可能性を、明らかに低下させていたのであった。それは、日本政治の中枢部分が環境変化に適応できていないことの表れであったが、状況的要因が信任を変動させ、それが在任期間の長短に直結することを回避する制度的要因の作用がなお不十分であることも意味していた。

中曾根内閣で官房長官を務めた後藤田正晴はこのような認識に基づき、官邸機能の強化に着手した[4]。しかし、それは既存の各省庁や与党である自民党の権限を縮減するものではなかったから、どうしても限界があるのはやむを得なかった。また後藤田自身も、中曾根が積極的であったイラン・イラク戦争後のペルシア湾への自衛隊掃海艇派遣については強く反対して阻止するなど、首相リーダーシップを制約することもあった。結果として、日本政治としては例外的な長期在任となった中曾根の首相リーダーシップは、基本的に世論の支持や冷戦の一時的激化という国際要因、そして中曾根の個人的技量を基盤としており、依然として状況的要因に依存した特徴を帯びていた。その意味では、中曾根の登場をもって、日本政治における首相リーダーシップの質的転換と見ることは難しい。

大規模な制度変革としての内閣機能強化に取り組まれるようになるのは、一九九〇年代の橋本内閣期のことである。それは省庁再編などを含む、いわゆる橋本行革の一環として進められた。その拠点となったのが、九六年に開始された行政改革会議である。行政改革会議は、首相である橋本龍太郎自らが会長に就任し、会長代理には国務大臣である行政改革担当大臣を、さらに事務局長には首相補佐官で元総務庁長官である水野清を充てるなど、最終報告の実現性と改革としての積極性を両立させるために最大限の努力が払われた。その帰結が、九八年六月に成立した中央省庁等改革基本法であった。

内閣機能強化は、行政改革会議の最終報告および中央省庁等改革基本法の柱の一つであった。最終報告は「自由かつ公正な社会を形成するにふさわしい二一世紀型行政システム」を形成することを謳い、その具体的な方策として、「総合性、戦略性の確保」「機動性の重視」「透明性の確保」「効率性、簡素性の追求」を挙げた[5]。そして、政策の企画・立案の総合性と戦略性を確保するために「官邸・内閣機能の思い切った強化」が必要であるとされた。そこでの内閣機能強化の実質は、「内閣なかんずく内閣総理大臣の主導による国政運営」であり、特命担当大臣の設置、内閣官房と内閣府の機能拡充、経済財政諮問会議や総合科学技術会議といったマクロ・レヴェルでの政策立案に関与する合議体の設置、さらには新官邸の建設による物理的能力の増大などが盛り込まれた。

行政改革会議の首相リーダーシップに関する認識は、基本的に日本政治は「弱い首相」を生み出す傾向にある、というものであろう。少なくとも、高度経済成長や冷戦といった戦後日本政治が長らく享受してきた基本的条件が失われ、先行きの明確でない時代に日本政治が自律的な判断をせねばならない局面が増えると考えられるにもかかわらず、首相リーダーシップの基盤は曖昧である、と見ていたようである。そこには、本章の冒頭でふれたような二つの種類の「弱い首相」論の影響を見出すことができる。

だが、ここまで論じてきたように、近現代の日本政治において「強い首相」が存在しなかったわけでは決してない。むしろ、首相リーダーシップが状況的要因に強く依存しており、戦後の変革を経てなお、制度的要因によって信任の変動の影響を十分には制御しきれないことが日本政治の特徴であった。いわゆる五五年体制期に限っても、高度経済成長という経済的条件に強く後押しされた池田や佐藤、新冷戦といわれた東西対立の一時的激化にも支えられた中曾根と、いずれも状況的要因に助けられて長期在任を実現してきたことは確かである。だとすれば、内閣機能強化によって得られるのは、より安定的に「強い首相」を生み出すために、首相リーダーシップを支える要因を状況から制度へと切り替えていく、ないしは制度的要因による制御を強めることだったと理解すべきであろう。

7 内閣機能強化の効果

橋本行革の成果としての中央省庁等改革基本法に基づく内閣機能強化は、中央省庁の再編に合わせて二〇〇一年一月から実質的に行われた。その時点では森内閣であったが、同年四月末に小泉内閣が成立したので、改革の効果を見るには小泉内閣以降について検討するのが妥当であろう。そこで以下では、小泉内閣以降において首相リーダーシップがどの程度変化したのか、またそれが安定的に維持されているのかについて考えていくことにしたい。

小泉は佐藤、吉田に次いで戦後三番目、戦前を含めた近現代の日本政治史全体で見ても六番目の長期在任となり、郵政民営化に代表される強力な首相リーダーシップを印象づけた。その政治手法は、官邸に人材を集めて政策アイディアを自律的に構築し、与党や省庁官僚といった従来の政策の源泉を「抵抗勢力」として排除していくことによって成り立っていた。確かに、世論を意識した数々のパーフォーマンスやサウンドバイトも活用したが、小泉のリーダーシップはこうした状況的要因に依拠したものでは必ずしもなかった。むしろ、内閣機能強化による自律的な政策立案と、一九九四年の選挙制度改革による与党議員の執行部への従属化という二つの制度的要因が、「首相支配」といわれるほどの強いリーダーシップの発揮を可能にしたのである。

小泉が官邸を中心とした集権的意思決定を行っていたことは、首相の面会データにも表れている。筆者は近年、新聞各紙などに「首相動静」や「首相日々」といったタイトルで毎日掲載される面会記録を数量データ化するプロジェクトを続けている[6]。作成したデータセットから、小泉の首相就任後一年間における面会者を分類し、それを五五年体制期の竹下登、海部の同じデータと並列したのが、図1である。小泉の大きな特徴は、官房長官や内閣官房・内閣府官僚といった執政部の構成メンバーと面会する比率が高く、与党一般議員との面会比率が低いところにある。竹下や海部の場合には執政部よりも与党一般議員との面会比率が高かったことから考えると、大きな変化が生じ

図1 竹下・海部・小泉の就任後12ヶ月目までの面会割合

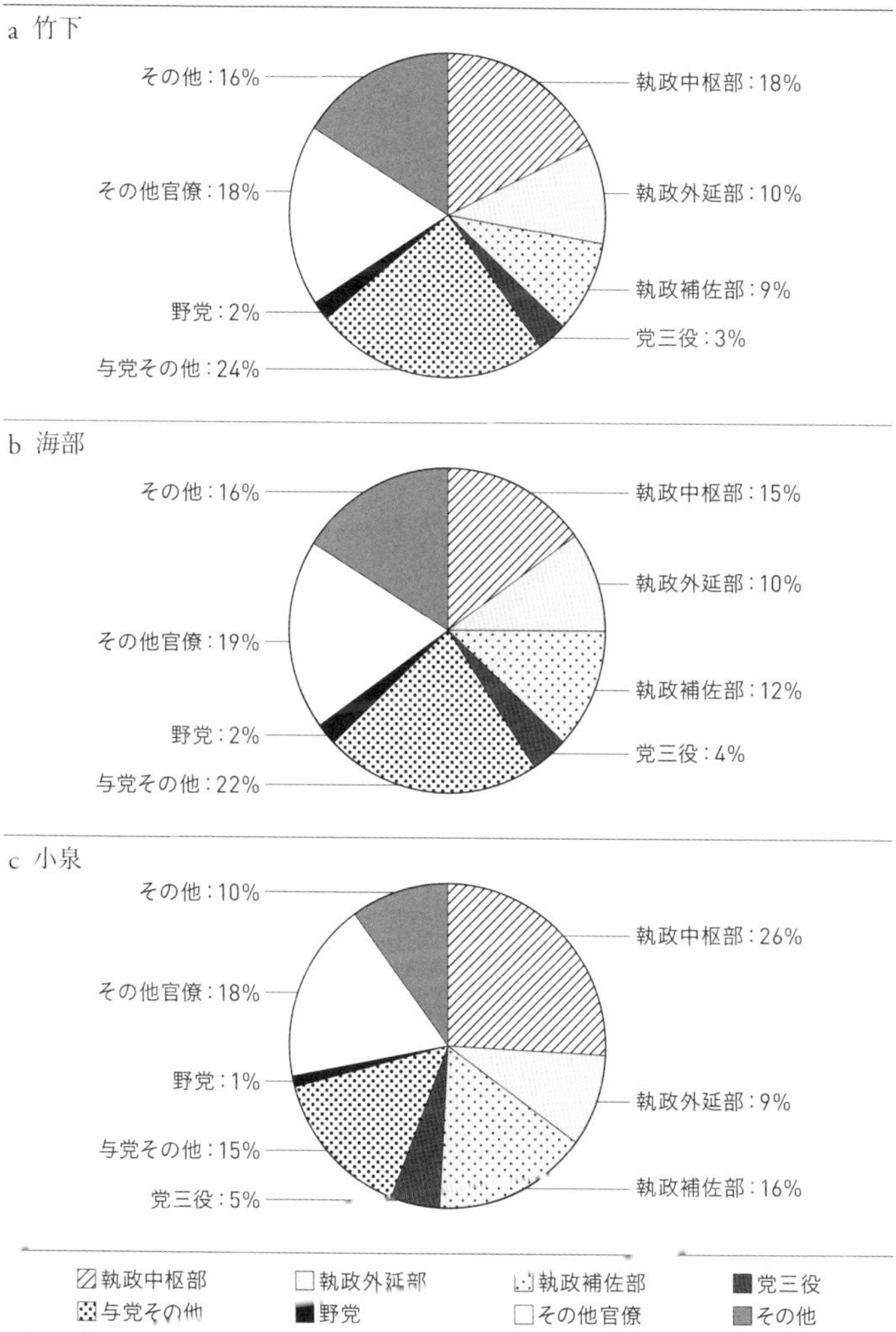

出典：筆者作成。同じ図は、本文註6に挙げた拙稿でも用いているが、一部の作図に誤りがあったので修正している。

図2 小泉・安倍・福田康夫の在任期間中全体の面会割合

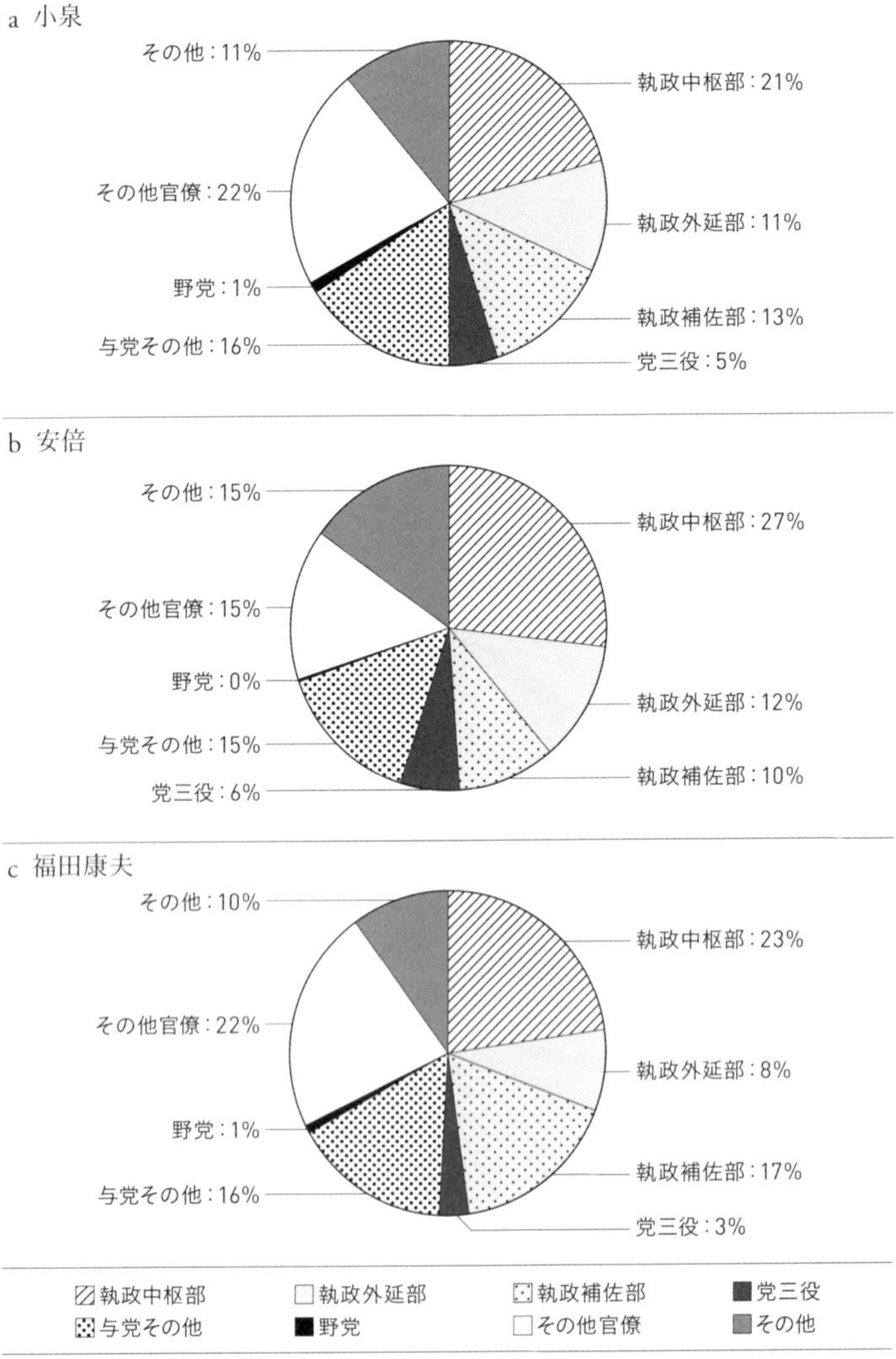

出典：筆者作成。

ていたことが窺える。

注目すべきは、このような小泉内閣期の変化が、安倍内閣や福田内閣にも継承されていたことである。小泉退任後の五人の首相のうち、現職の菅直人を除いても、麻生太郎と鳩山は首相在任期間が一年に達しなかったため、首相就任直後や退任直前、あるいは選挙といった一時的な要因の影響を受けやすかった可能性がある。そのため、ここでは安倍と福田康夫に限り、小泉を加えた上でその在任期間中の面会パターンをまとめたデータを図2に提示しておく。この図からは、小泉以上の官邸主導を目指した安倍と、与党や官僚に対して相対的に宥和的であると見られていた福田の双方が、小泉に近似した面会パターンを示していることが分かる。日本政治において、小泉は首相リーダーシップの質的変化をもたらし、その制度的基盤は後継者たちにも継承されたのである。

8　結論と展望

本章では、首相の在任期間や面会相手に関する簡単なデータに依拠しながら、近現代の日本政治における首相リーダーシップの特質について考えてきた。明治憲法体制下の内閣官制にはじまる制度的要因や、トップダウンよりボトムアップを好むエートスないしは文化的要因によって、日本の首相リーダーシップは弱いというのが常識的な理解である。しかし、長期在任した首相は意外に多く、かつ戦後の現行憲法下では平均的な在任日数は戦前よりも伸び、ばらつきも小さくなっていた。そこからは、近現代の日本政治には、天皇との個人的信頼関係や良好な経済情勢といった状況的要因を活用して、政治過程の主導権を握り続けた首相が常に存在していたこと、その傾向は現行憲法の下での制度的基盤の強化によって強まっていたことが分かる。

さらには、一九九〇年代に立法化された内閣機能強化の後、小泉以降の首相にとってリーダーシップの制度的基盤はより強固なものになっていることも確認された。政治手法の違いにもかかわらず、安倍と福田が小泉と同じような面会パターンを示していたことは、官邸主導や「強い首相」と呼ばれるリーダーシップのあり方が、現代日本政治において不可逆的に定着しつつあることを示唆する。二〇〇九年の政権交代後に登場した民主党の鳩山内閣と菅内閣も官邸中心の政策決定を目標として掲げている。首相リーダーシップを支える制度的要因は今後とも強められていくことになるだろう。

ただし、制度的要因は首相リーダーシップを支える基盤となるが、それがあれば必ず安定した政権運営ができるというわけではない。安倍、福田、麻生という三人の首相が直面し、政権交代後の鳩山にも明らかに影響を与えたのは、参議院や与党内部組織をはじめとする首相リーダーシップへの制約がなお大きく、制度変革が完了したとはいえないこと、そして現状では制度的要因が状況的要因による信任の変動の影響を完全に制御できるわけではないことであった。一九九〇年代の制度変革以降、日本の首相はかつてよりはるかに強くなり、その強さに対する有権者の期待も高まった。しかし、首相が他のアクターを圧倒できるかどうかは、なお個人的力量や状況的要因に依存している部分がある。また、首相自身が自らの強さに習熟しない場合、有権者の期待は簡単に失望に転じてしまう。

そして、首相が決断の権力を得たということは、政治責任も首相が圧倒的に負わされることにつながる。経済情勢をはじめとする状況的要因が困難の大きなものになる場合、首相はそれをすべて引き受けねばならず、進退も自らの決断によるしかない。戦後、与党議員や省庁官僚が首相リーダーシップにとっての制約要因であった時代には、多くの場合、首相は独力で決断することも難しかったが、必ずしも自らに発していない責任を独りで負わされるわけでもなかった。それが変化した以上、今後の首相には従来とは異なった資質が求められるようになるのであろう。権力と責任は表裏一体であり、「強い首相」は「孤独な首相」でもある。その孤独に耐えられる新しい政治指導者のあり方を模索する時代に、日本政治は入ったと言えるかもしれない。

註

1——戦前の内閣の存続期間（首相の在任期間）を対象として、その規定要因を計量分析により検討した研究として、福元健太郎・村井良太「戦前内閣の生存分析」（二〇〇九年度日本政治学会報告論文）がある。対象が戦前に限られており、かつ関心も異なっているが、そこでの知見はおおむね本章と矛盾しない。なお、同論文の入手に当たっては、著者である福元氏と村井氏に便宜を図っていただいた。御礼申し上げたい。

2——在職日数データについては、伊藤博文から森喜朗までは、御厨貴編『歴代首相物語』（新書館、二〇〇三年）に、小泉純一郎から麻生太郎までは首相官邸ウェブサイトに依拠している。二〇一〇年四月二五日最終アクセス。http://www.kantei.go.jp/jp/rekidai/ichiran.html

3——議院内閣制の基本的論理について詳しくは、建林正彦・曽我謙悟・待鳥聡史『比較政治制度論』（有斐閣、二〇〇八年）参照。

4——信田智人『官邸外交』（朝日選書、二〇〇四年）。

5——行政改革会議最終報告の全文は、首相官邸ウェブサイトにおいて参照することができる。二〇一〇年四月二五日最終アクセス。http://www.kantei.go.jp/jp/gyokaku/report-final/

6——プロジェクトの成果として、待鳥聡史「官邸主導の成立と継続」『レヴァイアサン』第四三号（木鐸社、二〇〇八年）。

第4章

日本の政治文化の確立をめざして

加藤秀樹
KATO Hideki

二〇〇九年九月、戦後初めてとなる「本格的な」政権交代が行われた。その背景分析は本稿の任ではないが、国民が政権交代に託したのは広い意味での「政治の再建」だと考えていいだろう。十年来、日本の政治の劣化が様々な面から指摘されてきた。内閣の実行力のなさ、政治家の発言の軽さ、官僚への過度の依存、その結果としての「改革」の困難さ、変化への対応の遅さ、行政のタテ割りと無駄の多さ、さらには政治家の「世襲化」、政治資金の不祥事など、政治の劣化を示す例にはこと欠かない。

そして、政権交代後もその劣化状態に改善は見られない。民主党政権が発足当初から戦後の重要な政治課題のツケを背負わされていること、政権運営の経験のとぼしさなどを割り引いて考えても

「政治の再建」が始まっているという感覚は誰も持てない状況である。民主党が打ち出した脱官僚依存、党と内閣の一元化も、まだプラス効果の方が大きくなったとは言えない。むしろ政権発足一年にして既に、政務三役を含め多くの与党議員に、権力を維持するための保守化傾向がかなり広範に見られる。

本章では、戦後政治の「どん底期」とも言うべき現在の状況をもたらした主な原因がどこにあるのかを探り、それにどのように対処すればいいのか、従来、あまり議論されなかった政党の運営という視点を軸に考えることにしたい。民主党政権になり、先述した脱官僚依存など、自民党政権下での意思決定システムから変化している点も見られるが、まずは戦後長年にわたって一般的であった日本の政治システムの中心部分を振り返ることから始めたい。

そこで日本が採用している政治システム、議院内閣制の仕組みをおさらいし、その本来想定されている機能と、現実の日本政治の違いから生じる様々な問題を整理してみよう。

1　議院内閣制の仕組みと日本の現状——政党の政権公約か、官庁の所掌事務か

議院内閣制とは、おおむね「政党が政権公約（マニフェスト）を掲げ、選挙の結果議会で多数を占めた政党（または政党連合）が内閣を組織し、政権公約で掲げられた政策の責任担当者として任命され

図1　本来の議院内閣制：内閣主導の一体的な政策形成

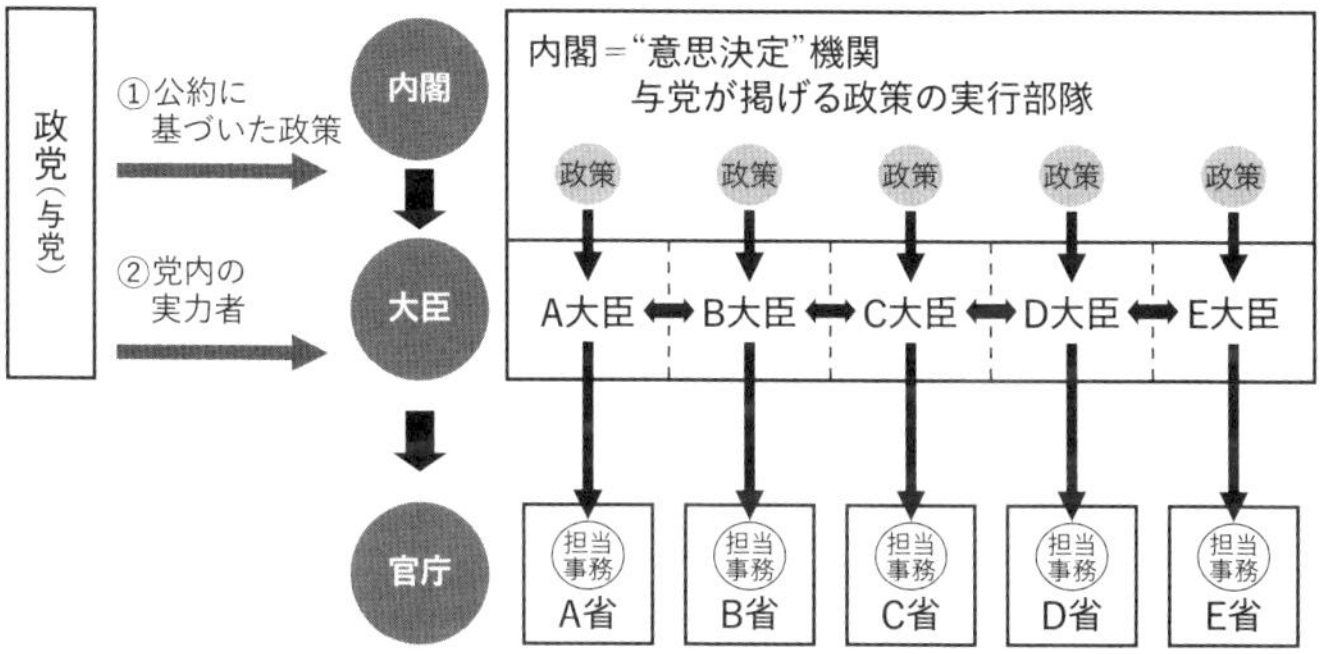

た大臣がスタッフとしての官僚を使って各政策を実行していく」プロセスから成る仕組みと言えよう。これが、本当の「政治主導」の意味でもある。ところが自民党政権下の日本では、その最初のステップで必要不可欠な政権公約が、長年にわたって政党、有権者の双方から重視されてこなかった。そして、それ以降の「政治主導」のプロセスの機能不全につながってきたのである。

その背景には、大きな政治選択を必要としない時代が続いたことや、中選挙区制などもあるが、根底には、日本の議院内閣制の実態から来る問題がある。

本来の議院内閣制（図1参照）においては、まず党の政権公約に基づいた政策があり①、それを実現するために、党内の実力者が大臣となり内閣が組織される②。そこで国家運営の基本方針や各政策間の優先順位が議論され、その上で各大臣がスタッフとしての各省の官僚を使い、政策を実行していく。このシステムが十分機能すれば、内閣で国家運営全体の視点から各政策が検討されるため、各省毎の利害は抑えられ、タテ割りや重複行政は起こりにくい。

ところが、これまでの日本の実情は図2のとおりである。まず官庁があり、その所管する分野の政策は、立案から実行に至るまで官僚が「仕切る」実態があり、大臣たちはその上に「乗っている」感覚と言えよう（自民党政権下の大臣就任記者会見で、大臣たちの大半が官僚の用意した文章を読み上げていたことは、この実態をよく表している）。そしてほとんどの大臣が、それまでの一議員としての主張がどうであれ、大臣になった時からその官庁の従来の政策を推進し、利害や立場の代弁者としての役割を果たしてきた。そのため、本来の議院内閣制が想定しているような大臣間の調整、内閣のリーダーシップは影をひそめる。これでは過去の経緯やタテ割りが優先され、大きな政策転換や社会情勢への迅速な対応は難しい。

ここで、最近の変化を見ておこう。近年、政党がマニフェストと呼ばれる詳細な政権公約を作るようになり、社会的にも、その実行が求められている。しかし現実は、政権公約を通しての理念や目指すべき国家像が示されておらず、選挙を念頭においた迎合的な政策の寄せ集め的色彩が強い。その結果、官庁主導が是正されるというよりは、官庁主導の上に、更に政党の意向によるバラマキ的な政策が上乗せされたものとなっている。

では、政権交代による変化はあるだろうか。民主党政権は「政治主導」「脱官僚依存」の方針を強く打ち出し、大臣、副大臣、政務官のいわゆる政務三役による政策決定を実行している。これは、

図2　日本の実態：官庁主導の分割的な政策形成

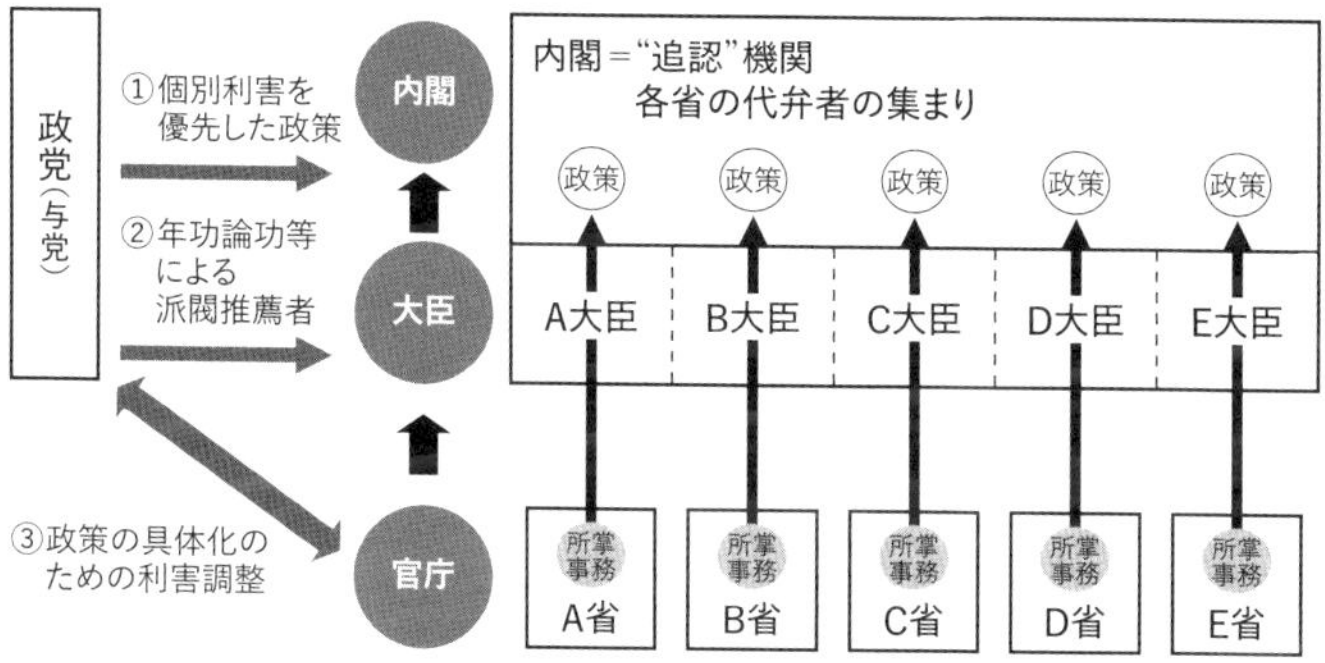

議院内閣制の正常化に向けた良い試みだと言えよう。

しかし、一方には政務三役の実務経験や政策に関する知識不足があり、他方で官僚の言うなりになるまいとする過剰な警戒感があるために、期待された効果を挙げていないのが現実である。各府省、あるいは政務三役によって状況は大きく異なるが、すべてを政務三役で決めようとすると、案件が多いために処理しきれなくなり、結果的に官僚のお膳立てにのらざるを得なくなる。反面、政務三役の意向を上意下達的に官僚に申し渡すケースも多く、官庁における過去の政策検討の蓄積が活かされないため、思いつきの域を出ないような政策決定すら少なくない。こうした状況の中で政務三役と官僚との間に信頼関係が築かれないことが、民主党政権の政策決定が不安定さを示す主因の一つとなっている。

政務三役の中には、既に担当する府省あるいは所管分野の既存利害を守る側に立つ姿勢も見られ、過剰な変化と従来と変わらぬ守旧のモザイク模様というのが現状である。こうしたことから、内閣は強い求心力も一体感も持ち得ていない。

政権交代による混乱の収拾と、新政権の経験の蓄積には一定の時間がかかるのは致し方ないし、国民やマス・メディアにも、それを許容する忍耐力が求められるが、その期間を極力短くし、強い内閣を実現するための方策を考えることが、今の日本にとっては重大な課題である。

ここで「設置法」について少し触れておこう。前述した所掌事務をはじめ、各官庁の使命や事務分担などの根拠となるのが各府省の設置法である。

許認可や指導監督など官庁の権限は、個々の法律に基づいて行使されるものであり、設置法には権限が定められているわけではない。しかし[1]、現実には所掌事務を根拠に各府省の権限が主張され、官庁間の縄張り争いやタテ割り行政の背景となっている。また、海外では政権毎に政策に合わせた柔軟な組織改変が行われることも多いが、日本で官庁の統廃合や組織改編を困難にしている背景にも設置法の存在がある。日本のような強固な設置法を持つ国は少数派だと考えられるが、政治主導を確立するためにも、設置法の廃止を検討するべきではないだろうか。

2　内閣と与党の二重権力構造

もう一つ、内閣の力を弱め、本来の議院内閣制の機能を果たせない状況を作ってきた原因として、与党と内閣の二重権力構造があった。この点については政権交代後かなり事情が変わっているが、長年にわたって続いたこの構造が是正されるには、まだ時間を要すると思われる。そこでまず、自民党時代の状況を見ることにしよう。

本来の議院内閣制では、図3右側の「強い内閣」のように、内閣は与党の政策を実現する実行部隊である。与党を代表する議員が入閣するため、与党全体の中でも内閣に権力が集中し、閣外の与党議員が内閣の政策決定に背いたり、ましてや覆したりすることは通常起こりえない。しかし、過去数十年にわたり日本の現状は左側の「弱い内閣」に示したように、閣外の与党議員が内閣以上の権力を持つことが常態化していた。その結果、内閣をよそに与党議員と官僚が不透明な接触(根回し、交渉、圧力)を繰り返し、多くの政策決定が実質的に内閣の外で行われてきたのである。これは議院内閣制の原則から大いに逸脱しており、政策決定の責任の所在をきわめて不明確にした。

結果的に、政府と与党の政策が一致しないことがたびたび起こった。二〇〇五年の小泉内閣の郵政民営化をめぐる党内紛争や、二〇〇九年五月に当時の農水大臣が減反の維持について「農林水産省の責任者として賛成しない」が、自民党のマニフェストへ盛り込むことについては「自民党農政の責任者ではない」と発言したこと[2]などは、まさにその典型である。本来の議院内閣制では、このような大臣の発言は起こり得ないはずである。また自民党政権において政府と党に税制調査会が併存し、党の調査会での結論が常に政府の政策として採用されていたことなどは、二重権力構造

図3　自民党政権下での与党と内閣の権力構造

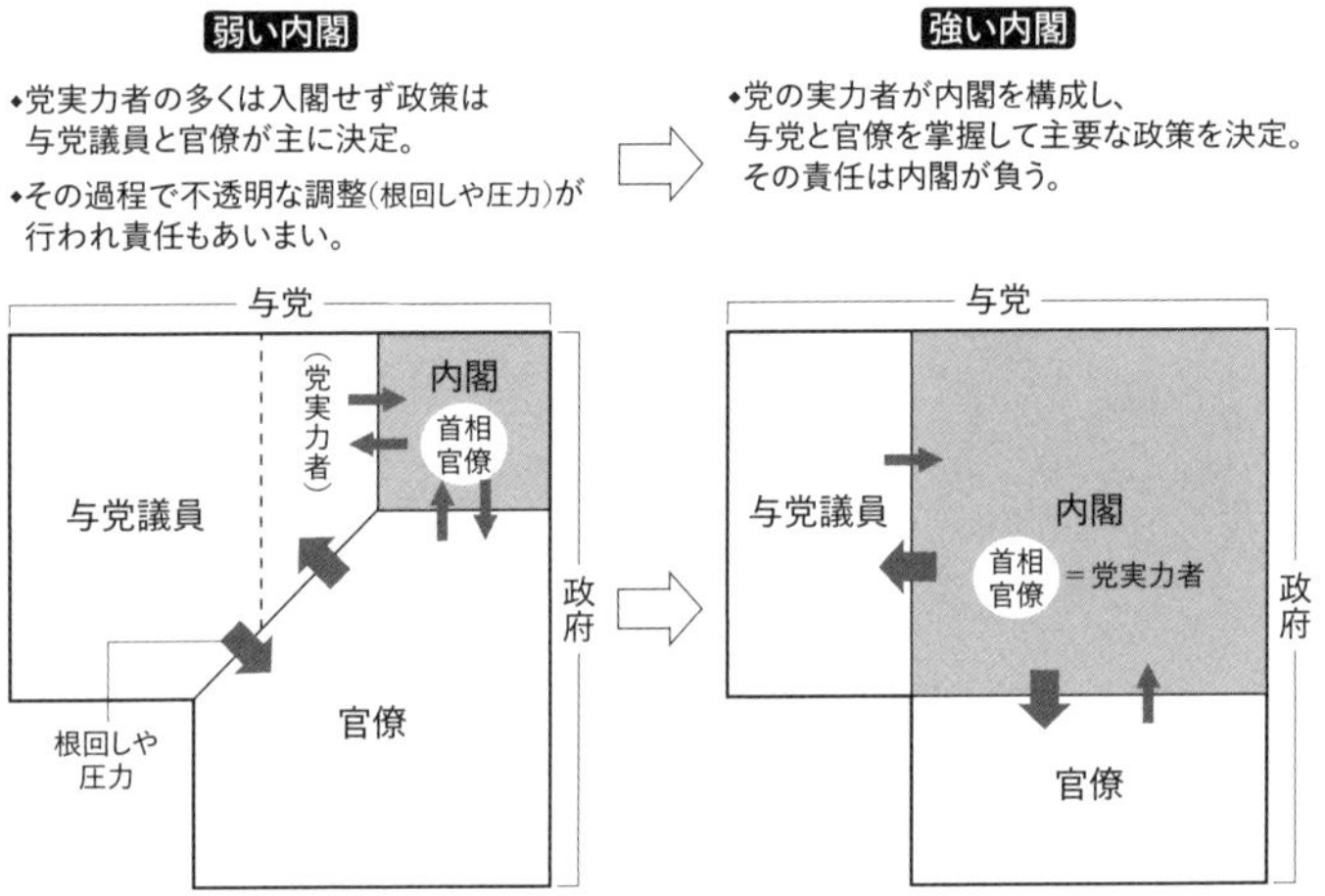
弱い内閣
◆党実力者の多くは入閣せず政策は与党議員と官僚が主に決定。
◆その過程で不透明な調整(根回しや圧力)が行われ責任もあいまい。
強い内閣
◆党の実力者が内閣を構成し、与党と官僚を掌握して主要な政策を決定。その責任は内閣が負う。
与党
内閣
(党実力者)
首相官僚
与党議員
官僚
政府
根回しや圧力
与党
与党議員
内閣
首相官僚
=党実力者
政府
官僚

の常態化の象徴といえよう。

自民党の二重権力構造を概説すると次の通りである。党の政策の取りまとめをおこなう「政務調査会」があり、ここで法案など政府(=内閣)の政策案がチェックされた。政務調査会をクリアした政府案は最終的に総務会で決定され、国会へ提出される。これが与党による「事前審査」であり、他の主要国ではほとんど見られない。かつては、この過程で政府案が大幅な修正を受けたり、否決されたりすることも少なくなかった。政党の政権公約実行のための代表者が作成したはずの政策案を、同じ政党の閣外にある議員が否定するのは議院内閣制の否定そのものであり、事前審査をクリアしさえすれば法案は国会を通ったも同然ということになり、国会の形骸化の原因の一つでもあった。

また、党内機関の長である総務会長、政務調査会長は、幹事長とともに「党三役」と呼ばれ、党運営の大きな権限を握ってきた。彼らは政府の政策責任者である大臣よりも様々な面で力を持ち、発言力も大きいことが多い。党三役は法律上、政府の政策決定権や責任を何ら有しないにも関わらず、実質的に政策決定を牛耳ってきた。結果として政府案と与党の考えが対立する場合、大臣が政府案（あるいは政府案の元となる審議会の答申など）に沿って党内をまとめるよりも、党の意向が優先されることが多かったのである。

民主党政権は、この二重権力構造の解消を主要方針の一つとして掲げ、党幹事長は政策決定には一切関与しないことと、党政策調査会の廃止を打ち出した。しかし、その結果、閣外の議員が政策決定に関与しないのみならず、政策論議すらしない状況となり、党内に不満の声が高まったり、党の政策形成能力の低下を懸念する声が高まったりしたため、結局、いったん廃止した政策調査会を復活させた。現在、政策調査会長が内閣に入る形を採ることになり、政策決定の一元化を担保しようとしているが、内閣主導の一体的な政策形成が定着するかどうか、まだ試行錯誤の段階である。

3 「政治再建」のための改革案——政党の政策形成能力の向上

前節では、本来の議院内閣制の機能を発揮させるには、「まず政策ありき」の党運営と選挙をおこなう状況を作ることが第一であることを見てきた。それによって、選挙も政策を根拠にした選択になり、強い内閣の政治主導による一体的な政策実行ができるからである。

では、与野党を通しての政権公約に盛り込む政策のレベルアップ、実現度向上のためには何が必要であろうか。

従来の「まず官庁ありき」の状況下では、政策に必要な情報やノウハウを官庁が掌握してきた。これをどう活用するかが重要な課題だが、与党と野党は分けて考えなくてはならない。なぜならば、与党は内閣を構成し、官庁の情報やノウハウをすべて活用できる立場にあるからである。先に述べたように、この点については政権交代後、まだまだ内閣、政務三役の主導権と官僚との間の信頼あるいは相互補完関係が確立しておらず、与党が官庁を十分に使いこなす、あるいは、その機能を十分引き出しているとは言い難い。これをどうするかは、政党運営そのものではなく、官邸機能、政務三役と官僚の関係性の問題であり、詳細な議論は行わない。ここでは野党の政策形成能力のための仕組みについて考えよう。

基本的に官庁には野党と情報共有するインセンティブは働かず、また野党への情報開示は与党にとって「特権」が壊されるという危惧もある。しかしながら有権者にとって与党か野党かは選挙の結果であり、各党が良い政権公約を示すことこそが重要なのである。

政党に対する情報開示の仕組みは、諸外国にいくつかの事例がある。オランダでは、政治的に中立な経済政策分析局（CPB）という機関が、選挙前に向こう数年間の経済財政見通しをすべての政党に公表し、各政党はその情報を前提に政権公約を作成する。CPBはさらに、そこで出された政策に要するコストなどを分析し、矛盾点などを指摘する。

オーストラリアでは、選挙前に、与野党の党首が財務省に政権公約の費用計算要求を出し、各政策が歳出入に与える影響について分析させる制度がある。

こうした仕組みは、政党が作成した政策が根拠ある情報に基づいて策定されているかという、有権者の投票行動に重要な判断材料を提供しているといえる。そして当然、各政党には、こうした分析・評価に耐えうる具体的かつ根拠のある政策立案が求められ、結果として政権公約の信頼性が高まるのである。このような制度がわが国にもあれば、民主党が批判されている、財源の裏づけなく巨額の歳出を伴う公約を掲げるというようなことは、避けられると思われる。

政党運営の資金面での手当についてはどうであろうか。日本では、国庫から毎年約三二〇億円が拠出される政党交付金は、直近の選挙での議席数と得票率に基づき比例配分されている。つまり、与党の取り分が最も多くなっている。

しかし、政党の活動に必要な資金が、日々の運営費と、政策形成に関わる費用に大別されるとすれば、前者は所属議員数に比例して嵩んでいくが、後者は与野党問わずすべての政党にある程度必要な経費であり、所属議員数に直接比例して決めるべき費用ではないのではないだろうか。例えば、韓国でも政党助成金の制度があるが、総額の半分はすべての政党に均等配分され、残りの半分のみが議席数と得票率によって比例配分される。また英国の政策開発助成金も、総額の半分は各政党間で均等配分され、残りの半分に関してのみ、絶対得票率により配分される。

議員が各党の政権公約に基づいて選ばれ、健全な政権交代が行われる体制を後押しするには、政党交付金を、議席数と得票数で単純比例配分することを見直し、一定条件を満たす政党には、ある程度均等に配分する仕組みに改めることを検討すべきではないだろうか。

以上の他、各党の政権公約を比較しやすくし、選挙の直前ではなく、なるべく早い時期に作成し、広範に配布しやすくすることも必要である。これらをまとめると次のような改革案が考えられる。

（1）政権公約は、各政党共通の「公約フォーマット」で選挙の一定期間前に作成する。
（2）政権公約の大項目は五項目程度とし、優先順位を明確にする。
（3）与党は政権公約の進捗度を半年毎に発表する。
（4）政権公約や政策の立案のために必要な官庁が保有する情報は、国会の秘密会等を利用して与党と一定規模以上の野党に開示する。
（5）野党には国会調査局の利用を優先させる。
（6）政党助成金は、全額を議席数と得票率に基づいて比例配分するのではなく、総額の一定割合を議席数と得票率に基づいて比例配分し、残りの割合を政党の規模（大・中・小など）毎にグループ分けし、グループ毎に均等配分する。

（7） 選挙公約の頒布を自由化する。

4 政権運営に関する、与党の責任の明確化

政党内に政策を議論する場があることには利点もあるが、それが内閣の政策決定を覆すようでは、政権公約や議院内閣制の否定である。意思決定や責任の所在が不明瞭では責任ある政治は実現しない。現状では与野党ともに試行錯誤の段階にあることに鑑みると、政策の責任者という大臣や内閣の立場を名実ともに確立した上で、党内での議論や決議を内閣に伝えるルートを安定的に制度として設けることが必要ではないだろうか。

もう一つ、内閣のリーダーシップに関連する問題として、近年の総理大臣の任期の短さが挙げられる。与党党首には総理大臣候補として選挙で選出された責任があるにも関わらず、自民党政権時代の派閥統制や政権交代後の民主党代表選挙に見られたように、政策と直接関係のない「党の事情」で次々と交代するのは国家統治の体制としてあまりにも脆弱である。総選挙によって選出された与党の党首（＝総理大臣）は新たな総選挙まで任期を継続し、安定して国家運営に取り組む体制作

りが急務である。

以上から、内閣と与党の二重権力構造を解消し、内閣のリーダーシップと、それを支える与党の責任体制を確立するために、以下を提言したい。

(8) 総選挙で選出された与党の党首(=総理大臣)は、衆議院解散または衆議院議員の任期満了による新たな総選挙まで任期を継続する。
(9) 与党幹部(幹事長、総務会長、政策調査会長等)の入閣を義務付ける。
(10) 与党の政策検討機関の部門毎の責任者(政調部会長等)は、対応する府省の副大臣を兼務する。
(11) 与党の一般議員と官僚との接触を制限する。

5 政党の自己統治能力(ガバナンス)の確立

冒頭でも述べたとおり、国の統治能力を向上させるには、それを担う政党が自己統治能力を確立し、そのことを国民に明らかにしなければならない。そのためには、少なくとも以下のことを改善する必要があろう。

社会的に影響力の大きい組織として、例えば企業についてみると、設置すべき機関（株主総会、取締役、取締役会、代表取締役、監査役など）が会社法に規定されており、さらに各機関の意義、選任・解任方法、権限、召集方法、決議方法などについても規定がある。これは企業の公共性（特に上場企業）に鑑みて当然必要とされるものである。

これに対して、政党は年間三二〇億円近くの税金（政党交付金）および八〇〇億円以上の非課税収入を使い、国の政策形成過程に大きな影響力を持ち、企業よりはるかに高い公共性を持つにも関わらず、内部機関についての法の定めはなく、すべて各政党の党則に委ねられている。政治結社の自由は保障したうえで、その運営ルールの大枠は「政党法」などの法律で規定あるいは党則で定めることを法令で義務付けて然るべきだろう。

表1 各政党の支部数

自民党	7,479
民主党	612
公明党	436
社民党	263
国民新党	73
みんなの党	26

また党の本部と支部の関係や、両者の役割や責任も明らかにする必要がある。

政党支部は、その名の通り党の地方組織であり、党本部のガバナンスが働いていなければならない。ところが、現在の政党支部は所属国会議員や全国の地方議員の「私物」と化しており、政治献金の受け皿として利用されている。自民党が全国に七四〇〇以上もの支部を抱える所以である。企業に例えれば、本社の方針や指示を各地域で実践することが支店に課せられた使命であり、当然ながら支店は地元出身の支店長のためにあるのではない。

このような現状を改めるために、まず政党支部長と国会議員の兼任を禁止し、支部の設置数を行政区域単位に限定することで、政治献金の受け皿としての政党支部の役割に終止符を打たなければならない。その上で、支部が担うべき機能（候補者の選任や、有権者とのコミュケーション強化のための活動）を党則で規定すべきだと考える。

(12) 政党の党首、幹部、監査委員会など、重要と思われる機関についてはその設置を義務付け、その他の機関についても党則でその役割と責任を定めることを規定する。

(13) 政党支部は、行政単位ごとに一つに制限し、その役割と権限、責任を党則で定めることを規定する。

国会議員を目指して立候補する者の出身や採用ルートには、地方議員、官僚、政治家の秘書、党が実施する公募、そしていわゆる「世襲」などがある。しかし、いずれのルートであれ、政党が立候補者にどのような素質を求めているのか、その決定の基準や過程は有権者からはほとんど見えない。一方、社会の側にも「選挙に立候補する」というのは特殊なことという雰囲気がある。サラリーマンの場合、それまでの勤務先を辞職せざるを得ないことも多く、優秀で意志のある人材の政界への参入の妨げになっている。

「世襲議員」が特に問題視されるのは、いわゆる地盤(選挙区)、カバン(資金)、看板(知名度)という、当選に必要とされる資源を先代からそのまま継承することで、選挙を格段に有利に戦うことができるからである。しかし、地盤とカバンは、政党が自主的に規制することで問題を改善できる。「世襲」＝悪として封じ込めるのではなく、「世襲」と「非世襲」の不平等を解消する仕組みを作ることが必要なのである。

表2 「世襲議員」の各国事情

◆イギリス	20数人の閣僚中、「世襲」は多くて数人。ほとんどの議員が地元出身ではない落下傘候補のため、「世襲」である利点はさほどない。かつての貴族院である上院も1999年の改革で、世襲貴族議員が750人から100人以下に激減
◆アメリカ	上院、下院ともに「世襲」は5パーセント程度。ただし資金集めが重要なため、「世襲」による知名度はある程度利点となる
◆韓国	各選挙区の党員らが選挙を行って候補者を選定するので、よほど親の力が強くない限り、「世襲」の利点はない

小選挙区制においては、議員の日常活動が選挙区密接型となることが多く、政治、政策より地元選挙活動が優先され、結果として政治の劣化が進みやすい面を持っている。そして手をかけて〝育てた〟選挙区は捨てがたく、ますます「世襲化」が進むことになる。

資金についても、現行制度では政治資金管理団体をそのまま相続することが可能なため、費用が嵩《かさ》む選挙活動において新人候補者は著しい不利を負う。

意志ある者が平等に立候補でき、また政党も経歴に関係なく実力のある候補者を確保できる体制を整えるために、以下を提言する。

(14) 候補者選定の方法や過程を党則で定め、透明化することを規定する。
(15) 候補者の「公認」「推薦」「支持」を定義する。
(16) 「世襲」と「非世襲」間の資金に公平性を確保するため、政治資金管理団体の相続を禁止する(団体の代表=立候補者が代わる際は、その残高を所属政党に寄付する)。
(17) 「一般人」が立候補しやすくなるよう、企業及び公務員の休職制度の普及を図る。

政治と資金に関する不祥事が起こる度に、企業献金など個々の資金ルートの制限が議論されるが、それでも不祥事が後を絶たないのは、迂回献金などの脱法行為を根絶できないためである。この問題について最も基本的な対策は政治資金に関する情報開示の徹底である。政党が、党としての収支報告を開示するのは当然であるが、所属国会議員の政治資金の不祥事も党に責任の一端がある。

現在、政治資金の流れの全容把握が極めて困難であるのは、資金受け入れ団体が多数あり、その一元化ができていないためである。この点についても、公開企業が連結決算を義務づけられていることと大差がある。このような現状を改めるためには、国会議員が政治資金を受け取れる団体を資金管理団体一つに制限することが不可欠である。そして、党支部は支部長である国会議員個人の政治資金の受け皿としての機能を解消し、有権者への積極的な情報開示機能や、実力のある立候補者の選定など、政党の支部本来の業務に徹すべきである。

（18）国会議員が政治資金を受け取れる団体を、資金管理団体一つとする。

（19）党支部の私物化を解消するために、国会議員による党支部長の兼任を禁止する。

私たち有権者は、先にも述べたとおり投票という行為と、政党交付金という税金、そして寄付や党費などの非課税収入により、政党活動の根底を支えている。企業が株主に対する責任、社員に対する責任、そして消費者や社会全体に対する責任を厳しく問われるように、政党も党員に対する責任、所属議員に対する責任、そして何よりも有権者全体に対する最大の責任を負っている。

したがって、現在のようないわば身内の党大会ではなく、有権者全体に向けて具体的な政策や活動内容、そして資金の使い道などを定期的に最大限公開するのも当然の責務といえる。

（20）政党は「有権者総会」を年一回開催するとともに、支部で地域有権者に対して報告会を定期的に開催するなど、活動状況と資金の収支を開示することを義務づけ、その詳細を党則で定める。

以上、二〇項目にわたる提言を、新たに「政党法」を制定するとともに、公職選挙法や政治資金規正法など既存の関連法を改正することによって制度化し、直ちに日本の「政治再建」をはじめることこそが、今、わが国が全力でとり組むべきことだと考える。「政治再建」をきちんと行うことは一見、迂遠なようであるが、政党の自己統治能力を確立し、内閣の政策遂行能力を強化して問題山積の国家を運営していくためには不可欠の足腰作りなのである。

註

1——二〇〇一年の橋本行革による省庁の統合までは、設置法に「権限」が規定されていたが、構想日本の提言により削除された。

2——日経ネット、二〇〇九年五月一〇日 http://www.nikkei.co.jp/news/keizai/20090510AT3S1000C10052009.html

第Ⅱ部

政治参加・政治指導と市民の教養

第5章

「政治的教養」をめぐって

苅部直
KARUBE Tadashi

1　なぜ「政治的教養」を問題にするのか

もう多くの人は忘れているだろうが、二〇〇六(平成一八)年に安倍晋三内閣が設置した教育再生会議において、「徳育」について議論が行なわれたことがあった。その会議の第一次報告が二〇〇七(平成一九)年一月に提出され、それをうけた同年三月の分科会で、小中学校に新しい教科として「徳育」を設ける提案が示されたのである。すでに以前から小中学校には、週一時間の道徳の時間があるが、定まった教科書はなく、正式な教科の位置づけをされていない。そうした現状に対して、「徳育」を正式な教科として設け、検定教科書を使う授業に格あげしようというのである。

しかしこれに対しては、発表と同時に委員会の中からも、道徳について点数をつけるのがふさわしいかどうかといった、さまざまな疑問が出され、マスメディアからの批判も強かった。そこで同年六月の第二次報告では、点数による評価を行なわない形に変わったが、九月に安倍内閣が総辞職すると教育再生会議は力を事実上失い、この議論も終熄する。結果的に、二〇〇八（平成二〇）年の学習指導要領の改正に、「徳育」の新設が盛り込まれることはなかった。内閣の交代のせいというより、やはり社会から広い支持を得られなかったことが、挫折の原因なのだろう。

ただ、このときの「徳育」をめぐる議論の過程では、従来の道徳教育に関する議論とは毛色の異なる話題も登場していた。そこでは、ヨーロッパにおけるシティズンシップ教育（citizenship education）の実践に触れながら、「徳育」の新設が提起されたのである。それまで道徳の教育をめぐっては、家庭の崩壊や少年犯罪の増加といった現状への対応として、キレない子供に育てようといった受身の対応、あるいは個人道徳の涵養《かんよう》の次元でしか、議論されてこなかった。

だが教育再生会議での議論のなかには、それまでの議論の枠をこえて、シティズンシップ、つまりは「市民」として政治生活を生きていく活動と、それを支える積極的なモラルの教育につながる論点が登場していた。ヨーロッパ諸国においては一九九〇年代からシティズンシップ教育が政策課題として重視され、さまざまな教育改革が行なわれている。ヨーロッパの現状をふまえ、日本にもそうしたプログラムを導入したいという意向が、ささやかな形ではあれ、この徳育構想に反映していたのである。

一九九〇年代のシティズンシップ教育をめぐる改革の代表例は、英国のトニー・ブレア政権によるものである。この政権のもとで、シティズンシップ教育に関する委員会が設けられ、一九九八年に答申が出て実行に移された。ブレア内閣は、労働党の政権として社会格差の是正と国家の競争力の充実という二つの課題を解決するため、教育をその鍵と位置づけていた。貧しい階級の子供にも質の高い公教育を受けさせれば、格差の是正につながるだけでなく、長期的には国家の経済力・競争力を高めることができるという意図である。

具体的には、委員会の答申に基づいて、イングランドの公立中学校（一一歳から一六歳が対象）に「シティズンシップ」という新しい教科が設けられた。その内容は、国制のしくみや政党政治の慣行など、政治制度の解説に始まって、実際にクラスで政治問題について生徒が討論する、あるいは学校の外に出てみずから地域活動に参加するようなカリキュラムも含んでいる。つまり、最初は知識を身につけるところから始め、しだいに政治問題を自分たちで議論し、地域の活動に参加する実践の方へ移行していくという順序になっている。

現在の日本で、このシティズンシップ・エデュケーションは、そのまま「シティズンシップ教育」あるいは「市民性の教育」と訳されている。ふつうにシティズンシップという英単語を耳にすれば、まず頭に浮かぶのは「国籍」という法律上の意味であろう。しかしここで言うシティズンシップとは、そういう意味ではない。いわゆる市民あるいは公民という存在として、政治共同体の決定に関わっていく活動そのものを指している。あえて、ていねいに日本語に言いかえるなら、「市民として活動すること」とでもなろうか。政治共同体に能動的に関わっていく主体としてのシティズンを、育てるための教育なのである。それは英国をはじめヨーロッパ諸国で、さまざまな形で実践されている。その背景には日本と同じく、若者のモラルの崩壊や政治的無関心といった、先進国が共通して抱える問題があり、それらを解決するための方策としてシティズンシップ教育を導入している側面は、たしかにあるだろう。

だが他面で、日本とは異なる独自の背景も、もちろんある。ヨーロッパ各国ではアジア系・アフリカ系の移民が増え、一つの社会にさまざまな文化が混在するようになっている。また東欧諸国では、冷戦の終了と民主化改革をへたのち、エスニック集団どうしの紛争が続く。このような多文化のなかで、おたがいが同じシティズンとして共存するためには、いかなる制度やモラルを考えたらいいのか。そういった問題意識から、シティズンシップ教育のとりくみが行なわれている。一国内で、個別の文化を超えシティズンとして共有しなければいけないルールとは一体何なのかを考え、それを教育していく試みと位置づけることができる。

同時に政治思想の研究においても、シティズンシップとは何かについての議論が、さかんに行なわれるようになってきた。やはり一九九〇年代以降に現実の政策課題と連動しながら動きが進み、政策としても実行に移されるようになっている。先にふれた、ブレア政権のシティズンシップ教育をめぐる委員会で、委員長を務めたバーナード・クリックは、シェフィールド大学とロンドン大学の教授を務めた、著名な政治理論家である。

こうしたヨーロッパの状況とは異なって、日本には文化や宗教を異にする大量の移民が流入して労働人口を支え、場合によっては宗教紛争が起こるといった現象はまだない。しかし、問題の現われ方は異なるとしても、日本でも従来の道徳教育や公民教育を超えて、政治に関わっていくシティズンをどうやって育成するかが、実践上の課題として意識されるようになってきた。

その現われとして、品川区での公立学校の改革を挙げることができる。同区は二〇〇六年四月から、すべての公立小・中学校を六年制の小中一貫校に変えたことで知られているが、同時に従来の社会科に代えて「市民科」を設けている。ヨーロッパのシティズンシップ教育を参考にしたものである。たとえば中学の最終段階になると、生徒が議会を作って品川区のさまざまな問題について議論するといった内容を含んでいる。従来の社会科の内容と変わらないような部分も多いが、これまでの道徳教育、社会科教育に加えて、そうした市民の育成という課題に関心が向かっていることは間違いない。今後は日本のほかの地域でも、こうしたとりくみが増えてくることが予想される。

2 「教養」イメージと伝統

おそらく「政治的教養」という本章の表題に、違和感を覚えた読者もいたかもしれない。日本語で「教養」という言葉を聞いた場合、まず頭に浮かぶのは主に哲学や文藝、美術といった漠然とした印象だろう。しかも、社会の実生活を離れた領域の「文化的」なものという含意が重なってくる。理系の領域に属する読書のありさまでたとえるなら、物理学者である寺田寅彦や湯川秀樹の学術論文ではなく、随筆を読んでいれば、「教養」があるといった感じかたである。これに対して、たとえば幾何学の問題を解く技法は、実践のための技術という印象があり、「教養」には入れられない。パソコンを使いこなすための知識が豊富にあっても、「教養」があると呼ばれないのと同じく。

このように「教養」と口にしたとたん、それは高尚な古典を熟読玩味して得られるものという印象がつきまとってしまう。実用や、あるいは政治のような実践活動と「教養」とのくみあわせに、とまどいを感じるのが、さしあたりふつうの反応ではないか。

しかし、「教養」にまつわるこうした固定観念の存在そのものが、一つの思想史的な問題と言ってよい。近代日本において「教養」という言葉が流行したときに抱かれた印象が、そこには深くかかわっている。「教養」という言葉は、古くから漢語の語彙に含まれていたものであり、明治時代にはeducationの訳語として、いまで言う「教育」の意味で使われていた。現在のような高尚な文化の含意はそこにはない。

今日と同じような意味あいで「教養」の語を用いたもっとも古い例は、筒井清忠『日本型「教養」の運命』(岩波現代文庫)によれば、一九一七(大正六)年の、和辻哲郎・阿部次郎という二人の哲学者の文章である。二人は安倍能成や倉田百三らとともに、当時の流行思潮であった人格主義の論者として活躍していた。「教養」は、人が内面の人格を陶冶し高めていくための手段として、彼らが唱えた主要概念だったのである。

これは同時に、大正時代の若い知識人からする、前の世代に対する自己主張という性格をもっていた。明治時代に活躍した世代の人々は、西洋文化を受容して文明開化を進めながら、他方ではまだ儒学に代表されるような、古い時代の思考や感覚を根柢にもっていた。儒教の古い道徳に基づいた堅苦しい「修養」とは異なる、新しい時代の自己陶冶の方法として、「教養」を、大正の知識人は打ち出したのである。そのとき「教養」の語には、古くさい東アジアの文化ではなく、西欧を中心として人類のさまざまな文化の、すぐれた作品を享受するという意味が強くこもっていた。

またそれと一緒に広まったのは、「文明」と区別された「文化」の概念である。明治の知識人が西洋からとりいれた「文明」が、単なる実用知識や科学技術にすぎないのに対し、「文化」は哲学や藝術といった高級な精神文化を意味すると、阿部や和辻は説いた。そのように質の点でかぎられた「文化」を吸収するのが、「教養」にほかならなかった。そうした「教養」志向は、一九二〇年代初頭から昭和の初めにかけて日本を席巻したマルクス主義の思想運動によって、いったん批判的に扱われるようになる。しかし一九三〇年代なかばから、政府による弾圧と転向をへてマルクス主義が退潮すると、「教養」への憧れがふたたび復活してゆく。

大正時代後半から昭和にかけては、高等学校や大学が増加し、高等教育を受ける学生の数が急速に拡大した。また昭和期に入ると、円本と呼ばれた叢書、あるいは岩波文庫に代表される文庫本が大量に出版され、学生でも多くの古典を自分の家に揃えられるようになった。この出版ブームの波をへて、旧制高校生や大学生が盛んに哲学書・藝術書を読む風潮がたしかなものとなる。よく「大正教養主義」と言われるが、「教養主義」が盛んになるのは、むしろ一九三〇年代なかばからなのである。

この一九三〇年代なかばには、「教養」を論じた著作が大量に発表され、一種の教養論ブームとなる。そのなかでは、個人の精神生活の内に閉じこもって「教養」を蓄えるだけでなく、社会における実践に活かせる知的能力を身につけるのが真の「教養」にほかならないという主張が、しばしば見られた。それをもっとも声高に論じたのが三木清である。そのさいに三木が用いたのが「政治的教養」の名称であった。一九三七(昭和一二)年に発表した「教養論の現実的意義」「知識階級と政治」「知識階級と伝統の問題」という三つの論説のなかで、三木は大正時代に和辻哲郎や阿部次郎が説いた「教養」を刷新して「政治的教養」に高めるという課題を提起し、次のような議論を展開している。

今（一九三七年）の日本において、若い世代の知識人、あるいは官僚には「政治的教養」が欠けている。これに対し明治に育った世代には儒学のモラルが身についていた。これは一面では古い「治国平天下」式の考えであるが、この儒学が政治活動に積極的な意味を与える「教養」として生きていた。ところが今日においては、社会の第一線を担っている世代に、そうした儒学の「政治的教養」はない。では別な形で新しい「政治的教養」があるかと言うと、藝術とか文学とか哲学といった「教養」に傾倒するばかりで、政治に関わってゆくための思考を備えていない。その結果、官僚や知識人として第一線を担っている世代の人々が政治に無関心になっている。むしろ一般大衆の方が、戦争の報道などに興奮し、政治に熱狂する傾向を見せている。――三木清はこう分析した上で、「政治的教養」について改めて考えなければいけないと提唱したのである

「政治的教養」が欠落した「教養」が、日本の知識人に蔓延する理由について、三木は問題をヨーロッパの思想史のなかに位置づけて考察した。つまり、大正時代から言われた「教養」が、近代ドイツの知識人が追求した「教養」（Bildung）の考え方を日本に移入したものであったことに、三木は問題を見いだす。

近代ドイツでは一九世紀初頭からギムナジウム（中等学校）、あるいは近代的な大学が作られるが、そうした新しい学校での教育の目標とされたのが、ここに言う「教養」であった。ギムナジウムと

大学で、古典と哲学を徹底して学び、人間性を豊かに培い、そののちに、官僚、弁護士、経営者、医者になるための職業訓練を行なう。そうした教育体系のなかで、専門的な訓練の前の段階で修めるべき、人間性を養う営みとして「教養」は位置づけられていた。このドイツ流の考えが、大正時代以降、日本でも受容されたのである。

だが三木清は、この近代ドイツ流の「教養」は、ヨーロッパの思想史の中ではむしろ特異なものであると指摘した。人間性を総合的に育てる営みは、古代ギリシア以来、ヨーロッパの思想史でずっと唱えられてきたものではある。それは実践学としての側面を強く持っていた。しかし近代ドイツの「教養」は、社会における実践の営みから完全に切り離された空間で、哲学や古典を学ぶ営みに特化してしまっている。これはむしろ例外であると三木清は指摘した。

たとえば古代ギリシアでは、ポリスの政治を支える自由人を育てる営みが、パイデイア(paideia)と呼ばれていた。それは読み書きだけでなく、体育や音楽、弁論術も含んでいる。つまり単に内面性を養うだけではなく、社会のなかで他者に働きかけ、対話する術を学ぶことが、教育に欠かせない要素となっていた。さらにローマ時代から中世の教会と大学に引き継がれた自由七科(septem artes liberales)においても、その教育内容には修辞学(レトリック)が重要な学問として含まれている。社会において人とかかわるさい、どのように話をし、人の話をどう理解したらいいのかといった、実践生活における技術が重視されていたのである。この方面での知の営みを再び評価しようとするのが、三木清の主張であった。

こうした実践哲学の伝統を復活させようとする議論は、第二次世界大戦後の現代哲学においても行なわれている。その代表が、ドイツの哲学者ハンス＝ゲオルク・ガダマーである。ガダマーは、アリストテレスに始まり、ルネサンスから一八世紀のドイツ人文主義の伝統につらなる、実践知の体系を復権させようと試みた。すなわち、現代においては科学技術が人間生活の大部分を支配し、それを普通の人間はなかなか統御できない。これに対して、実践生活における知恵とはどういうものかを再考し、人間生活の中にしっかりと根づかせる必要がある。

ガダマーは主著『真理と方法』（一九六〇年）のなかで、共同的感覚、趣味、判断力、教養の四項目を、実践知の重要な要素としてあげた。一つの社会で共有される共同的感覚を基盤として、美的な趣味と、個別の事柄につき正と不正を区別する判断力とが生まれてくる。そうした知恵の働きを培う営みが「教養」にほかならない。そうした実践哲学の体系を提起した。ちなみに三木清は、一九二三年から翌年にかけてマールブルク大学に留学した際に、ガダマーの個人授業を受けている。したがって問題意識が似てくるのも、ある意味では当然なのかもしれない。一九三〇年代に三木清がやろうとしたことを、二十数年たってガダマーがもう一回議論したと呼ぶこともできるだろう。

ただ、実践哲学を提唱したにせよ、ガダマー自身は政治と教養のかかわりをはっきり書いているわけではない。しかし、カナダの政治哲学者ロナルド・ベイナーが、著書『政治的判断力』（一九八三年）のなかで、ガダマーの哲学を、一般市民による政治参加の哲学として位置づけなおそうと試みている。そうした方向で考えれば、ガダマーの主張も、三木清の言う「政治的教養」の一つの例と呼ぶことができるだろう。

だがそう考えてゆくと、この実践哲学の伝統が日本の社会風土になじむかどうかが問われるだろう。ヨーロッパには、古代ギリシアのポリスや、共和政期のローマに見られたように、一般市民が自分たちで政治を支えていた空間が存在していた過去があり、その伝統の重みの中でものを考えるという条件がある。日本においては、そうした歴史の前提はもちろん存在しない。三木清もそのことを問題にし、「知識階級と伝統の問題」という論文のなかで、西洋の「政治的教養」にあたるような日本の伝統を、きちんと論じる必要性があると言っているが、具体的な議論には及んでいない。

しかし、日本の思想伝統から、一種の政治に関わる実践哲学の要素を引き出し、再評価しようとした人物が、その後、いなかったわけではない。まず、先にふれた和辻哲郎の、昭和期に入ってからの日本倫理思想史研究の仕事に、その試みを読みとることができる。その所産の一つ、「人倫的国家の理想とその伝統」（一九四〇年）という論文では、記紀神話から聖徳太子の憲法十七条、南北朝時代に北畠親房が書いた『神皇正統記』などを題材にとりあげ、そうした系譜に「道の支配」という理想が引き継がれていると説いている。

つまり日本の思想には、人々が安らかに生存できる「社会的正義」の実現に、為政者は努めるべきだと説く伝統があった。「道の支配」の対義語としてあげるのは「力の支配」である。実力によって人々を従わせようとする統治を否定し、政治は「道の支配」でなければいけないとする政治的理想主義の伝統が、日本にはあったというのである。これは、思想史の研究であると同時に、議会勢力を無視して軍部が横暴にふるまう、一九四〇年代初頭の日本政治の現実に対し、伝統の再発見という形で批判を試みたものであった。

次に、昭和の戦中期から戦後にかけて、日本政治思想史の研究を確立した丸山眞男もまた、日本の思想伝統から一種の「政治的教養」をひきだそうとした人物と見ることができる。たとえば、戦中期の論文「神皇正統紀に現はれたる政治観」（一九四二年）で、丸山は和辻の先ほどの「道の支配」の理想を、単に政治家だけではなく一般人も身につけるべき、政治に関わる思考方法として読みかえることを唱え、統治者と被治者の双方に求められる政治的な道徳について議論している。

戦後の著作でも、講演をまとめた論文「幕末における視座の変革――佐久間象山の場合」（一九六五年）のなかで、徳川末期の儒学者、佐久間象山が展開した、攘夷論批判を紹介している。英国の船が国交を求めて日本に接近してきたのに対し、それは日本を侵略しようと狙う夷狄だから打ち払うべきだと攘夷論者は説く。しかし象山によれば、英国人は、ひたすら侵略それ自体を自己目的にするような連中ではない。利益を求めることを彼らは行動の原理としているのであり、日本を攻めるのが利益になると思えば侵略してくるし、利益も見こめないのに攻撃に及ぶことはしない。

これをきちんと見定めるべきであって、夷狄は何が何でも打ち払えといった対応をしていると、判断を誤ることになると象山は批判したのである。

丸山眞男は、この象山の言葉に一種の政治的リアリズムを見ている。一つの現象のなかにはさまざまな方向への可能性が潜んでおり、そのことを見きわめた上で、なるべく望ましい方向に現実を動かしていく態度である。この成熟した政治判断を可能にする思考方法が、じつは日本の徳川時代の思想家にはあった。まずは政治家に求められる思考方法であるが、一般人もこうした政治家の思考方法を身につけ、権力者の決定について判断を下さなくてはいけない。同様の主張を、丸山は講演「政治的判断」(一九五八年)でも展開している。

3 政治をめぐる「教養」とは

だが今日、ふつうの市民が身につける「政治的教養」としては、どのようなものが考えられるだろうか。現代人は政治に無関心になっており、みな選挙にも行かない、といった悲観論は、世間にしばしば見られるものである。だが、そこで無関心を嘆く人は、反面としての「政治に関心がある」状態について、理想的にすぎる像を前提にしているように思われる。つまり、みなが生き生きと目を輝かせて投票に行く、市民集会に必ず参加するといった、一生懸命政治に加わっている状態が理想化されていて、めざすべき政治の像をかえって貧弱なものにしているのである。誰もが多忙である以上、日常生活のあいまにニュースを見て、場合によっては投票に行くというくらいが、一般人の政治とのかかわりの実際のあり方だろう。

そこでとりあげたいのが、丸山眞男の師であった南原繁が、講演集『人間と政治』(岩波新書、一九五三年)の序文で述べた言葉である。そこで南原は、「非政治的人間の存在と自由」が確立してこそ、初めて政治は健全になると語っている。つまり、一方にはプロの政治家や官僚たちがおたがいに競争や交渉をくりひろげる世界がしっかりと確立し、同時に他方で、経済活動や学問・藝術といった、人間の「非政治的」な活動の領域もまた豊かに育ってゆく。その両方があって、初めて政治は健全になるという。

つまり、プロの政治家の活動とは別の形で、一般の市民が非政治的な活動をしながら、アマチュアとして政治に関わっていく。言い方を変えれば政治の世界の外から、監視役として市民が政治に関わっていく思考方法や、そうした思考方法を培う手段を考えること。それこそが「政治的教養」ということになるだろう。

そうした「政治的教養」の具体的な形としては、さしあたり次の三つが考えられるのではないだろうか。第一に、アマチュアもアマチュアなりに、政治のプロの思考方法を学んでゆくこと。たとえば細谷雄一(イギリス外交史・国際政治史)は、著書『外交』(有斐閣、二〇〇七年)のなかで、外交官が対外状況をどう認識し、相手とどのように交渉しているのかを明快に論じている。そういう外交の世界に生きている知恵を、市民も身につけるという道があるだろう。

また森田朗（行政学）の著書『会議の政治学』（慈学社出版、二〇〇六年）に詳しく述べられているが、さまざまな審議会や委員会の場で、その座長はさまざまな独自の知恵を働かせている。どういったきっかけで結論を提案するのか。少数意見の持ち主を多数派に賛同させるにはいかにして誘導するのか。外部の勢力、特にマスメディアをどのように利用するのか。そうした知恵を、先にふれたシティズンシップ教育の過程や、市民としてのさまざまな活動を実践するなかで、みずから学んでゆくやり方も考えられる。

第二には、フィクションとしての法体系を、フィクションであるということを認識しながら利用する感覚を養うことである。来栖三郎（民法学）の遺著『法とフィクション』（東京大学出版会、一九九九年）の指摘によれば、日本人は紛争の解決にあたって、裁判で決着をはっきりさせるより、「大岡裁き」のような人情による解決を求める傾きがある。建前の理屈よりも、本音の人情による仲裁を好むのである。

だが、本音や実感といった感情の交流は、おたがいの腹の内をわかり合った間柄でしか通用しない。フィクションを用いることで、腹の内がわからない相手とも共存できるのである。相手の話を聞き、それを自分の頭で論理的に組み立て直しながら理解すること。自分の考えを、気持ちが解らない相手に対してじっくりと伝えていくこと。法や政治の世界は、本来、そのような言葉で作られたフィクションの体系で成り立っているのだから、フィクションを操るための言葉の能力を鍛えなければいけない。

三つめは、「政治の失敗学」という考え方である(添谷育志《やすゆき》氏のご教示による)。アマチュアとして外から政治の世界を監視する市民にとっては、第一点で挙げたように、政治のプロの発想方法を学ぶことも大事だが、当然それには限度がある。むしろ大事なのは、こういうことになったら国は失敗に向かうのだ、という危険な徴候をかぎとる感覚を養うことであろう。

工学者の畑村洋太郎が執筆した『失敗学のすすめ』(講談社文庫、二〇〇五年)によれば、成功例というものは、結局のところ他の人にはあまり役にたたない。置かれた状況がまったく異なれば、同じ方法をまねても、うまくいかないのである。むしろ大事なのは失敗例に学ぶことだと畑村は説いている。新しい事業には必ず失敗が伴うのであり、失敗をいかにして収拾し、次の挑戦につなげるかという思考方法を養わなくてはいけない。そのためには、むしろ失敗例をたくさん知ることが重要だと畑村は提唱する。政治に関してもおそらく同じことが言えるだろう。

歴史ジャーナリスト、バーバラ・タックマンによる『愚行の世界史』(中公文庫、二〇〇九年)も、畑村と同じような視点から書かれている。歴史上のさまざまな失敗例を、ペロポネソス戦争からナポレオンの外征、ヴェトナム戦争に至るまで、さまざまに検討した本である。そうした作業を通じ、歴史上の政治の失敗例を知った上で、いまの政治が危険な方向に行っていないかどうかを見分けること。そのための判断力を培うという方法もあるだろう。

「政治的教養」を身につける方法は、もちろんこの三つに限られるものではない。アマチュアのための「政治的教養」についていては、学校教育に限らず、社会生活のさまざまな場面で模索する必要があるだろう。政治家や官僚はもちろん、一般市民も含めて、そういう努力が広く行なわれることで、政治は本当の意味で活性化するはずである。

〔付記〕本稿は拙著『移りゆく「教養」』(NTT出版、二〇〇七年)をもとにして、若干の新しい内容を加えたものである。執筆にあたり、日本工業倶楽部の木曜講演会(二〇〇八年五月八日)でいただいた助言に助けられた。

参考文献

ハンス＝ゲオルク・ガダマー著、轡田収ほか訳『真理と方法』Ⅰ・Ⅱ(法政大学出版局、一九八六年・二〇〇八年)。

来栖三郎『法とフィクション』(東京大学出版会、一九九九年)。

バーバラ・タックマン著、大社淑子訳『愚行の世界史――トロイアからベトナムまで』上下(中公文庫、二〇〇九年)。

筒井清忠『日本型「教養」の運命――歴史社会学的考察』(岩波現代文庫、二〇〇九年)。

南原繁『人間と政治』(岩波新書、一九五三年)。

畑村洋太郎『失敗学のすすめ』(講談社文庫、二〇〇五年)。

細谷雄一『外交』(有斐閣、二〇〇七年)。

丸山眞男「神皇正統紀に現はれたる政治観」(『丸山眞男集』第二巻[岩波書店、一九九六年]所収)。

――「幕末における視座の変革――佐久間象山の場合」(同上、第九巻[岩波書店、一九九六年]所収)。

三木清「教養論」「知識階級と伝統の問題」(『三木清全集』第一三巻[岩波書店、一九六七年]所収)。

――「知識階級と政治」(同上、第一五巻[岩波書店、一九六七年]所収)。

森田朗『会議の政治学』(慈学社出版、二〇〇六年)。

和辻哲郎「人倫的国家の理想とその伝統」(『岩波講座倫理学』第五巻[岩波書店、一九四〇年]所収)。

第6章 映画の中の政治指導者像――日米比較

村田晃嗣
MURATA Koji

「なぜ私が大統領になれたか、その秘密をお教えしよう。私には九つの才能がある。第一は卓絶した記憶力、第二が、ええっと何だったかな」

――ロナルド・レーガン

「アメリカのホワイトハウスやイギリスのダウニング街十番地、韓国の青瓦《せいが》台《だい》のように固有名詞で呼ばれずに、本来は普通名詞の言葉が日本ではどうして最高権力の館を意味するのでしょうね？」

――成田憲彦『官邸』[1]

1 はじめに

二〇〇九年一月にアメリカ合衆国（以下、アメリカ）では、史上初のアフリカ系（非白人）としてバラク・オバマが大統領に就任し、九月に日本では、戦後初の本格的な政権交代（衆議院の第一党の交代に伴う）が実現して、民主党の鳩山由紀夫内閣が成立した。いずれも「変化」を標榜《ひょうぼう》して登場し、七割を超える支持率で政権を始動させた。しかし、やはりいずれも内外の難題に直面して、急速な支持率の低下に悩み、鳩山首相は二〇一〇年六月に辞任に至った。

アメリカや日本のように経済的に豊かな大衆民主主義社会では、人々はどのような政治指導者を求めるのであろうか。もとより、これは政治学上の大問題である。そこで本章では、映画を通じてこの問いに接近してみたい。生産と消費（鑑賞）の双方で、日米両国は世界有数の映画大国である。そして、一九世紀末に誕生した映画は、ファシズムや精神分析と並んで二〇世紀に発展を遂げた、きわめて大衆的で、時として政治的な芸術様式ないしは文化形態である[2]。

以下、アメリカと日本で、政治指導者（大統領と総理大臣）が映画の中でどのように描かれてきたのか、その変遷をたどり、両者を比較した上で、それぞれの共通点と特徴を検討してみたい。

2　アメリカの場合——権力とイメージの競演

後述のように、ハリウッドとホワイトハウスは、ロナルド・レーガンを通じて明確に連結した[3]。エイブラハム・リンカーンの「丸太小屋からホワイトハウスへ」ならぬ、「銀幕からホワイトハウスへ」である（リンカーンはイリノイ選出、レーガンはイリノイ出身で、ともに家庭は貧しかった）。

しかし、ハリウッドとホワイトハウスの関係は、一九世紀末にまでさかのぼる。「素晴らしい小さな戦争」と呼ばれる一八九八年の米西戦争以来、アメリカの大統領はメディアの注目を集め、政治的影響力を格段に高めた。これが近代大統領制(modern presidency)である。そしてまた、この戦争の様子はニュース映画として多くのアメリカ人に届けられた。一般市民が戦場の様子を映像で知るのはこれが初めてのことであり、活字ニュースとは比べ物にならないインパクトを与えた。その結果、国民的英雄となったのが、のちの第二六代大統領セオドア・ローズヴェルトであった。彼こそ、映画が送り出した現実の大統領の第一号である。以後、いかなる大統領も、映像の中での自分のイメージを無視して、その職を遂行することはできなくなった[4]。

やがて、フィクション映画の中にも、実在の大統領が描かれるようになる。デヴィッド・グリフィス監督による『国民の創生』(The Birth of A Nation)は一九一五年の作品で、「世界で初めて製作された真の歴史叙事詩」と評され[5]、クローズアップやモンタージュ、フラッシュバックなど多くの技法を映画に導入した。だが、その内容はクー・クラックス・クラン(Ku Klux Klan：KKK)による南北戦争後の南部での人種差別を美化したものである。「かくも人種差別的な世界観をもった芸術家が、なぜに映画の技法において、当時もっとも進歩的な試みを次々となしとげることができたのかという問い」は、「全世界の映画史家を悩ませてきた古典的な問い」であった[6]。その人種差別を嫌って、レーガンの父は家族に『国民の創生』の鑑賞を禁じたという[7]。

この映画の中で、ジョセフ・ヘナベリーという俳優がリンカーン大統領を演じている。近代大統領制に先立ち、リンカーンは南北戦争時の指導者として、一九世紀の大統領の中で例外的な権力と注目を獲得した。黒人奴隷解放を実現した大統領が人種差別的映画で英雄視されるのは、まことに皮肉なことであった。しかし、それほどリンカーン大統領の声望は高かったのである。

因みに、この作品は政治的テーマを扱っているだけでなく、現実の政治にも影響を与えた。まず、一九一〇年に発足した全米黒人地位向上協会（National Association for the Advancement of Colored People：NAACP）がこの映画に抗議したのは当然である。逆に、その後数十年にわたって、KKKはこの映画を利用してメンバーを集めたし、ウッドロウ・ウィルソン大統領までもがこの作品を「映像を用いて歴史を活写している」と絶賛したと伝えられる[8]。ウイルソンは国際連盟の創立を提唱するなど理想主義者として知られるが、同時に典型的な南部人であった。

この『国民の創生』以降、二〇〇八年に公開されたオリバー・ストーン監督の『ブッシュ』（W.）まで、劇場公開映画に限っても、少なくとも一二四本に実在の大統領が描かれている。描かれた大統領も、初代のジョージ・ワシントンから第四三代のジョージ・ブッシュまで三八人にのぼり、映画化されていないのは五人のみである。

最多登場はやはりリンカーンの二二回で、九回で二位のフランクリン・ローズヴェルトを大きく引き離している。しかも、一九一五年の『国民の創生』から二〇〇五年の作品まで、リンカーンはほぼ一世紀にわたってアメリカ映画の中で描かれ続けている[9]。同じ政治指導者への長期にわたる肯定的表現は、アメリカの政治体制（とその正統性）の継続を示していよう。また、「丸太小屋からホワイトハウスへ」の立志伝中の物語、アメリカ史上最大被害をもたらした戦争（南北戦争）、そして、初の大統領暗殺事件と、リンカーンは映画にふさわしいテーマに満ちている。さらに、二〇世紀以降の大統領とは異なり、写真は別にすれば、リンカーンを記録した映像（フィルム）やテープはない（彼の声は明澄なバリトンだったという）[10]。実像の不在がハリウッドによる虚像の作成、そして、人々による虚像の受容を容易にしているのである[11]。

第二次世界大戦後の大統領では、ジョン・F・ケネディとリチャード・ニクソンがともに五回描かれている。前者はキューバ・ミサイル危機と暗殺、後者はヴェトナム戦争とウォーターゲート事件と、いずれもやはり映画に好個の話題を提供している。ただし、ケネディの場合は五作以外にも、大統領暗殺がテーマでありながら、彼自身は登場しない作品もある。デヴィッド・ミラー監督の一九七三年作品『ダラスの暑い日』(Executive Action)、オリヴァー・ストーン監督の一九九一年作品『JFK』(JFK)、そしてニール・バーガー監督の二〇〇二年作品“Interview with the Assassin”である。これらの作品では、大統領の不在が、その存在感を一層高める効果を果たしている。

言うまでもなく、映画はしばしば誇張・歪曲し、そして、断定する。

例えば、ストーン監督の『ニクソン』(Nixon)や『ブッシュ』、さらには、マイケル・ムーア監督の『華氏911』(Fahrenheit 9/11)などは、大統領について大胆かつ粗暴な断定を加えている。『ニクソン』ではケネディに対する劣等感、『ブッシュ』では父に対するそれが、主人公の主たる行動原理になっている。『華氏911』に至っては、ブッシュ批判を急ぐあまり、同政権の軍事行動に協力した諸国にまで露骨な侮辱が加えられている(驚くべきことに、カンヌ国際映画祭はこの作品にパルムドール賞を与えた)。

一九七〇年代以降、大統領の権力は議会やメディアにより掣肘《せいちゅう》されるようになり、その権威も低下した。ポスト近代大統領制への移行である。上述のような断定も、ポスト近代大統領制のもとで一層顕著になっている。他方、第二次世界大戦後の大統領については、映像や音声を含む資料が豊富で、しかも、人々の記憶に残っていることが少なくない。それだけ、誇張・歪曲や政治的断定に対する反証可能性や心理的反発も高くなる。さらに、ハリウッド映画がグローバル化するにつれて、海外の市場動向が重要になっている。実在のアメリカ大統領を映画で正面から描くことは、政治的にも資料面にも、そして商業的でも、容易ではなくなっているのである。

3　フィクションの大統領たち

ハリウッド映画には、数多くの架空の大統領も登場する。

まず、映画が現実に先行した例を紹介しよう。黒人大統領と女性大統領である。

黒人大統領については、一九七二年のジョセフ・サージェント監督作品『ザ・マン／大統領の椅子』（The Man）の中で、ジェームズ・アール・ジョーンズがこれを演じている。一九七〇年代のアメリカでは、黒人映画が隆盛であった。その後もミミ・レダー監督の一九九八年作品『ディープ・インパクト』（Deep Impact）でモーガン・フリーマンが大統領を演じるなど、黒人大統領の登場する作品はいくつかある。前者は本格的な政治ドラマだが、後者はSFである。このように、黒人大統領は近未来のSF作品に登場することが多かった。いわば非現実性のイコンである。アメリカ社会の一層の多様化を反映して、やがてはヒスパニック系やアジア系の大統領が映画に登場することになろう。

他方、女性大統領はいまだに実現していないが、映画では早くも一九六四年に、カーティス・バーンハイト監督の"Kisses for My President"でポリー・バーゲンが女性大統領を演じている。これは大統領の夫（First Husband）を主役にしたコメディである。この時代には、女性大統領の誕生はコメディの対象だったのであろう。女性の副大統領候補なら、現実の政治でも二人いた。ロッド・ルーリー監督『ザ・コンテンダー』（The Contender、二〇〇〇年）でも、女性上院議員の副大統領指名がテーマになっている。また、ウォルフガング・ペーターゼン監督『エアフォース・ワン』（Air Force One、一九九七年）には、女性副大統領が登場する。

架空の大統領が重要な役割を演じる映画の中で、最大のジャンルをなすのはＳＦものである。祖国や地球の存亡が問われる時、大統領は最重要人物だからである。スタンリー・キューブリック監督による一九六四年の古典的作品『博士の異常な愛情』(Dr. Strange Love)やローランド・エメリッヒ監督の一九九六年作品『インディペンデンス・デイ』(Independence Day)などは、その代表例である。ＳＦに次いで、大統領の女性問題やスキャンダル、そして大統領の陰謀も、しばしば映画に描かれている。映画の中の大統領に、観客は偉大と卑俗の双方を求めるのである。

4　レーガンの登場

映画が実在の大統領を題材にしてきたのに対して、すでにいくつかの例を示したように、実在の大統領たちも映画に影響され、また、そのイメージを活用しようとしてきた。戦前からの大プロデューサー、ウオルター・ウェンジャーは軍人としてパリ講和会議に随行した経験があり、一九三三年には『ホワイトハウスの天使ガブリエル』(Gabriel over the White House)という映画を制作している。腐敗した大統領が瀕死の事故ののち、生まれ変わって政治改革に取り組む物語で、一九三二年に当選したフランクリン・ローズヴェルトに大統領の理想像を提示しようとしたものである。また、アルフレッド・ヒッチコック監督の一九四〇年の作品『海外特派員』(Foreign Correspondent)のように、ウェンジャーの手がけた映画の多くは、第二次世界大戦へのアメリカの参戦を強く促すものであった。職業軍人出身のドワイト・アイゼンハワー大統領でさえ、俳優のロバート・モンゴメリーに演技指導を受けていた。ケネディが将来の大統領候補として脚光を浴びるようになったのも、民主党の宣伝用映画『幸福の追求』(一九五六年)のナレーションを担当したからである。これを仲介したのは、義弟の俳優ピーター・ローフォードであった[12]。最近では、オバマ大統領もムーア監督の二〇〇九年作品『キャピタリズム　マネーは踊る』(Capitalism A Love Story)に登場して、自らの経済政策について語っている。また、ルー・ワッサーマンやデヴィッド・ゲフィンら、「ハリウッドの帝王」と称された大物プロデューサーたちは、歴代大統領のイメージ戦略に関与し、彼らの「ポリティカル・セックスアピール」の向上に腐心してきた[13]。

映画の中の大統領が示すような尊厳や勇気、知恵、情愛をすべて、生身の人間が体現することは不可能である。しかも、大統領はカメラの前で自然に振る舞うという、最も不自然な行為をしばしば求められる[14]。その意味で、大統領は優れた俳優でなければならない。

ホワイトハウスとハリウッドによる権力とイメージの競演——その好例がレーガンである。ハリウッド時代の彼は決して優れた俳優ではなかったが、ホワイトハウスでは優れた俳優として大統領を演じきった。彼の豊富なユーモアは政敵をも魅了した。それは天性のものであると同時に、ショービジネスの世界で培われた技でもあった。一九八一年五月三〇日に狙撃され手術台に運ばれる時ですら、この元B級俳優の大統領は医師に「あなたが共和党員だったらいいんですがね」と冗談を発する度量を示し[15]、このエピソードは政治的に神話化された。

実は、レーガン狙撃犯の青年も、映画に影響されていた。マーティン・スコセッシ監督の一九七六年作品『タクシー・ドライバー』(Taxi Driver)に、主人公が大統領候補を暗殺しようとするシーンがある。この映画に出演していた女優ジョディー・フォスターの関心を誘おうと、青年は大統領の暗殺を決意したのである。しかも、スコセッシ作品のエピソードは、人種差別主義者のアラバマ州知事ジョージ・ウォーレスが一九七二年の大統領選挙中に狙撃され、下半身不随になった事件に着想をえたものであった。現実から映像へ、そして映像から現実へと、政治と映画の関係が循環したのである。

さらに、レーガンが提唱した戦略防衛構想(Strategic Defense Initiative：SDI)も、映画に着想を得たものとされる。レーガンがシークレットサービスを演じた『空中での殺人』(Murder in the Air、一九四一年)は飛行機の運行を阻止する秘密兵器をめぐる物語であったし、アルフレッド・ヒッチコック監督の『引き裂かれたカーテン』(Torn Curtain、一九六六年)では、主人公の物理学者が「核兵器を時代おくれなものにする」希望を語っている。これはまさにSDIについてのレーガンの発言と同じである。また、核戦争後のアメリカを描いた一九八三年のテレビ映画『ザ・デイ・アフター』(The Day After)に、レーガンが強い衝撃を受けたことも、よく知られる[16]。

誰よりもレーガンを模倣し継承しようとしたのが、ジョージ・ブッシュ大統領である[17]。だが、彼が主導したアフガニスタン、イラクの二つの戦争は、ヴェトナム戦争以来の反戦・反米・反政府運動を惹き起こし、ハリウッドに多くの題材を提供した。そして、二〇〇三年五月一日に、ブッシュ大統領が戦闘機で空母に着陸し、イラクでの主要な戦闘作戦の終了を高らかと宣言した時、明らかに彼はトニー・スコット監督による一九八六年の大ヒット作『トップガン』(Top Gun)でトム・クルーズが演じた主役を模倣していたのである。しかも、この宣言がなされた空母の名は「エイブラハム・リンカーン」であった。しかし、ブッシュはレーガンのような政治的名優にはなれず、権力とイメージの競演に失敗したのである。(何しろ、「最低」の映画に贈られるラジー賞で、二〇〇四年に『華氏911』によってブッシュは最低主演男優賞の〝栄誉〟に浴している)。

5　日本の場合——平和の象徴としての権力の不在

アメリカとは異なり、戦前の日本映画が政治指導者を描くことは、ほとんどなかった。まず当然のことながら、「神聖不可侵」の天皇を映画化することは、不敬罪に該当した。皇室についても同様であった。衣笠貞之助監督による一九二五年の『日輪』は、邪馬台国の卑弥呼を描いたことで、不敬であると物議をかもしたのである。昭和天皇については、行幸や観兵式、観艦式などの馬上や車上の姿が数本の記録映画に残っているだけだという[18]。戦後では、一九四六年に亀井文夫監督が記録映画『日本の悲劇』で、昭和天皇の姿が軍服から背広に変わるところを映し出して、戦争責任を示唆した。そのため、吉田茂首相の要請を受けた占領軍司令部から、この映画は上映中止にされてしまった(不敬罪の廃止は翌四七年)。

総理大臣(以下、首相)は記録映画やニュース映画にはしばしば登場したが、実在か架空かを問わず映画の登場人物になることはなかった。木下恵介監督が陸軍の肝煎りで一九四四年に製作した『陸軍』では、日清戦争後の三国干渉を回想するシーンで、陸軍大臣の山県有朋が登場するが、これなどは稀有な例であろう。しかも、科白はない。権力が映画を利用することはあっても、映画が政治権力者を自由な素材にすることはできなかったのである。

では、戦後はどうか。筆者の知る限り最も古いものとして、仲木繁夫監督による一九五二年の作品『彼女の特ダネ』(大映)で、小杉勇演じる架空の首相が主要登場人物の一人になっている。写真嫌いの首相を撮影しようとする女性カメラマン(京マチ子)が首相の子息(菅原謙二)と恋仲になるというラブ・コメディで、原作は今日出海が『オール讀物』に掲載した小説である。すでにサンフランシスコ講和条約が発効して占領が終わり、従って検閲もなくなった時期だが、そもそもこの作品には政治性はまったくない。

その後、実在の首相が登場人物になった映画としては、岡本喜八監督の一九六七年作品『日本のいちばん長い日』(東宝)が代表的であろう。ここでは笠智衆《りゅうちしゅう》がポツダム宣言受諾時の鈴木貫太郎首相を印象深く演じている。ただし、笠演じる鈴木首相は重要ではあるが、主要登場人物の一人にすぎない(それは御前会議での首相の立場を反映している)。より最近では、篠田正浩による最後の監督作品『スパイ・ゾルゲ』(二〇〇三年)に、近衛文麿首相(榎木孝明)や西園寺公望元首相(大滝秀治)が登場する。このように、第二次世界大戦を中心とした戦争ものや昭和史もので、実在の首相が描かれる場合は少なくないが、通常は脇役か、せいぜい準主役にとどまる。

また、『日本のいちばん長い日』では、昭和天皇が顔の映らない形で登場する。天皇に関してはむしろ、すでに渡辺邦男監督による一九五七年の作品『明治天皇と日露大戦争』(新東宝)が、嵐寛寿郎演じる明治天皇を主役に据えて、大ヒットしている。天皇が映画で描かれるのは、日本史上初のことであった。元老たちに交じって、岬洋二演じる桂太郎首相も登場する。その後、『天皇・皇后と日清戦争』(新東宝、一九五八年)、『明治大帝と乃木将軍』(同、一九五九年)とシリーズ化された。昭和天皇を主役にした作品は、ロシアのアレクサンドル・ソークロフ監督による二〇〇四年の作品『太陽』を待たねばならなかった。ここではイッセー尾形が敗戦前後の昭和天皇を演じている[19]。もとより日本映画にも、原一男監督のセミ・ドキュメンタリー『ゆきゆきて、神軍』(一九八七年)のように、「天皇パチンコ玉射撃事件」の犯人・奥崎謙三を追うことで、不在の中に昭和天皇に迫った作品があったことは、忘れてはならない。

実在の首相を主役として扱ったおそらく唯一の日本映画が、森谷司郎監督『小説吉田学校』（東宝、一九八三年）である。吉田を演じたのは森繁久弥である。吉田の他にも、芦田伸介演じる鳩山一郎や石橋湛山、岸信介、池田勇人、佐藤栄作、田中角栄と、のちに首相になる政治家たちが登場する。伊藤俊也監督の『プライド――運命の瞬間』（東映、一九九八年）も東京裁判における東条英機元首相（津川雅彦）を主人公にしている。愛国者としての東条を積極的に再評価しようとしたため、この作品は物議をかもした。だが、こちらは首相在職時代の話ではない。製作・公開された時期からして、前者は日本経済が活況を呈する中での保守回帰、後者は「失われた一〇年」の最中でのナショナリズム回帰の潮流を、それぞれ反映していたのかもしれない。

6 フィクションの首相たち

日本映画にも、架空の首相は数多く登場する。やはり最大のジャンルは近未来のＳＦである。危機に際してリーダーシップが求められる点では、日米とも共通する。ただし、映画の中の日本の首相たちは総じて受動的であり、強いリーダーシップを発揮しない。

顕著な例外は新旧の『日本沈没』であろう（いずれも配給は東宝）。森谷司郎監督による一九七三年の旧作では丹波哲郎が、二〇〇六年の樋口真嗣監督による新作では石坂浩二が、それぞれ山本首相を演じている。日本沈没はまさに究極の国家的危機であり、山本首相はいずれも準主役級で、冷静かつ無私の姿勢で難局に当たっている。ただし、後者では山本首相は物語の途中で事故死する。最終的に首相の権限を代行するのは、大地真央演じる女性の危機管理担当大臣である。因みに、丹波演じる首相は田中角栄の風貌を、そして、石坂演じる首相は小泉純一郎首相のそれを意識している（石坂と小泉は慶応義塾大学で同級生に当たる）。

ＳＦに次ぐジャンルは政界スキャンダルであろう。この点もアメリカと同様である。ただし、アメリカの場合とは異なり、首相の女性問題や首相による本格的な陰謀が描かれることは乏しい。後者の例外としては山本薩夫監督の『皇帝のいない八月』（松竹、一九七八年）がある。ここでは自衛隊によるクーデターの背後に、岸信介を連想させる元首相（佐分利信）と佐藤栄作を思わせる現職の首相（滝沢修）との葛藤が描かれている。有事法制が物議をかもしていた時期である。

つまり、映画の中の日本の首相は偉大（リーダーシップ）と卑俗（陰謀）の双方でスケールが小さく、およそセクシーではない（女性問題の欠如）。また、そのほとんどが初老の男性であり、作中では脇役か、せいぜい準主役である。表象的に言えば、「官邸」と呼ばれる首相官邸と同様に、彼らはキャラクターであるより記号である。制度的に言えば、日本の首相の拠って立つ政治制度は戦前も戦後も分権的であり、権威においては天皇に比べるべくもない。映画の中の首相も、こうした現実を反映しているのである。さらに、実在の首相が描かれることの少ない分、実在の首相を表面的に模倣した例が多い。田中や小泉のような個性の強い首相が、とりわけ模倣の対象とされてきた。

しかも、実在の首相が描かれる場合はもっぱら過去の戦争や動乱についてであり、架空の首相が対処しなければならないのは、主として近未来の天変地異である。これは戦後日本の平和を象徴していよう(ただし、それは今では年間三万人の自殺者を伴う「平和」である)。国家は平和と繁栄と名誉を追求する。大胆に要約すれば、戦前の日本は平和と繁栄を犠牲にして名誉を追求し、戦後の日本はその逆であった。映画の中の首相像は、そのことを示しているのである。

7　変化の兆し

ただし、最近は変化の兆しもある。北朝鮮ものとでもいうべきジャンルの映画がヒットし、そこに懊悩《おうのう》する首相が登場するのである。石侍露堂《せじろどう》監督の二〇〇二年作品『宣戦布告』や阪本順治監督の二〇〇五年作品『亡国のイージス』、成島出監督の二〇〇七年作品『ミッドナイト・イーグル』は、その代表例であろう。戦後の日本映画はようやく、現実的な脅威という素材をえたのである。これに日米同盟への不信感や日本の危機管理システムの機能不全が重ねあわされ、作中の首相は危機への有効な対処手段をもたない。そのため、このジャンルの映画では、偶然事件に巻き込まれた個人による超人的な活躍で、危機はご都合主義的に回避される(それはウルトラマンと類似した構造であり、ウルトラマンは米軍を暗喩しているとされる）。他方、こうした映画では、日本人の誇りが強調されがちである。戦後日本が名誉を犠牲にしてまで追求してきた平和と繁栄に翳りが見えるからであろう。一九九〇年代の半ば頃から、防衛庁（現防衛省）や自衛隊が広報の一環として、映画撮影に積極的に協力しはじめたことも[20]、この種のジャンルの拡大につながっていよう。

それでもまだ、日本映画は首相に強いリーダーシップを求めていないのかもしれない。中村義洋監督の『ゴールデンスランバー』（東宝、二〇一〇年）は首相暗殺を背景にしているが、首相が登場するのは暗殺シーンだけである。実在したケネディとは異なり、架空の首相は不在によって存在感を増すことはない（想像力が働かない）。

また、戦前の国策映画の経験しかない日本では、政治が映画から学び、映画のイメージを活用しようとする取り組みも、アメリカに比べて著しく立ち遅れている。先述のように、防衛庁が広報として映画に協力しだしたのも比較的最近のことであり、しかも、防衛庁が積極的になったというよりも、制作会社側が自衛隊の活用に商業的利益を見出したためである。

確かに、小泉首相の政治手法は、しばしば「劇場型政治」と呼ばれた。しかし、小泉流の「ワンフレーズ・ポリティックス」は、映画よりも彼の愛好する歌舞伎の見得に近かったのではないか。そこにはイメージを越えた説明や説得は乏しい。小泉のようにイメージの形成や誘導に天分の才能を発揮する者はあっても、優れた俳優たらんとして鍛錬を重ねる者は少ない。政界引退後、小泉は阪本浩一監督『大怪獣バトル　ウルトラ銀河伝説』(円谷プロダクション、二〇〇九年)にウルトラマン・キング役で声の出演をしている。このエピソードは、日本政治で最もメディアを巧みに操った政治家ですら、映画を娯楽としてしか認識していないことを、端無くも物語っていよう。

8　結びにかえて

さて、映画の中の政治指導者像について、日米を改めて比較した上で、その意味を検討してみよう。

まず、アメリカの場合、二〇世紀初頭から今日に至るまで、ほとんどの大統領が映画に描かれており、近代大統領制やポスト近代大統領制という変遷が、映画の中の大統領像に大きく影響している。日本では、戦前の映画で天皇はもとより首相が描かれることもなく、戦後も実在か架空かを問わず、首相が映画の主要登場人物として描かれることは少なかった。これは日本の分権的な政治システムや戦後における深刻な危機の不在によるものであった。日本社会では、最高指導者よりもむしろ、中間管理職や下級将校にリーダーシップが求められることが多い。また、日本映画はむしろ、時代劇や任侠《にんきょう》ものでリーダーシップの美学を描いてきたのである。

次に、アメリカでは、政治も映画に影響され、映画を利用しようとしてきた。レーガン大統領やカリフォルニア州のアーノルド・シュワルツネッガー前知事は、その代表例である。しかも長期にわたる大統領選挙では、有力な候補者たちがハリウッドにイメージ戦略を学び、また、頼ってきた。これに対して、日本では政治が映画に影響されたり、これを活用したりする傾向は、はるかに弱い。中曽根康弘首相が劇作家の浅利慶太を、鳩山由紀夫首相が同じく平田オリザをイメージ戦略に登用したのは、例外的である。これまで首相は自由民主党内の派閥力学で決まってきたし、首相には派手なパフォーマンスよりも腹芸や根回しによる利害調整が求められてきたからである。

映画産業の観点から言えば、ハリウッドが優秀な才能と莫大な資本を結集させているのに対して、日本では実写映画よりもアニメーション、さらに漫画に優秀な人材が流れている。資本力もはるかに弱い。また近年、日本ではテレビのヒット商品が映画化される傾向が強い（失敗のリスクが低い）。しかし、テレビ番組は放送法第三条の二による「政治的に公平であること」の拘束のもとで制作されている。これを映画に拡大してリメイクすると、内容が空疎になることが少なくない。さらに、日本の映画作家たちには反権力志向が強いため（反米は戦前も戦後も共通している）、政治指導者を批判・断罪することには長じていても、これを多面的かつ重厚に描くことには、十分な力量を発揮していない憾《うら》みがある。優れた政治ドラマを描いた脚本家は、例えば、菊島隆三や橋本忍などごく少数にとどまる。アメリカの映画作家にも反権力志向の者は少なくないが、反権力よりも反共和党の傾向（つまり党派性）のほうが強いかもしれない。

最後に、リーダーシップに何を求めるかという、根本的問題についてである。アメリカの政治学者ジョセフ・ナイによると、「よい」リーダーシップには二重の区分がある。まず、手段が「よい」のか、結果が「よい」のかという相違である。次に、「よい」とは倫理的な意味か、それとも効率的な意味かの相違である[21]。対比的に言えば、日本では結果より手段が問題にされ、効率性よりも倫理性が求められる（多くの場合、日本の政治指導者の行使できる手段は限定されているから、効率を重視しえない）。他方、アメリカでは手段より結果が、そして倫理性よりも効率性が重視されがちなのではなかろうか（日本がより倫理的で、アメリカがより効率的だというわけでは、もちろんない）。少なくとも、映画の中の日本の首相とアメリカの大統領には、こうした相違があるように思われる。

今後ますます、日本の首相も「ポリティカル・セックスアピール」戦略を考慮せざるをえなくなろう。映画や俳優、映画産業は好個の教材のはずである。それにつれて、映画にとっても首相が都合のいい素材になるかもしれない。他方、アメリカ大統領を取り巻く政治環境では、すでに「ポリティカル・セックスアピール」戦略が過重な役割を果たしている。実態とイメージの乖離を短縮させることは、オバマ大統領だけでなくアメリカ政治全体の課題である。こう考えると、日米の政治指導者と映画の関係の著しい対称性は、将来あるいは緩和に向かうかもしれない。

［付記］本章の執筆に当たっては、筒井清忠教授をはじめ、研究会参加者各位から貴重なコメントを頂戴した。記して深謝したい。

註

1――成田憲彦『官邸』上（講談社、二〇〇二年）三七頁。

2――四方田犬彦『映画史への招待』（岩波書店）九七頁、一〇六頁。ハリウッドは「夢の工場」と呼ばれるし、映画にはしばしばナチス将校が登場する。ナチスもまた積極的に映画を政治利用した。飯田道子『ナチスと映画――ヒトラーとナチスはどう描かれてきたか』（中公新書、二〇〇八年）を参照。

3――レーガンと映画の関係については以下を参照。Michael Rogin, *Ronald Reagan, The Movie and Other Episodes in Political Demonology* (CA: University of California Press, 1988); Vaughn Stephen, *Ronald Reagan in Hollywood Movies and Politics* (Cambridge, UK: Cambridge University Press, 1994); Chris Jordan, *Movies and the Reagan Presidency: Success and Ethics* (NY: Praeger, 2003); Marc Eliot, *Reagan: The Hollywood Years* (NY: Three Rivers Press, 2008). また、広くアメリカ映画と大統領、政治を扱ったものとしては以下を参照。Peter C. Rollins and John E.O'Conno, ed., *Hollywood's White House: The American Presidency inFilm and History* (Kentucky: The University Press of Kentucky, 2003); Michael Coyne, *Hollywood Goes to Washington: American Politics on Screen* (London Reaktion Books, 2008).

4――Rollins and O'Connor, *op.cit.*, pp.7-8.

5――スティーヴン・ジェイ・シュナイダー総編集『死ぬまでに観たい映画１００１本』（ネコ・パブリッシング、二〇〇四年）三〇頁。

6――四方田、前掲、二二一頁。

7——Jules Tygiel, *Ronald Reagan: and the Triumph of American Conservatism* (NY: Pearson Longman, 2006), p.15

8——Harry M. Benshoff and Sean Griffin, *America on Film: Representing Race, Class, Gender, and Sexuality at the Movies* (MA: Blackwell Publishing, 2004), p.77.

9——"List of actors who played President of the United States" <http://en.wikipedia.org/wiki/List_of_acors_who_played_President_of_the_United_States>

10——ゲリー・ウィルズ著、北沢栄訳『リンカーンの三分間——ゲティズバーグ演説の謎』(共同通信社、一九九五年)二九頁。

11——Rollins and O'Connor, *op.cit.*, p.xiv.

12——井土田宏『ケネディー「神話」と実像』(中公新書、二〇〇七年)八七頁。

13——井上篤夫『ポリティカル・セックスアピール——米大統領とハリウッド』(新潮新書、二〇〇八年)を参照。

14——Ibid.

15——ロナルド・レーガン著、尾崎浩訳『わがアメリカンドリーム　レーガン回想録』(読売新聞社、一九九三年)三二八頁。

16——Douglas Brinkley, ed., *The Reagan Diaries* (NY: HarperCollins, 2007), p.186

17——村田晃嗣『現代アメリカ外交の変容——レーガン、ブッシュからオバマへ』(有斐閣、二〇〇九年)の序章を参照。

18——岩本憲児「不在と崇拝のはざまで——戦前日本映画の天皇像」岩本憲児編『映画のなかの天皇』(森話社、二〇〇七年)を参照。

19——岩本憲児「『明治天皇と日露大戦争』——大蔵貢の「天皇映画」に見る懐旧と復古」、大島幹雄「道化師としての天皇」岩本編、前掲。

20――『MAMOR』二〇〇八年一〇月号、五八頁。
21――ジョセフ・S・ナイ著、北沢格訳『リーダー・パワー――21世紀型組織の主導者のために』(日本経済新聞社、二〇〇八年)一六五頁。

第7章

科学技術をめぐる「参加」の政治学

小林傳司
KOBAYASHI Tadashi

1 「決め事」と科学

人間が社会生活を営む限り、決めなくてはならないことが出てくる。約束であれ、ルールであれ、慣習であれ、法律であれ、すべては「決め事」である。これなしに生活はできない。もちろん、既に「決まっていること」であって、あらためて「決める」必要のない場合もあるし、また、そもそも「決まっていること」を覆すことができない場合もたくさんある。極端な話、科学が明らかにした自然法則に関しては、あらためて「決める」ということは無意味であり、法則を前提にするしかない。石油の燃焼には酸素の消費と二酸化炭素の放出を伴う。これを「決め事」によって覆すことはできない。

こういったことは、古来、自然と人為、ピュシスとノモスの区別として知られていたことである。「決め事」が関るのは人為の事柄であった。つまり、経験的に知られたことであれ、自然科学が明らかにしたことであれ、自然に関する知識があり、これを人為で覆すことができないことを前提にして、人為の世界での「決め事」の問題が生まれるのである。そこには当然、自然との関り方についての「決め事」も含まれる。もちろん、「決め事」が人為にかかわるからといって、その決め方に無限の自由度があるわけではない。自然の制約以外に、人為の中にも、自然と類比的な「法則性」のようなものを認める立場は広く社会科学に共通するところである。そもそもヒュームが『人性論』を著した際には、ニュートン力学の成功という刺激のもとで、人間や社会に関る事象を外的事物と同様に因果的に考察しようとする動機があった。ちなみに『人性論』の副題は、「道徳的主題に推論の実験的方法を導入する試み」である。人間や社会に関する法則的知識の探求がどの程度成功してきたかを確定することは難しいが、人生経験にたけた長老の経験知から社会心理学の実験によって得られた人間行動の傾向性に関する知まで含めて、社会や人間に関する何らかの「知識」が存在し、それが人為の世界の「決め事」に制約を与えていることは確かであろう。

こう考えると、「決め事」とは知識の関数であることがわかる。知識が精密になればなるほど、「覆せぬ」領域が広がり、「決める」という領域は限定され、明晰になるはずである、という想定が生まれるのは自然であろう。二〇世紀の政治学、特にアメリカの政治学はこのような発想を具現する動きを示したといえる。政治という領域は「決め事」を行うことを主要な任務とする。知識の増大による「決め事」の合理化、科学化という発想は、産業社会の発展と「大衆」の出現に伴う伝統的な政治手法の限界を克服するものとみなされたのであった。政治学者佐々木毅はこの動向を、「第一次世界大戦は宗教や慣習、権威によって政治を運営できる時代の終わりを告げ、大衆の政治参加の増大と社会関係の流動化、いわゆる「大社会」状況への対応を不可欠なものにした。人々の行動を予見し、コントロールすることによる「政治生活の体系的、知的秩序付け」が民主政治の将来にとって必要不可欠な、新たな課題であるとされたのである。そのためには、何よりも隣接科学の目覚しい成果を取り入れるべきことが力説された」[1]（傍点は引用者。以下同）と述べる。

知識の増大による政治、「決め事」の合理化、科学化という発想は、まことにもっともという感想を抱かせる。われわれが幼少の頃より教育を通じて受け取るメッセージは、まさに正確な知識を身につけ、合理的な判断ができるように、というものだからである。きちんとした判断（これも「決め事」の一種である）にはきちんとした「知識」が必要だ。政治を含む社会の「決め事」がもし、このように行われるとすれば、何も問題はないはずである。ところが、現代は社会や政治の「決め事」に対する不信、反感が渦巻いている。市民参加、合意形成、リスクコミュニケーションの必要性といった言葉が各所で聞かれる。これはことごとく、われわれの社会にそういったことが実現していないこと、そしてそれが必要だという意識が存在していることの証左である。

自然科学、社会科学がこれだけ発展し、膨大な知識が集積されているのに、なぜあらためて、市民に参加させろとか、合意を取れとか、コミュニケーションが必要だという声が生まれるのだろうか。社会や政治の「決め事」に参加させろというのである。もっぱら民主主義を標榜している先進国で、この種の声が増大している。なぜなのだろうか。私は、この問いを、先に引いた「隣接科学の目覚しい成果」の意味を考え直すことを手がかりに考察してみたいと思う。「決め事」が知識の関数であると先に述べたが、問題はおそらく関数となる「知識」がどのようなものかにあるのではないだろうか。

2　決められないのに決めなくてはならないこと

世の中には、決められないのに決めなくてはならないことがある。政治が取り組むのはこの種の課題である。もちろん、決めなくてもいいことを決めている場合もある。近年の、規制緩和という議論はこのタイプである。つまり、政治や行政が「余計なお世話」を焼いているというわけである。しかし、極端なリバータリアニズムの主張者でさえ、規制や決め事がいっさいなくなることを要求はしないであろう。また政治が失敗している場合、決められないままになることもある。パレスチナ紛争はその典型であろう。しかし、一般に、何かを決めなければならない場合には、もしそれを阻んでいる「決められない」という状況があれば、それを何とかして「決められる」状況に変えねばならない。そこで、知識や科学的見解が呼び出されることになる。

知識と決め事の関係を考える上で、もっとも基本的かつ古典的な見解は、第二次世界大戦後にアメリカ大統領ローズベルトに提出されたヴァネヴァー・ブッシュのレポート、『科学――この終わりなきフロンティア』(一九四五年)であろう。彼は、研究だけに専念するリサーチとしての科学(基礎科学)と製品開発に応用される科学(応用科学)を明確に区別することを主張した。これが、R&D(Research & Development)と呼ばれるものである。そして、この考え方から引き出されたのは、知識の生産とその社会における利用の峻別という発想であった。つまり、真の知的関心と好奇心のみによって遂行される科学は、その社会的、政治的利用の場面と切り離されるべきであるという考え方である。この見解によれば、科学者(特に、アメリカの文脈では社会科学者も含む)は社会や政治と切り離され、自らが生み出した客観的で中立的な知識を、決め事の世界、つまり政治に差し出すというわけである。権力に対して真理を申し述べる、というのが科学者の役割ということになる。図1に示したように、これはある意味で「事実」と「価値」の二元論に立脚した発想であった。

しかし、現実の世界で、このような発想を実現することは困難であった。ワインバーグはこの困難を「トランス・サイエンス」という言葉で表現してみせた。ブッシュ的発想の場合には、図1の

図1

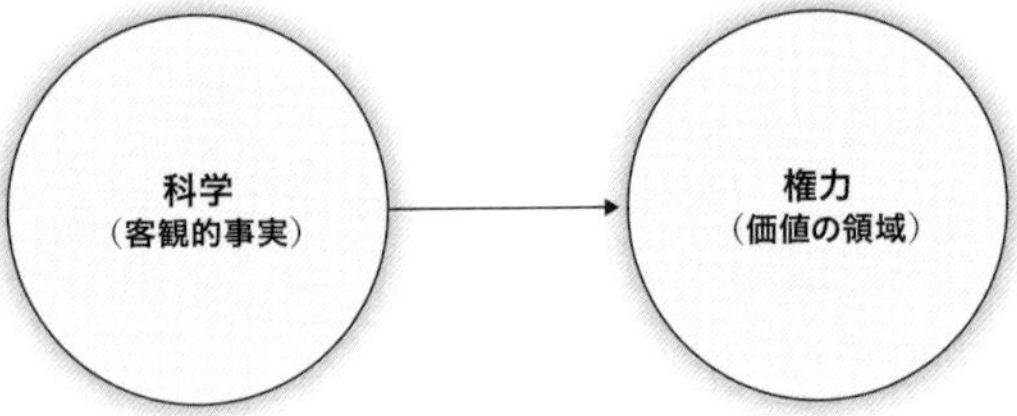

ように純粋な科学の領域と純粋な政治の領域が区別できることが前提となっている。ワインバーグが指摘したのは、この区別が現実には維持しがたく、図2のように両者の交わる領域が大きくなってきていることであった。彼は科学と政治の交わる領域を「トランス・サイエンス」と呼び、それを「科学によって問うことはできるが、科学によって答えることのできない問題群からなる領域」と定式化している[2]。

彼の挙げる例を一つ紹介しよう。「運転中の原子力発電所の安全装置がすべて、同時に故障した場合、深刻な事故が生じる」ということに関しては、専門家の間に意見の不一致はない。これは科学的に解答可能な問題なのである。科学が問い、科学が答えることができる。他方、「すべての安全装置が同時に故障することがあるかどうか」という問いは「トランス・サイエンス」の問いなのである。もちろん、専門家はこのような事態が生じる確率が非常に低いという点では合意するであろう。しかし、このような故障がありうるかどうか、またそれに事前に対応しておく必要が

図2

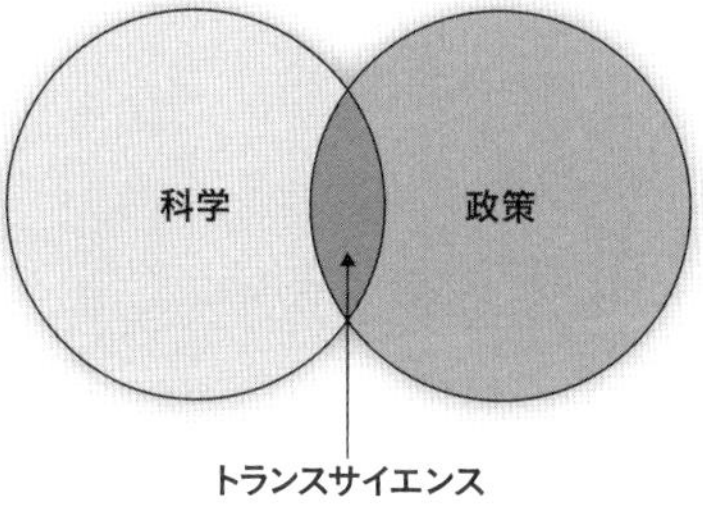

あるかどうか、といった点になると、専門家の間で意見は一致しない。科学的な意味での確率、つまりある事柄の発生の蓋然性に関する数値的見積もりについては専門家の間で一致するが、その確率を安全と見るか危険と見るかというリスク評価の場面では、判断が入るため、科学的問いの領域を越え始める(トランス)のである。さらに言えば、原子力発電に依存した生き方自体を問うといった問題設定になれば、いよいよ科学が答えることはできなくなるが、さりとて、この問いは純粋に価値の問題であって科学とは無関係ともいえないのである。

このタイプの問題は他にもいくつも挙げることができる。例えば、遺伝子組換え食品の人体への影響といった問いは、もし科学が答えようとすれば、こうなるであろう。遺伝子組換え食品を摂取する群としない群を設け、その影響を数十年にわたって調査し、疫学的検討を加えるといった具合である。これが現実にほとんど不可能であることは言うまでもない[3]。仮に、マウスで行うにしても、マウスの結果から人間への外挿や、寿命の換算などの仮定を積み重ねなければならない。地球環境問題も同型であることはすぐわかるであろう。二酸化炭素排出量と大気温度上昇に関する将来の予測については、さまざまな仮定を伴ったモデルが存在し、そのモデルごとに結果も異なる。つまり、判断や価値が伴う問題、現実に科学的研究を行うことが不可能な問題というものが大量に存在しているのである。しかも厄介なことに、その多くが、科学的に答えられないにもかかわらず「決めなければならない」のである。「決め事」は知識の関数であると述べたが、少なくとも、その「知識」は「科学知識」だけではないと考えねばならないのである。

加藤尚武は真理供給者としての科学という科学観の動揺を嘆いて、次のように述べている。

……自然科学は、人文科学と違って学問の優等生であるべきなのであって、その特徴は「真理追究の理想と現実の一致が近似的にせよ現実に達成されている」点にあるという自然科学観が崩壊するのであれば、「自然科学に話を持ち込めば議論の決着がつく」という自然科学の使い道が成り立たなくなる[4]。

しかし、残念ながらその通りなのである。自然科学がいっさい、決着をつけるのに役立たないというのではない。ただトランス・サイエンスの領域が存在し、しかもそれが拡大しているのである。

加藤も認めるように、「温暖化の原因とか、クローン人間の安全性はどのように定義されるかとか、原子力発電所の経済性はなりたつかとか、政治的な意思決定を要するような話題と科学の話題が絡まってきているという現実」が存在している。

それにしても、どうして「トランス・サイエンス」の領域は増えているのであろうか。次節でその点を論じた上で、トランス・サイエンスの領域における知の専門家の役割と素人の「参加」要求の関係に進みたい。

3　一九六〇－七〇年代の問題——気づかれることなく始まっていた

ワインバーグが「トランス・サイエンス」の存在という問題提起をしたのは、一九七二年のことであった。少なくとも、アメリカではこの時期には、ブッシュ型の知の生産と政治的意思決定の分離が非現実的となるような状況が顕在化していたのである。ワインバーグが挙げた事例は、先に触れた原子力発電所以外に低レベル放射線の規制基準と公衆衛生政策の関係や、リスクアセスメントなどであった。ちなみに、ラルフ・ネーダーがＮＰＯのPublic Citizenを立ち上げて消費者運動を始めたのが一九七一年である。そして、一九六〇年代終わり頃から世界の大学で学生紛争がおき、公害問題が深刻化していた。他方、アメリカはベトナム戦争に苦しみつつ、一九六九年七月にはアポロ11号で人間を月に送りこみ、無事帰還させてみせた。日本では、一九七〇年に「人類の進歩と調和」をテーマとした日本万国博覧会（大阪万博）が開かれている。大阪万博では、稼動間もない若狭湾の原子力発電所から給電され、それが売り物でもあった。一九七三年にはオイルショックが起こっている。

科学技術が社会にとって有用な営みだという認識が生まれるのは、第一次世界大戦、第二次世界大戦を通じての軍事的、産業的威力が広く認識されて以降のことであった。国家や企業が科学技術に投資を始めるのもその頃である。第二次世界大戦後は、科学技術が人々の生活に恩恵をもたらすものとして、肯定的に受け入れられてきた。先進国では豊かさを実現するために、一貫して、科学技術研究への投資額は増加し、研究者数も上昇の一途を辿ったのであった。アポロ計画や大阪万博は、明るい未来を約束する科学技術の象徴であった。しかし、同時に公害問題の深刻化が誰の目にも明らかになり始めたのである。科学技術の成果の社会への還流は、人々に豊かさをもたらしたが、同時に、有害物質の蓄積や大気汚染などさまざまな形で人々の暮らしに災難をもたらした。テクノロジー・アセスメントという思想が登場するのもこの頃である。アメリカでOTA（Office of Technology Assessment）が設立されるのが一九七二年である。科学技術は社会に恩恵をもたらすだけではなく、リスクをもたらすという認識のもとで、事前に、科学技術の社会への導入の是非を評価しようという発想であった。

科学知識の生産が実験室で閉じており、その流通が同業の専門家の間のみである限りにおいては、「トランス・サイエンス」の領域にはならないであろう。しかし、社会が利用することを期待して投資を始めることによって、科学と技術は限りなく接近し、科学技術の知識として社会に流出し、さまざまな恩恵とリスクを生み出し始めると、「トランス・サイエンス」の領域が拡大するのである。一九六〇年から七〇年代はまさに、「トランス・サイエンス」の領域が拡大した時代だったのである。

しかし、拡大した「トランス・サイエンス」に対して、素人市民が参加要求を突きつけ始めるようになってきていることについては、もう少し説明が要るだろう。西洋先進国では一九六〇年代には、そして日本でも一九七〇年代初頭には、社会の豊かさというものがある程度実現していた。政府の役割は、かつては豊かさの分配が中心であったが、この時期になると新たな課題としてのリスクの分配へと変わり始めていたのである。飢えや貧困の恐怖がある程度緩和され、それに代わって、公害や薬害、食品の添加物などのリスクと安全性の問題がクローズアップしてくる。しかもこういった問題は、かつてと異なり、発展を遂げた科学技術と関係しているため、政府の対応は各種専門家に依存せざるをえない。

図3を見てほしい。日本の一八歳人口の大学・短大進学率が、一九六〇年代から七〇年代にかけて急上昇していることがわかる。豊かさを実現しつつある社会が高等教育の需要を生み出していっ

図3　大学・短期大学への進学率の推移

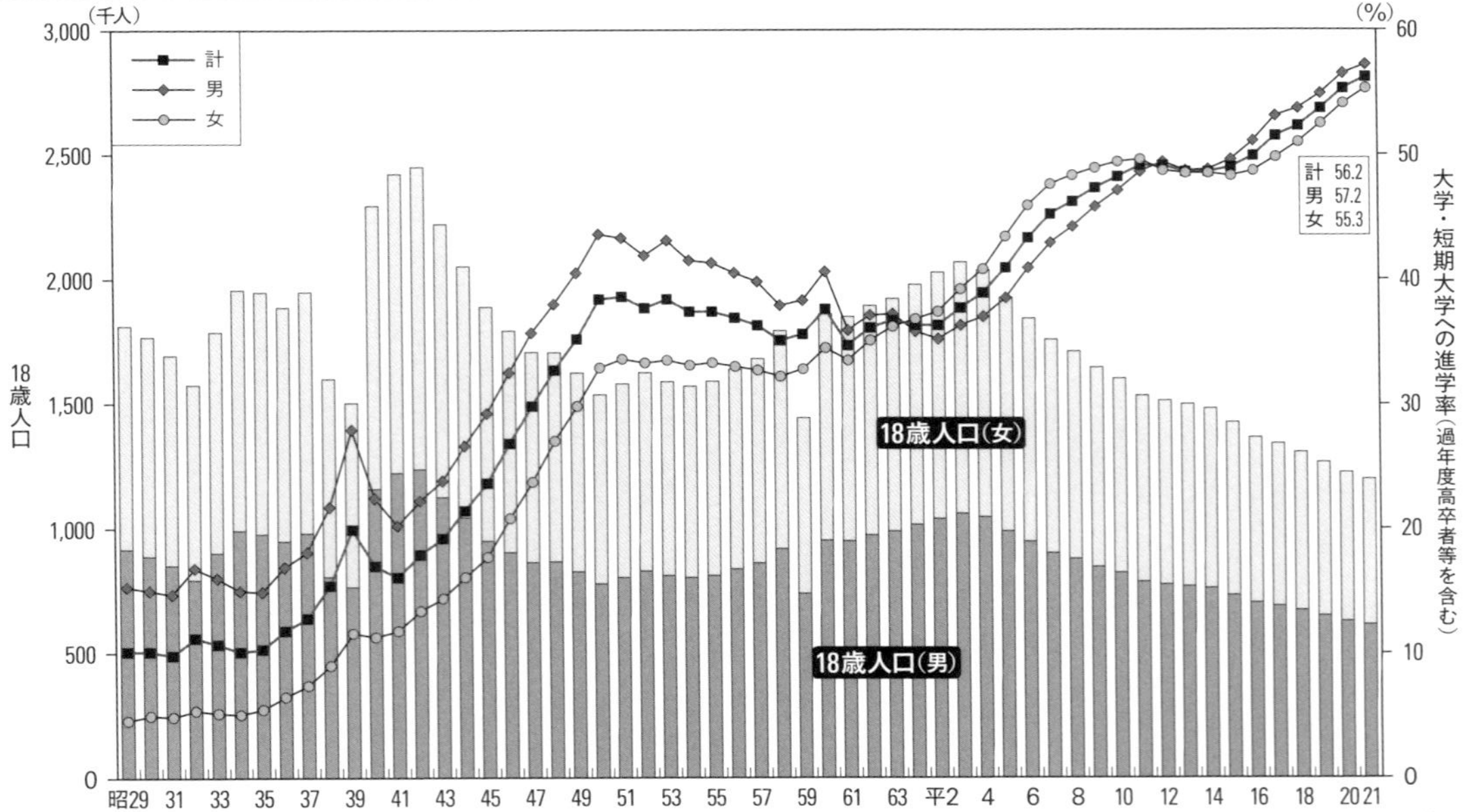

✤18歳人口＝3年前の中学校卒業者及び中等教育学校前期課程修了者数　✤進学率＝大学・短期大学入学者数(過年度高卒者含む)／18歳人口

たのである。その内実は別にして、高学歴者が増加したのである。豊かさと高等教育の実現により、人々は多様な価値観を身につけはじめる。次に図4を見てほしい。これは自然と人間の関係を問うた調査の経年変化であるが、一九六八年と七三年の間の変化に注目してほしい。この間に、「自然を征服する」と「自然に従え」が完全に逆転している。しかも、これ以後、「自然を征服する」という回答は低下の一途をたどるが、「自然に従え」という回答は上昇を続け、一九九〇年ころには「自然を利用する」をさえ上回るのである。

おそらく、一九六〇年代から七〇年代初頭にかけて、人々の意識に大きな変容があったのではなかろうか。先に触れたように、大阪万国博覧会で原子力発電所からの給電は、「人類の進歩と調和」の象徴として機能したが、二〇〇五年に開催された愛知万博(愛・地球博)のテーマは「自然の叡智」であり、原子力発電所が売り物になる状況では既に無かった。一九六〇年代の終わりには、険しく厳しい自然を相手に人間が果敢に挑み、難工事の果てにダムを建設するというテーマの映画「黒部の太陽」がヒットした。現在、このようなテーマの映画がヒットするとは考えられない。

人々の「自然を征服する」という意識の低下は、科学技術に潜む価値観との衝突を生み出すはずである。確かに、豊かさの実現が社会に共有された課題であった時期には、科学技術の専門家の価値意識と市民の価値意識はほぼ同じ方向を向いていたのであろう。まさに「自然を征服する」であった。しかし豊かさからリスクが課題となった時期、人々は異議を唱え始める。ベックは『危険

図4　自然と人間の関係を問う調査の経年変化

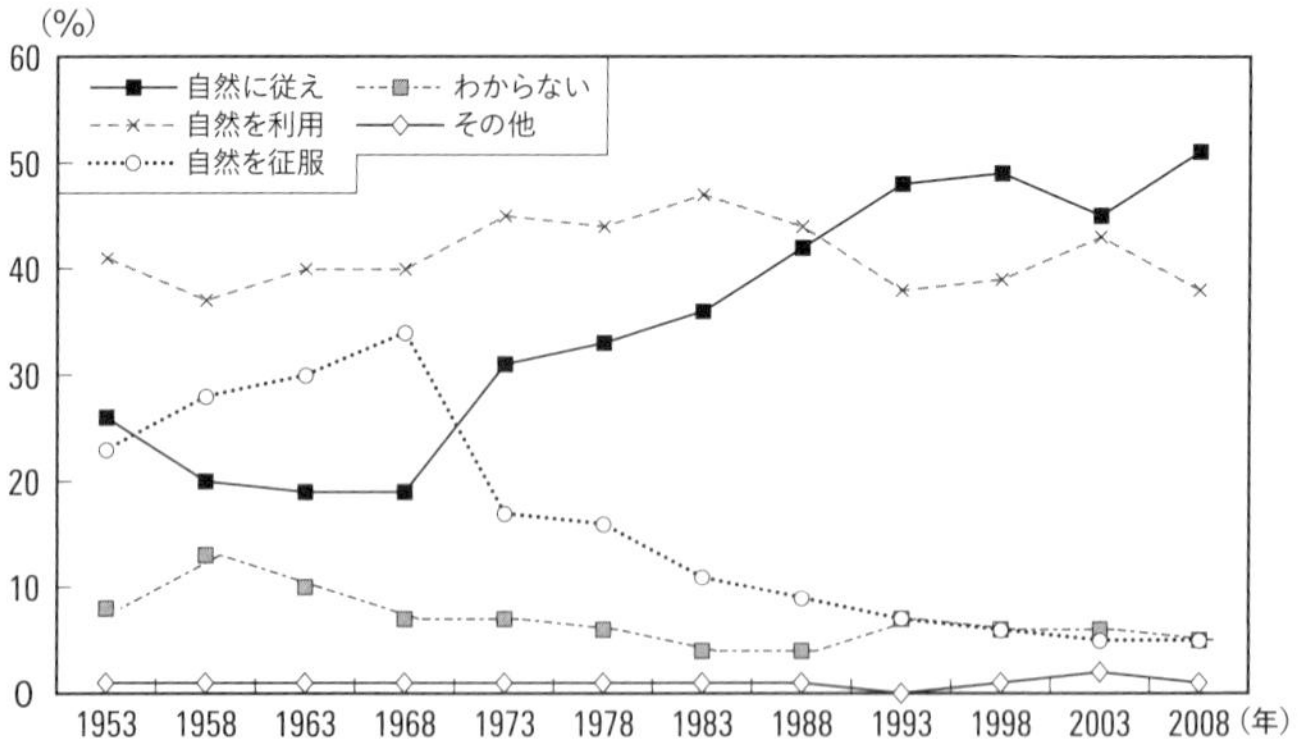

社会』において、科学技術の専門家は「自然の技術的制御」という発想を基本としており、市民が専門家や行政に異議を唱え始めたときに、困惑してしまうと述べる。

国民は無知だが善意に満ちあふれている。何とかしようと思っているが、どうしたらよいかわからないでいる。こういう人間には技術に関する詳しい知識を与えてやればよい。そうすれば、専門家と同じように、技術が操作可能なものであり、危険といっても本来は危険でないと考えるようになるだろう。大衆による反対、不安、批判、抵抗は純粋に情報の問題なのである。技術者の知識と考えを理解さえすれば、人々は落ち着くはずである。もしそうでないとしたら、人々は救いようもなく非合理な存在である[5]。

まさに「トランス・サイエンス」の領域において、専門家や行政と人々の価値観に齟齬が生じ始めたのが、一九六〇年代から七〇年代にかけてのことであった。しかし、冷戦下においては、異議を申し立てる人々も専門家・行政も「体制－反体制」の図式のもとに硬直した対峙をすることが多かったのである。

「トランス・サイエンス」的問題群の増加と、それへの対処法の専門家や行政と素人市民の齟齬がこの時期に、価値観をめぐって起こっていたことは、ほかの点から推測できる。たとえば、各種の応用倫理学が姿を見せ始めるのもこの時期である。また、先に触れた政治学の科学化、合理化という動向に対する懐疑が生じ、「隣接科学の動員」から価値判断にかかわる政治哲学の復活へと移行するのもこの時期である。たとえば、ロールズの『正義論』は一九七一年に出版されている。決め事は知識の関数である。「トランス・サイエンス」の領域の決め事は、科学技術の知識だけでは処理できない。価値判断が関与する決め事である。その点が見落とされ、専門家動員体制が強化されてきた。

4 「参加」の要求と専門知

カロンは、近年の先進国共通の現象として、「憂慮する人々」の出現と、環境、健康、食品などに関する社会‐技術的な論争の増加を挙げ、興味深い分析をしている。彼は冷戦構造のもとでの社会の特徴が、科学／市場／政治の厳格な分離にあり、科学が発見し、市場が応用し、政治が後追いするというリニアモデルが追求されてきたという。要するにブッシュモデルである。しかし市場経済の発展は、この構造を大きく変え、「憂慮する人々」の出現を招いたという[6]。

市場経済の発展により、企業は消費者のニーズにできる限り対応した商品の提供によって、ライバル企業との競争に打ち勝とうとする。同時に、消費者も、大量生産によって供給される均質な商品ではなく、自らの感性にあう商品、自分だけの経験、ユニークな商品、サービスを求めるようになる。このような多様な消費者のニーズにこたえるために、企業は科学技術の動員に精を出すことになる。こうして、実験室と企業の関係、消費者と企業の関係が変化し始める。実験室における科学技術研究と企業の関係の変化は、さらに大学の研究と市場の関係にも及び始めているとカロンは言う。

このような変化が「憂慮する人々」を生み出した。ひとつには、企業が消費者の「声」を聞こうとしたことに対応して、人々が声を上げ始めたということである。彼はこれを「声を上げる消費者」と呼ぶ。二つには、市場における企業競争を通じて、見捨てられる人々の出現である。マーケティングの成功は、必ずしも優れた商品の勝利を約束はしない。デファクト・スタンダードを獲得すれば、同等のあるいはそれ以上の品質を持っていてもライバルは駆逐されることがある。たとえば、ビデオのベータ規格などが好例である。つまり、市場における成功商品は、駆逐された商品の利用者を排除し彼らを「孤児」にすることがある。医療の場面でも同様のことがある。たとえば、遺伝子診断技術が進み、早期に中絶を選択できるようになったために、ティーザックス病患者が減少し、医学研究者や製薬企業は治療の研究に関心を失いつつあることが報告されている[7]。こういった形で、自らのニーズが正当に取り上げられていないと感じ、声を上げる人々を「みなしごにされた人々」とカロンは呼ぶ。三つ目が、市場経済がそもそもうまく取り扱うことのできない問題(外部性)によって「傷つけられた人々」である。食品の安全、健康、環境汚染、遺伝子組み換え食品、狂牛病などをめぐって声を上げている人々である。

ワインバーグの「トランス・サイエンス」についての議論が、科学知識の有効性に限界がある領域の存在の指摘であるとすれば、カロンの「憂慮する人々」についての議論は、科学技術が深く浸透した社会における決め事への参加を要求する人々の関心のありかの指摘である。「傷つけられた人々」の関心が「トランス・サイエンス」に最も近いが、何のための科学技術か、誰のための科学技術かという科学や技術には答えることのできない価値にかかわる問いも「トランス・サイエンス」の領域に属するとすれば、「声を上げる消費者」や「みなしごにされた人々」の関心もこれに含めて考えることができるであろう。科学技術が社会からの資源の調達つまり支援に依存する度合いが強くなってきた以上、科学技術の専門家はこの人々の声を無視することはできなくなっているのである。ワインバーグはすでに一九七一年の時点で、「トランス・サイエンス」の領域の検討を科学の専門家の独占によって扱うことができないことを指摘し、「賽は投げられた」と述べていたのである。

「賽は投げられた」とはどういう意味であろうか。それは、一言で言えば、「トランス・サイエンス」の領域に関しては、「科学の共和国」から「トランス・サイエンスの共和国」へと、探求の布置が変更されねばならないということなのである。「科学の共和国」とは、かつてポラニーが描き出した科学の理想像である。この共和国の住民は、学位に象徴されるような資格によって認定された知的探検家からなる。つまり、入国制限が存在するのである。探求すべき課題、方法はこの共和国の伝統によって規定され、人々はその伝統を共有することによって、知の共同生産を行っている。彼らの知的成果は、もっぱら同じ共和国の住民を読者に想定して発表され、その読者の中で批判的に討議される。いわゆる「純粋研究」の理想はこのような構造においてのみ実現される。

しかし、「トランス・サイエンス」の領域の探求はこのようなやり方ではすまないのである。解くべき問題自体が、そして解き方が、「科学の共和国」を超えているのである。社会からの支援を受けて遂行される研究成果が、不断に社会に流出し、そこで多様な問題を生み出す。何よりも重要なことは、この種の問題が「科学の共和国」内部では解けないということである。ここで求められるのは、「科学の共和国」の拡大である。「トランス・サイエンス」の領域の問題に関して、発言資格を持つのは誰かという問いが重要になる。「科学の共和国」の住人、つまり各種の専門家だけではない、というのがその答えである。では誰に発言資格を求めるか、といえば、その有力候補は「憂慮する人々」ということになろう。われわれは、いまや、「憂慮する人々」を含んだ「トランス・サイエンスの共和国」を構想せざるを得ない時代に生きているのである。

これは「科学の共和国」の住人にとってはつらいことである。住人になる資格によって一定の知的背景を共有した人々の間のコミュニケーションに慣れ親しんでいるため、それを共有しない人々とのコミュニケーションは苦痛だからである。「トランス・サイエンスの共和国」における探求のモデルを、ベックの「円卓会議」の提案を参考に考えてみよう。ベックは現代社会の根本問題は、「不確実性の再来」とでも呼ぶべき事態にあると考える。つまり産業化した社会における、科学技術の発達が引き起こす脅威の予見不可能性という認識が、社会のさまざまな対立の根になっているというのである。彼はその象徴として、「リスク問題」を挙げる。つまり社会対立を、体制の問題ではなく、リスクの問題とみなすべきであり、科学的合理性に基づく蓋然性の計算によっては、その存在を明らかにできても、解決はできないという。トランス・サイエンスの領域である。このリスク問題に起因する不確実性は、新たなタイプの社会的対立を生んでいる。高速道路建設や、ごみ焼却場建設、化学工場、原子力関連施設、バイオテクノロジー関連施設の建設に際して、必ずといってよいほどの、人々の反対運動に直面する。行政や企業、研究所の専門家は、可能な限りの専門的知識を動員し、不確実性を克服することによって、公益の実現のために最善を尽くしていると考えている。しかし、この発想は問題の解決には役立たず、彼らは途方にくれているのである。

専門家の意見を聞く、諮問委員会を作るという従来の方式が機能不全を起こしている。ベックは、「工業と政治、科学、住民の間でコンセンサスを作り出すための協力関係の枠組みと、そのための討論の場が求められている」と述べる。彼はこれを実現する「場」として、「円卓会議」を構想している[8]。そこでは、次の五つの点が重要である。第一に、専門知識の独占排除である。専門家が、人々に対して最善の判断を指し示す普遍的知の提供者として機能しうるという想定と決別することが必要なのである。第二に、参加者ベースの拡大である。専門家集団の基準によって、参加者を（たとえば、基礎的専門知識の有無などを基準に）選別するのではなく、討議テーマへのかかわりに関する社会的判断に基づいて選ばねばならない。これは各種の「憂慮する人々」へ門戸を開くことを意味する。第三に、意思決定の創出である。意思決定はあらかじめなされているのではなく、この討議において創出を目指し、社会に提起するのだということを、すべての参加者が承認することである。第四に、公開性の原則である。ふさわしい参加者の選定は、討議の開始時点では確定できず、討議の進行に応じて常時検討されねばならない。そのためには、討議は原則として公開され、可能的参加者の発見に努めねばならないのである。第五に、自己立法の原則である。この種の討議のための規範はあらかじめ存在するのではなく、参加者の討議を通じて形成され、承認されねばならない。これは、ハバーマスやアーペルのコミュニケーション倫理学が主張する、実践的討議によって当事者すべてが従うべき規範を決めようというルールに重なるものである。

ベックも断っているように、「円卓会議」は一種の理念であり、今後、さまざまな国や地域で、多様な問題群に関して実験的に試みることによって、内実を豊かにしていくほかはない。ただ、なぜ民主主義を標榜している国において、このような構想が必要とされているのか、については一言述べておくべきであろう。民主主義においては、討論が重視されることは常識である。われわれは子供のときから、学校教育などを通じて、民主的に討論しましょうなどと言われて育つ。しかし実際には、同級生や同じ学校の同質集団の間での形骸化した討論経験しか持たないのが普通である。他方、長じて、政治参加が許されるようになると、選挙権を行使することになる。しかし、代表制民主主義の場合、許されるのは、政党や個人への投票を通じての政策パッケージの選択であり、一人一人が抱える切実な問題に関する選択は不可能である。かつては、政党が社会の諸集団を代表するという構造が、一定のリアリティーを持っていた。日本で言えば、五五年体制はその類のものであった。しかし、いまや人々は、職業、労働組合、学校といった制度と固定的に結びついたアイデンティティーを失ってきている。桑子敏雄が「二枚の名刺」を持つ人々と表現したように[9]、生計を立てるための帰属とは別に、NPOなどの活動に参加することを通じてアイデンティティーを形成する人々が増えているのである。彼らは、高学歴化し多様な価値観を保持しており、さまざまなシングル・イシューに関心を持っている。トランス・サイエンス的問題は、まさにこのようなシングル・イシューの中心である。このような問題への関心を、既存の政党が代表できなくなっているのである。つまり、代表制民主主義の社会は、「憂慮する人々」の声を聞くチャンネルを持っていないのである。

5　専門家とは――「媒介の専門家」の必要性

現代社会は多数の専門家のいる社会である。トランス・サイエンスの共和国において、専門家はどのような役割を果たすべきなのであろうか。やや乱暴に分類すれば、専門家には二種類の類型があるように思う。ひとつは「純粋研究の専門家」である。もうひとつは「臨床の専門家」である。「純粋研究の専門家」は、「自らの専門的知識や技能の流通や使用が比較的閉じた同業者集団に限られ、その種の知識の利用が非専門家に及ぶ場面と相対的に切り離された専門家」のことである。これは先に触れた「科学の共和国」の住人とほぼ重なるといってよい。研究課題、目的、成果の評価が、同業者の間で共有される構造であり、知識の生産効率は上昇する。共和国は外部の影響から切り離されることが重要であり、外部社会からの介入は「学問の自由」への侵害とみなされることが多い。

「臨床の専門家」はそれとは少し異なり、「自らの専門的知識や技能が不断に非専門家との接触を通して利用される現場に立ち会う機会のある専門家」である。開業医などが典型であり、ほかにも各種コンサルタントやエンジニアの多くがこのタイプになろう。もとより、この二類型は理念型であり、個々の専門家は多かれ少なかれ両方の性質を持つのが普通である。

「トランス・サイエンスの共和国」における探求や討議の場面では、ベックの『円卓会議』の思想において「専門知識の独占排除」が強調されていたように、純粋研究の専門家の役割がかなり制限されることは明らかであろう。しかし、だからといって、「臨床の専門家」が主役になればよいというわけではないのである。「臨床の専門家」も「専門家」である限りにおいて、「憂慮する人々」の意識や価値観とは異なることが多いのである。にもかかわらず、「臨床」の現場を経験しているがゆえに、「憂慮する人々」を自らが代弁している、あるいはできると考えがちであり、そのずれがかえって問題を引き起こすのである。

たとえば、円卓会議の思想と類似の社会実験であるコンセンサス会議では、遺伝子組み換え農作物の是非をめぐって、「臨床の専門家」と「素人市民」の間で興味深いずれが露見したのであった。遺伝子組み換え農作物の開発にかかわる応用生物学者(純粋に「純粋研究の専門家」とはいえず、応用という点で「臨床の専門家」的側面の強い研究者たちである)は、この技術の推進を主張する際に、将来の人口爆発とそれに伴う食料不足を克服できることを挙げた。「素人市民」はこの説明に納得せず、食料不足の問題は新技術による食糧増産によってではなく、食料の分配にかかわる制度や仕組みの検討によって行われるべきであると指摘した。さらに、現時点での安全性の確認と未来の利益による導入推進という議論に対して、プラスティックなどの例を挙げ、過去において有用性と安全性の名の下に導入された技術がその後多くの問題を引き起こしているのであり、遺伝子組み換え農作物の技術も同様の危険性をはらむのではないか、と指摘したのであった。ここでは、専門家の未来志向と技術の制御に対する自信と、市民の過去の経験に基づく不安、懐疑、さらにいえば、諸問題をことごとく技術的に解決しようとする発想自体への不信とがすれ違ったのであった。

科学技術にかかわる専門家の場合には、「臨床の専門家」でさえ、自然に対する技術的制御、介入と操作という価値観から自由ではないことが多い。憂慮する人々を生み出した一九六〇年代から七〇年代にかけての社会の意識変容が、「純粋研究」はもちろんのこと「臨床」でさえ、科学技術の「専門家」にはなかなか理解されないのである。トランス・サイエンスの共和国には、「臨床の専門家」だけではなく、憂慮する人々の参加が不可欠なゆえんである。

とはいえ、「トランス・サイエンス」の存在に対する感受性の高まりは、「臨床の専門家」の中にも生まれ始めている。たとえば、工学系の学協会では、学会の「倫理綱領」を作成する動きが強まっている。そこでは、技術者という専門家集団の社会に対する責任が、単なる真理生産ではなく、社会の要求(それも一般市民の要求)にこたえる知識生産であることが意識され始めているのである。

同様の発想は、学際領域研究の一例である環境学のような分野でも生まれている。たとえば井上は、自らのフィールド研究の経験を反省して、こう自問している。「誰のための調査か」と。というのも、今日のフィールド研究は、国際協力や地域開発、環境保全、公害被害者の実態解明などを目的とすることが多く、政治的意味合いが伴いやすいからである。そこでは「調査する側」と「調査される側」の関係に政治性が入り込む。「客観的、実証的」な調査というアカデミズムの基準に従った調査は、「誰のための調査か」という問いを誘発する。研究成果は誰に向かって提出されるのであろうか。井上は、研究成果の社会への発信という一方向型のコミュニケーションでは不十分であるとして、双方向性のコミュニケーションを模索している。そのひとつの方策として彼が取り組むのは、研究過程への住民参加である。これはアカデミズムの基準に従った論文作成と、住民参加研究の両面作戦となり、フィールド研究者は専門家と実践家のハイブリッド研究者になることを要求されることになる。彼はこう述べる。

研究への住民参加は、現在のアカデミズムのあり方を変革する契機となり、同時に環境学にかかわっているものの研究者としてのアイデンティティーを喪失させる事態へと展開することも予想される。しかし、フィールド研究という営みが環境問題の克服に少しでも役に立つべきものであるとするならば、人々(地域住民や市民)のための、人々による研究がもっと市民権を得るべきであろう。環境学におけるフィールド研究を行うハイブリッド研究者は、地域の人々と共に歩むファシリテーターとして位置づけされるのかもしれない[10]。

環境学という学際分野では学問分野の越境のみならず、アカデミズムをも越境(トランス)するアプローチの必要性が意識され始めている。

このように「臨床の専門家」の中から、更なる一歩を進め、トランス・サイエンスの共和国を構築しようという動きが出現していることを、高く評価したい。これは「臨床の専門家」の「臨床」感覚の回復の動きなのである。しかし、同時に、井上も述べるように、これは研究者の「専門家」としてのアイデンティティーに深刻な影響を与える可能性もある。つまり、ハイブリッド研究は、実行が困難なものなのである。トランス・サイエンスの共和国においては、自己反省的な「臨床の専門家」が不可欠であるが、それと並んで、この共和国の多様な住民(円卓会議の多様な参加者)を媒介(ファシリテート)し、多様な専門家の提供する知を俯瞰する専門家が必要だと思う。媒介の専門家である。しかし、この専門家は、専門知識の提供者ではない。媒介というメタの次元にかかわる存在なのである。

これまで述べてきたように、現代社会は既存の専門知の動員によって解決できない問題群をめぐって、新たな探求と討議の空間としての「トランス・サイエンスの共和国」が求められている。

この空間における「円卓会議」型討議においては、各種専門家と並んで、「憂慮する人々」の参加が不可欠である。彼らの声は、正当に聴き取られねばならない。そこでは「純粋研究の専門家」であれ「臨床の専門家」であれ、自らの専門知の相対化と「何のための知か」という問いへの対応も迫られるであろう。そしてその動きも始まっている。

しかし、近年の専門知の特殊化、分散化は、容易に隣接諸領域とのコミュニケーションの回復を許すものではなくなっている。諸科学の専門知を俯瞰し、問題を適切に定式化し、憂慮する人々の声を適切に聴き取り、問題解決のための補助線を引く、そういった任務を担当する者が求められているはずである。これは、新たに経験的な知識を発見し、付け加えることではなく、むしろ、「純粋研究の専門家」や「臨床の専門家」が生み出す知識の可能性と限界を見定め、トランス・サイエンス的問題群のための新たな知の動員の布置を構想することである。これこそが「媒介の専門家」の果たすべき任務なのではないだろうか。

従来、このような役割を果たすものは「知識人」と呼ばれてきた。あるいは広義の「哲学者」と言ってもよいかもしれない。しかし、知識人という言葉が廃れ始めている。そして知識人にもっとも近い知的営みを行ってきたはずの哲学者も、その多くが「純粋研究の専門家」のようになっている。およそ臨床の場から遠い、地下室にこもっているかのようである。さもなくば、あたかも、気象衛星ひまわりで癌の診断をするかのような抽象的な水準で、トランス・サイエンスの領域について語ってはいないであろうか。抽象性の水準は本来、問題の性質に応じて設定されるべきものであろう。地下に潜るのではなく、さりとて、ひたすら抽象性を磨きたてるのでもなく、事柄に寄り添い、それにふさわしい水準で俯瞰することが必要である。今求められているのは、専門知の提供者ではなく、現場感覚、臨床性を備えた「賢者」として「トランス・サイエンスの共和国」に参加できる知識人[11]なのである。

註

1——佐々木毅『政治学講義』(東京大学出版会、一九九九年)八頁。

2——Weinberg, Alvin M. (1972) "Science and Trans-Science". *Minerva* vol. 10. no.2

3——藤垣裕子「科学政策論」、金森修/中島秀人編『科学論の現在』(勁草書房、二〇〇二年)所収。

4——加藤尚武『見えてきた近未来/哲学』(ナカニシヤ出版、二〇〇二年)一六七頁。

5——ウルリッヒ・ベック著、東廉/伊藤美登里訳『危険社会』(法政大学出版局、一九九八年)九〇頁。

6——Callon, Michel (2002) "Economy of qualities, researchers in the wild and the rise of technical democracy" 二〇〇二年四月二七日に東京で開催された、シンポジウム *New Articulation of Science and Technology Systems* での報告。

7——ローリー・アンドルーズ著、望月弘子訳『ヒト・クローン無法地帯』(紀伊国屋書店、二〇〇〇年)を参照。

8——ウルリッヒ・ベック「政治の再創造——再帰的近代化理論に向けて」、ベック/アンソニー・ギデンズ/スコット・ラッシュ著、松尾精文/叶堂隆三/小幡正敏訳『再帰的近代化』(而立書房、一九九七年)所収。

9——桑子敏雄『新しい哲学への冒険　上　理想を語ること』（NHK出版、二〇〇一年）。
10——井上真「越境するフィールド研究の可能性」、石弘之『環境学の技法』（東京大学出版会、二〇〇二年）、二五四頁。
11——現代における知識人の可能性とその回復への課題については、Steve Fuller *The Intellectual* Icon Books Ltd, 2005を見よ。

参考文献

小林傳司「社会的認識論の可能性」『科学哲学』、32－1（日本科学哲学会、一九九九年）。

小林傳司「科学論の規範性の回復を目指して」、岡田猛／戸田山和久／田村均／三輪和久編『科学を考える』（北大路書房、一九九九年）所収。

小林傳司「科学論とポパー哲学の可能性」、ポパー哲学研究会『批判的合理主義』第一巻（未來社、二〇〇一年）所収。

小林傳司「科学コミュニケーション——専門家と素人の対話は可能か」、前掲、金森／中島編所収。

小林傳司「科学技術の公共性の回復を求めて」、佐々木毅／金泰昌編『21世紀公共哲学の地平　公共哲学10巻』（東京大学出版会、二〇〇二年）所収。

小林傳司『トランス・サイエンスの時代』（NTT出版、二〇〇七年）。

第Ⅲ部

欧米に見る「政治」と「知」

――近代から現代へ

第8章

米国政治における政策知識人

——そのあり方をめぐって

久保文明
KUBO Fumiaki

1 異なる官僚制の下で

米国には、大学やシンクタンクに所属する知識人が自らの考えに近い大統領の政権中枢に入って活躍し、大統領が退任すると、また大学なりシンクタンクに戻って、政権中枢で得た知識を教育や研究に活かすというサイクルがある。米国の大学と政治と教育や文化にかかわる、あるいは知識人にかかわる非常によく知られた特色の一つと言えよう。本章では、これらのシステムがどのように形成され今日に至っているのか、そのプラス面とマイナス面、日本との相違について検討を試みる。

このサイクルには二つの源流があり、一つは一八二九年のジャクソン大統領の就任に遡《さかのぼ》ることができる。このときから米国の官僚制が猟官《りょうかん》制度を採用するようになり、大統領選挙に勝った大統領が自分の支持者を大規模に官僚として任用する仕組みが定着していく。

一九世紀中は基本的にそれでも通用したが、あまりにも素人行政に過ぎ、また腐敗が多いため、一九世紀末より徐々に猟官制度の部分は減らされ、メリット・システムに変更されていった。最後まで残ったのが、局長以上は大統領が任命する現在の政治任用制度である。

もっとも、一九世紀に任用されたのは当代一流の知識人というわけではなく、識者ではあったかも知れないが、政策に関する専門的知識をほとんど持たない人々であった。大統領にとって政治的に重要な人物であれば、外交をまったく知らなくても国務長官に起用される、ということが普通におこなわれた。

官僚制が猟官制度に基づいていたことが、その後、システムが更新されていく上で大きな前提となる。ヨーロッパや日本における官僚制度は、君主制の下で君主に対する個人的な部下という性格が色濃く現れていた。故に権威があり、特権的であった。米国の官僚制が、そういったものとは異なるルーツから発達してきたことを、まず我々は意識しなくてはならない。

二〇世紀初頭にウイスコンシン州知事を務めたロバート・M・ラフォレット・シニアは様々な改革を州レベルで推進した有名な改革派であった。このときウイスコンシン大学の教授たちが多数ラフォレットに協力した。ラフォレットの政策パッケージはウイスコンシン・プランと呼ばれて当時有名になり、それが全米に広がっていった。政党の公認候補決定にあたって党員による予備選挙によることを義務づける政党法、州民投票制度、リコール、そしてイニシアティヴなど、民主主義を強化するさまざまな試みが行われ、多くがその後も定着した。

2　知識人の政治関与、そのはじまり

二〇世紀に入ると、一九一三年に大統領に就任したウッドロウ・ウィルソンが、後に合衆国最高裁判所判事となるルイス・ブランダイスからアドバイスを受けていたことなどからも知られるように、特に連邦レベルで、大統領が多くの知識人から助言を受けるようになった。

一九三〇年代のニューディール期にはさらに大きな変化があった。

フランクリン・ローズベルトはニューヨーク州知事だったこともあり、コロンビア大学の政治学・経済学の教授たちを、いわゆるブレーントラストとして起用した。レイモンド・モーレー、レックスフォード・タグウェル、アドルフ・バーリなど、著名な研究者に依頼して、大統領選挙戦中の公約や政策を練り上げた。

ただし、このときローズベルトは選挙には勝ったものの、ブレーンたちを自分の近くに任命することができなかった。当時はまだ補佐官制度がなく、そうしたポストを用意できなかったためであ

任用される。タグウェルは農務次官、バーリは国務次官といった具合に、結局、彼らは各省庁にバラバラにる。

したがって、現在のように選挙参謀たちが当選後、大統領側近としてホワイトハウスを固めるというイメージとはまったく違う姿であった。ブレーンが機能したのは、主として選挙戦中のみと理解したほうがよい。しかし、ニューディールは米国の知識人が政治と積極的にかかわるようになる大きな転機であり、今日のシステムのもう一つの源流をなすと考えられる。

それは失業者の救済や貧困対策といった国民福祉の増進、あるいは金融に対する規制などに直接関与するようになることで連邦政府の活動領域が一挙に拡大し、それまではあまり必要とされなかった、各行政分野における専門知識が求められはじめたことが大きい。

また、当時はニューディールについて、米国社会の改革のために連邦政府が介入し、平等を促進するというイメージがあった。連邦政府がその具体的政策ともいえるニューディールの下で活動しているのを見て、多くの若者が、この取り組みに自ら参画したいと考えるようになった。そのことがロースクールで専門的な知識を修めた人々が連邦政府に入ったり、あるいは知識人が連邦政府に協力したりするという流れを作り出したのである。その意味からも、連邦政府の活動領域の拡大と知識人と政治のかかわりが一挙に密接に太くなったのはニューディール期といえよう。

マサチューセッツ州を拠点にしていたJ・F・ケネディは一九六一年に、ハーバード大学の知識人を数多く自身の政権に迎え入れた。東アジア研究で知られ、このとき駐日大使に任命されたハーバード大学教授エドウィン・ライシャワーなどは、日本にとって身近な人事であった。他にも、歴史学教授のアーサー・シュレジンジャー二世、政治学教授のマクジョージ・バンディらも、ハーバード大学から登用された。もちろん、ハーバード大学以外からも多くの知識人が政府入りした。ケネディが知識人を大々的に政治参画させると、続くリンドン・ジョンソン大統領もそのまま多くの大学人を登用した。これはケネディ、ジョンソン時代に連邦政府の活動が、貧困やコミュニティー・プログラム、黒人問題対策などにおいて、ニューディール時代以上に直接的な貧困者援助に向かったため、その実行に専門知識を持った知識人が必要になったということであろう。この時期、多くのインテリ層、とりわけ社会科学者が連邦政府の下に駆けつけ、連邦政府の政策を、設計したり実施を助けたりということが進んだ。

3　保守派の歴史的敗北

知識人の政治関与のサイクルは、この頃まだ、政府と大学の間でおこなわれることがほとんどであった。当時、シンクタンクは、それほど大きな存在ではなかった。今日、中道ないしリベラル派の代表的シンクタンクとされるブルッキングス研究所は、萌芽的な組織は一九一〇年代に生まれ、一九一六年に創立されているが、現在のような規模になるのは近年になってからである。あくまでも基礎的な研究の場であり、「学生がいない大学」のようなものに過ぎなかった。政治家が飛びつくような、政策論や政策アイデアを次々生み出すようなことはしていなかった。

民主党政権が連邦政府の拡大とともに、特に大学から知識人を、政府の人事に登用するというのが一九六〇年代までのパターンとするならば、一九六四年は一つの転機であったといえるだろう。その年は、前年にケネディが暗殺され、大統領に昇格したリンドン・ジョンソンが、現職として迎えた大統領選挙の年であった。このときは景気もよく、ケネディ暗殺への同情もあって、ジョンソンは共和党候補バリー・ゴールドウォーターに大差をつけ選挙戦に圧勝する。

それまで共和党は、大統領選挙において比較的民主党に近い、ニューディールを支持する候補者を選んで負けてきた。ゴールドウォーターは、それまでの共和党候補と異なり、ニューディールを全面的に否定する保守派だった。

共和党の中には二つのグループ、すなわちニューディールに近いグループと、民主党と徹底的に闘うべきだとする保守派グループがあったが、後者は少数派にすぎなかった。その保守グループが、ようやく自分たちの候補者を立てることができたのが一九六四年であったのだ。しかし結果は無惨なまでの敗北であった。

このとき保守派グループは、自分たちが選挙戦に勝つと確信していた。なぜなら共和党が大統領選挙で勝てないのは、民主党のまねをしているからであり、徹底的なオルタナティブを提示する候補を擁立して保守票および地方票を掘り起こせば、絶対に自分たちは負けないと信じていたのである。

当時は圧倒的に民主党が優勢な時代ではあったが、その選挙結果は共和党に、自信を持って送り出したゴールドウォーターが何故負けたのかを真剣に考える機会を与えた。

その教訓の一つが、民主党は非常に巨大なインフラストラクチャーを持っている、という認識だった。ゴールドウォーターが打ち出した保守のメッセージは、まったく国民に伝わらなかった。それは新聞やテレビといったメディア、あるいは大学人や知識人が揃ってゴールドウォーターを「危険な泡沫《ほうまつ》候補」だと決めつけ、「極端なことを言っているだけ」と報道したせいだと保守派の一部は分析したのである。

保守グループは、独自のインフラストラクチャーを作る必要があるとの結論を導き出し、こうして共和党はシンクタンクの設立・育成に取り組み始める。一九七三年にヘリテージ財団が設立された。一九四三年に設立されながらさほど活発な活動をしていなかったアメリカン・エンタープライズ(アメリカ企業公共政策研究所)というシンクタンクにも、一九七一年頃から大規模なテコ入れを図っていった。

保守派の中でも、徹底的に小さな政府を志向するリバタリアンのグループは、一九七七年にケイトー研究所を立ち上げる。じつはリバタリアンのグループは、大統領選挙にも候補を出していた。しかし二大政党制下でリバタリアンが第三候補を出しても勝てない。そこで、政策アイデアで勝負しようとシンクタンクを立ち上げることになった。

立ち上げに際して保守派グループは、問題意識を共有する富豪に寄付を呼びかけた。その結果、ヘリテージやアメリカン・エンタープライズ、ケイトーの立ち上げないし成長に、ブラッドレー財団、オーリン財団、スケイフ財団といった保守派の財団が貢献することになる。

また、シンクタンクと同時に、保守派のメッセージをありのまま伝えてくれるメディアが必要との観点から、ワシントン・タイムズなど、保守系の新聞を立ち上げた。同時に、保守派から見た場合の主流派メディアの「リベラル・バイアス」を暴くために、さまざまなメディア研究の団体を設立した。そして一九九六年にはフォックス・ニュース・チャンネルが放送を開始した。その頃には、ラッシュ・リンボーのようなホストの登場によってラジオにおいては、保守派の影響力の方がリベラル派を圧倒しているといわれるようにもなっていた。

4 官僚に求められる資質の変化

今日、米国においては政治のインフラストラクチャー(インフラ)という言葉がよく用いられる。

この場合、その時々に現れては消える候補者や政治資金団体などは上部構造に過ぎず、むしろシンクタンクや、それを支える財団、あるいは政治的メッセージを国民に知らしめるメディアが下部構造、すなわちインフラというとらえ方をする。

年来、これらを意図的に強化してきたのは、保守の立場だった。共和党保守派に刻まれた一九六四年の敗北の教訓は、何もしなければ民主党のほうが圧倒的に支持基盤が厚いので、自分たちは意図的にカウンターバランスをとる必要があるという、コンプレックスをともなった現状認識によって作られていった面がある。

保守派は、この他にも若手活動家養成のための教育機関、労働組合の監視団体、環境政策に反対する財団や研究所など、様々な団体を立ち上げていく。あるいは、これと思った若者には潤沢なスカラシップ(奨学金)を与え、シンクタンクで勉強させて本を書かせるといったことも行っている。早いうちにデビューさせ、保守派のインテリとして育てていくのである。

ワシントン・タイムズなどは、そうした若手に論説を発表する場を提供している。彼らにいきなりニューヨーク・タイムズに論陣を張らせることは難しい。しかし、ワシントン・タイムズなどがそうした人材の登竜門としての役割を果たしている。

民主党が大学教授を中心とするインテリを政権に登用したことを第一段階とするならば、一九六四年以降の共和党保守派によるインフラ構築は第二段階と言える。一九九〇年代終わりに入ると、今度は民主党サイドが、共和党保守派が作り上げたインフラのすさまじさに気づく。民主党には油断したという思いがあるかもしれない。

民主党内の少数派や、民主党内の保守派・穏健派グループは八〇年代から政治団体やシンクタンクを立ち上げていたが、ジョージ・W・ブッシュ政権下の二〇〇三年、ジョージ・ソロスなどから多額の寄付を募って民主党主流派がセンター・フォー・アメリカンプログレスを立ち上げた。これは、ヒラリー・クリントンが大統領になることを念頭に作られた面がないわけでもなかったが、結局、オバマ政権のために機能することになった。現在のセンター・フォー・アメリカンプログレスは、民主党に近いシンクタンクとしては最大規模のものである。民主党にも、多くの政策課題に対応できる総合的なシンクタンク、あるいはどのような問題にも政策提言できるような人材をストックしておく必要性は強く認識されている。

これまでみてきた米国のシンクタンクのあり方は、その官僚制の性格と裏表の関係にあると思われる。既に述べたとおり、米国の場合、局長以上のポストは大統領が直接任命することになっている。逆の見方をすれば大統領が交代すれば、政治任用された三五〇〇人ともいわれる局長以上の人々は全員が失職するのである。失職したらどうするか。ビジネスに関心があれば企業に行けばよいが、政治の場にとどまりたい人々も少なからずいる。政策研究を続け、四年後なり八年後に捲土《けんど》重来《ちょうらい》を期すという人々にとって、シンクタンクは欠かすことの出来ない場ということになる。

収入を得ながら政策研究を続け、野党になった場合には与党の政策を批判しつつ、自分なりの政策提言を書き、自身の存在を政治的・社会的にアピールする。そして、次の大統領選挙の有力候補と思われる人々に自分を売り込むのである。その人物がホワイトハウスの主になれば、自分もまた政府に戻れることになる。

シンクタンクの研究員は高級官僚の予備軍であり、高級官僚が政権を追われたときの生活の場として機能している。ただし、最初からこのようなサイクルが意図して作られていたとは考えにくい。米国の官僚制は元来、出入りが激しい性格を持ち、徐々に専門性が高まっていった経緯を持つ。かつて大統領は単に支持者を任用すればよかったが、政治が高度に専門化した現在では相当の知識を持った政策のプロでないと務まらない。そもそも任命のプロセスにおいても上院の公聴会などがあって様々な質問に答えられなければならない。

そうなると一定の学歴というだけではなく、実務経験を含め、政策についても深い知識が必要になってくる。シンクタンクでの研究と政権内での実務の往還が慣例化するとともに重要性を帯び、スペシャリストに対する需要もさらに強くなるという循環が生まれたものと考えられる。

5　共和党の巻き返し

共和党が一九六四年の大統領選挙敗北の教訓からシンクタンクの創設とメディアとの関係強化を図ったことは既に触れたが、もうひとつ、大学そのものも問題意識の中におかれていた。実際に新しい大学を立ち上げたり、大学の一部に寄付講座を設けるなどして、徐々に保守派の影響力を浸透させていく方策が実行に移された。これには一定の効果があり、たとえばジョージメンソン大学のように、比較的保守派の理事が多い大学も生まれた。時代が下ってキリスト教保守のグループが台頭すると、彼らはキリスト教保守派の政治理念に基づいた大学やロースクールを立ち上げている。二〇〇〇年に創設されたパトリックヘンリー・カレッジなどはその一例である。

ただし、大学は非常に大きな存在で、ここで完全に民主党をしのぐことは相当難しいとの認識が共和党にはあったと思われる。ニューディール以来、民主党は伝統的にインテリ層の支持を持ち、大学やマスメディアと親和性が高いことからより有利になっている。そこで大学内に最低限、共和党のテリトリーといえる、共和党の理念に沿うセンターや研究所などを作ることで、最終的に大学そのものを切り崩していこうと考えたものと想像できる。

現状として、大学そのものが保守に傾いたとは言えない。それでも、大学という場も一九六〇、七〇年代のように完全な民主党・リベラル派の牙城ではなく、部分的にはかなり保守が食い込んできた面があるように見受けられる。それは既存のカリキュラム批判、マルチカルチュラリズムやポリティカル・コレクトネスに対する批判、あるいは教員が行っている、保守派から見ての「偏った」授業に対する批判などのかたちで表出する。

戦後の米国では、一貫してニューディールがパブリック・フィロソフィーとして一種のコンセンサスとなっていた。そのニューディール・コンセンサスが崩れるのは、米国の経済が揺らぐ六〇年代後半ということになる。ケインズ的な大きな政府ではダメだということが多くの人々の意識に共有されるのは、ベトナム戦争による財政逼迫《ひっぱく》が深刻化する七〇年代に入ってからであろう。レーガンの登場は、まさにそうした国民感情に乗ったものだった。

ニューディール以後、一九六四年以前に共和党で大統領になった人物と言えば、結局、アイゼンハワーということになってしまう。アイゼンハワーの時代、まだ共和党は少数党の地位にいたが、戦勝将軍の名声によってホワイトハウスを八年間握った。アイゼンハワーの政治的な考え方は共和党の保守ではなく、柔軟にニューディールも受け入れる中道派であった。党内では右派を弱める努力もしており、むろんマッカーシズム支持でもない。外交政策も穏健で、軍人出身でありながら軍事力をちらつかせた攻撃的冷戦政策にはむしろ反対であった。むしろ経済重視であり、財政均衡を図るという経済中心主義といえる。その後の共和党右派の、大減税を最優先にする小さな政府論的な保守とはかなり異なる立場である。

保守派陣営からは、かつて一九五〇年代にニューディールに正面から対抗するウイリアム・バックリー・ジュニアが出たが、その時点では完全に孤立しており、さらに一九六四年にゴールドウォーターを立てて共和党が惨敗したことは既に述べた。こうした冬の時代を経て、ケインズ的政策やニューディールの行き詰まりなどから風向きが変わり、レーガンの当選によって保守派にも春が訪れたのである。

6　システムの功罪

官僚の交代による功罪を検討するにあたっては、何にとっての功かということを考える必要がある。たとえば政治にとっての功なのか、知識にとっての功か。どういう基準で評価するかは非常に難しい問題をはらんでいる。ここでは広い意味での国民的利益に、中長期的観点から貢献するか否かという点から議論を進める。

日本のように役人が定年まで同じ役所にいる制度と比べると、米国の官僚制には狭い世界（日本で言えば霞ヶ関の中）だけでなく、外部からさまざまなアイデアが入りやすい。それは民間の経営手腕、経営実績を持った人材など、官僚の世界とはまったく異なる価値体系を持った人々によってもたらされる。政権交代ともなれば、根本的に違ったフィロソフィーが官僚システムの中に組み込まれる。

日本では薬害エイズ問題だけでなく、時代が移ってもはや不要になったダム建設に関する四〇年前の決定すら覆せないなど、官僚制がもつ連続性が様々な問題を引き起こしている。全員が同じ組織のなかで生き、天下りまでいかなくとも再就職先を組織の先輩のネットワークの世話になるケースはいくらでもある。したがって年次が上の人間、前任者を批判することは難しい。

一方の米国では、特に政権交代があった場合、前任者のミスを積極的に暴くほうに圧倒的なインセンティブがある。「前任者には、このような問題があり、しかもそれを隠蔽していた。自分たちが政権に就くことで、それを徹底的に調査し、暴くことに成功した」と発表するのである。

問題を表に出すインセンティブの構造が出来上がっており、そのことは政策担当者に意識されている。したがってポストに就いたからといって、あまりいい加減なことをすると後々ダメージを負うという強い緊張感が抑止力になっている。

逆に米国の制度について、政治的な意図が働きやすく、朝令暮改になりがちな欠点は指摘できるだろう。日本の役所が政治的でないということではないが、米国のほうがしばしば、より単刀直入である。政策のタイムテーブルの策定にあたって、四年後の大統領選挙の前までに成果が出ることが目標とされることは珍しくない。

政権交代のたびに役所の基本方針が変わることの是非については、評価が容易でない。ただし、政策がずっと変わらず、国民としては一つの政策しか経験できないまま、「これしかないのだ」と言われるより、複数の政策を経験した上で、結局どちらがいいのかということを判断できる米国的制度のほうが国民にとってはいいという見方はありうる。変わることそのものを否定するのは、妥当性のある批判ではないであろう。

ただし、米国的制度の下では、政治的志向の強い研究者の発想には、純然たる研究というより、政権のポストにつくためという色合いが強く出る。政治の中枢にかかわるために、最初は一番下のポジションでもいいから取りあえずどこかに潜り込みたい。そして一度政権に入った人物は、自分の党が負けその場を去ることになっても、次に復帰する際にはもっと上の地位で戻りたい、と考える。

そのためには誰に自分の政策を売り込むかも大きな問題となる。二〇〇八年の民主党の場合、最終的にヒラリー・クリントンとオバマの大統領候補者争いになったが、実際にはもっと多数の立候補者がいた。シンクタンクの研究者たちは、その中で誰が勝ちそうか、誰のところに行くのがいいか考え、その候補者向けに自分の政策提案を書く傾向をもたないわけではない。

ヒラリー・クリントンの陣営に参加したい研究者が、彼女の好みそうな政策提案を書くといったことは当然ある。すべての研究者がそうであるとは言い切れないが、自分の就職の可能性に、自分の政策研究を合わせていく傾向が存在することは否定できないだろう。

民主党の外交専門家の間では、ビル・クリントン政権で登用されたベテラン組は二〇〇八年に、ヒラリー・クリントンの陣営を固めていた。若いブレーンたちは、今からヒラリーについても、自分たちのような若手が良いポストで処遇される可能性は低いと考えた。初めからオバマ側についた研究者に、比較的若い人が多かったのは、少なくとも彼らの一部が「イチかバチかでオバマ」という投機的な観点から動いたためでもある。

無論、ヒラリー・クリントンはやや中道寄りでイラク戦争支持、オバマは戦争反対というイデオロギーの違いはある。当然党内の左派はオバマを支持しやすい。そうした魂の違いの一方で、自分に政権入りのチャンスがある候補を選ぶ傾向が存在することは否定しがたい。

7 レーガン登場の意味

大統領補佐官制度は一九三九年の法律改正によってできあがった。逆に言えば、それまで大統領には、直属の政策スタッフはいなかった。さらにそうした人材が使いこなされ、常態化されていくのはケネディ後である。

その後カーターまでは閣僚こそ大統領が任命するものの、閣僚の下のポジション、副長官や次官、次官補などは閣僚に任されていた。大統領の側近ではなく、閣僚が自分の使いやすい部下を選んでいたのである。

それを変えたのがロナルド・レーガンだった。大統領が閣僚だけでなく、閣僚の下につく部下も選んでしまうようになった。

レーガンが任命のシステムを変えた理由は、それまでの方法では、大統領に忠誠心を持たない人間が政権入りする可能性があるためだった。当時、共和党の主流はどちらかといえば穏健派であったが、保守派を中心に政権をつくっていきたいレーガンは、自分の幕僚が共和党員であれば誰でも良いという考えをとらなかった。

すなわち、忠誠心と思想的純粋性の重視が、人事慣行を変更する大きな要因となった。その後の大統領は、いずれもレーガンのやり方を踏襲したため、その意味では非常に集権化が進んだと言える。ただし、逆に言えば、大きな負担を抱えこんだことにもなる。三五〇〇ものポストを任命するのは大変な作業であり、二年後の中間選挙が近づく時期になっても、決まらないポストがあるほどである。日本の官僚がカウンターパートに会おうとしても、いつまでも交渉相手が決まらないなどということが起こる。そうこうしているうちに、初期の任命者からは辞める人も出てくる。

レーガンは、先述した一九六四年の大統領選挙で、惨敗した共和党候補ゴールドウォーターの応援演説で一躍全国に名を知られるようになった。米国の政治が日本の政治とまったく異なる点の一つは、無名の政治家がたった一度の演説で大統領候補になり得ることだろう。多くの米国人、とりわけ保守派の人々は、ゴールドウォーターへの応援演説によってレーガンを知った。そして、この人をいずれ大統領にしたいと、レーガンの下に支持者が集まるようになった。

その後、レーガンはカリフォルニア州知事を務め、一九六八、七六年と大統領選挙に挑んで一九八〇年にようやく当選する。政治的な背景は大きく異なるが、演説一本で一度に大統領候補として認知を受けたという意味でオバマと共通する部分もある。日本で名演説一本によって総理大臣に上り詰めた人物はいるであろうか。

米国で世論調査をおこなうと、歴代大統領のなかでリンカーンやワシントンなどと並んでレーガンの評価が高い。そこまでレーガンが評価される理由としては、原則、すなわち自分の考えをはっきりと持っていたことが大きい。レーガンが亡くなった際、多くの民主党の政治家たちが「自分たちとは政治的な哲学も政策も違った」と前置きしつつ、「レーガンは常に一貫しており、それを政治家のあり方として尊敬する」という言い方をした。

保守派は勿論だが、民主党の支持者などでも、こうしたロジックでレーガンを好意的に評価する例が少なくない。米国政治の一つの特徴といえるだろう。大統領は指導者として自分の明確なビジョンと原則を持ち、それを国民に明らかに提示し、説得しなければならない。意見が二転三転する人、世論調査の結果を窺いながら政策を決める人は評価されない。たとえば二〇〇四年の大統領選挙でジョージ・W・ブッシュとジョン・ケリーが争った際、ケリーはイラク戦争の失敗を突いて、かなりのところまでブッシュを追い詰めた。しかし最終的に選挙に勝てなかったのは、イラク戦争に反対なのか賛成なのかはっきりしなかったためである。

選挙戦終盤のテレビ討論会の前に、ブッシュが「私とディベートする前に、ケリー氏はまず自分自身とディベートした方がよい」と皮肉ったのには、そうした背景があった。このときブッシュは断固戦争を支持し、自分は信念の人間だということを国民に売り込むのに成功したのである。

同様に米国では、知識人も思想の旗を明確に掲げる傾向が強い。共和党であれば、外交タカ派、穏健派、宗教を大事にする宗教保守派の間で、民主党の場合は再配分を重視するリベラル派と、第三の道を提唱する中道派グループがあり、その違いは大きい。ちなみに、最後のグループは、マーケットを注視しつつ効率的な政策を採るといった路線を打ち出し、中道の旗を揚げている。

シンクタンクもまた、旗幟《きし》を鮮明にすることで、役割を果たしている。個別の専門政策だけでなく、外交や環境などを網羅的に手がける総合シンクタンクは、それらすべて統括する大きなフィロソフィー、ないしパブリックフィロソフィー(公共哲学)が必要だという認識があるからだ。一定の公共哲学ないし政治的原則に基づき、外交、環境、金融すべてを説明しようとする。見方によっては型にはまっているということになりかねないが、原理原則が明快であることは疑い得ない。逆に、このようにビジョンや原則、理念あるいは公共哲学の旗をあげ、それらを高らかに提示しない限り、シンクタンクを維持するための寄付も集まらない、と言うことになる。

米国ほど極端ではないにせよ、イギリスでも政党の立場はかなりはっきりしたものであり、支持基盤と密接な関係がある。日本の政党政治では、近年主要政党の原則が揺れ続けており、このあたりにも大きな課題がひそんでいるように思われる。

8 政治大学院（ポリティカル・スクール）の拡大

行政大学院・公共政策大学院の充実も米国政治の特色といえる。ハーバード大学のケネディ政治大学院（John F. Kennedy School of Government）に代表される政策研究大学院の一方に、ジョージワシントン大学政治管理大学院（Graduate School of Political Management）のように政治の実践まで教えるところもある。

ケネディスクールは一九三〇年代の半ば、ジョンズ・ホプキンス大学のSAIS（高等国際問題研究大学院）は四〇年代に創設されているが、これもニューディールと無関係ではなかろう。「大きな政府」化し、担当する領域が拡がった連邦政府が、さまざまな政策に関与せざるを得なくなっていったことは四節で既に述べた。結果的に政策を立案し、推進する人材が多数必要とされるようになり、そうした要請に応えるべく大学に対するニーズが高まったのである。現在の主要な政策大学院の設立には、そうした大きな政府への流れが密接に関係している。

米国では、長らく官僚制は人事面で開放的な性格をもつものであった。しかし、官僚になるために、厳しい選抜やトレーニングを受ける必要がないゆえに、その資質が非常に疑わしいというのが、一九三〇年代までの多くの人の問題意識だった。政策的なノウハウをまったく持っていないにもかかわらず、たまたま政治家とコネのある隣人が突如、連邦政府の長官や次官になるようなことが、それまでの米国では起こりえた。そうした事態を前に、複雑化していく専門分野の政策を策定し実行する人材が必要であるという認識が高まっていったものと思われる。

エリート教育が特権的官僚制と親和的に結び付いた日本社会では、大学出のエリートを採用して、留学などの機会を与えつつ長期的継続的に職務に当たらせればよかったので、わざわざ新たな専門大学院を設けて人材を育てようという発想にならなかった。米国の官僚制は、リクルートの手法やシステムの違いなどから、基本的に外からの人材導入で成り立っている。専門的な大学院での訓練が重視されるのも、このような事情が存在するからである。ＳＡＩＳが設立されたのは第二次世界大戦期で、米国の連邦政府が巨大化した時期と重なっている。まさに民主党的なインフラという一面もあり、またニューディールを支える人材予備軍養成機関という認識が存在した可能性もある。

米国では政治という産業の規模が日本と比べて非常に大きい。例えば、ロビイストとして登録している人が三万人前後いる。コンサルタントも多く、規模の大きなシンクタンクがたくさんある。政治にかかわる裾野も広い。政治報道に携わる人も多い。週刊誌「ナショナルジャーナル」に代表される米国政治の解説誌、「ヒル」や「ロールコール」などの専門的議会情報誌の類、年間二九五ドル払うとメールで最新の選挙区情勢やインサイダー情報を送ってくる「クック・ポリティカルレポート」などの媒体が多数あり、ビジネスとして成り立っている。こうした政治ビジネスの拡がりは日本政治においては考えにくい。

ロビイスト、コンサルタント、テレビCMの製作専門家を対象に、ビジネスとしてキャンペーンのやり方を教えるセミナーなども各方面で行われている。ジョージワシントン大学の政治管理大学院では、ワシントンという立地も活かし、ロビイスト経験者など、政治の実践を知っている人を講師に迎え、政治の実践を体系的なかたちで教育している。

日本でロビイストを名乗る人はきわめて少ないと思われるが、米国では法律で登録を義務づけられた重要な職業である。ロビイスト自身の職能団体もあって、「キャンペーン・アンド・エレクション」という雑誌も刊行している。そこには今年おこなわれた最も素晴らしい選挙戦であるとか、そうした選挙を応援した人を紹介する記事が掲載される。これらは、ビジネスの規模の大きさを示すだけでなく、技術的に体系化されており、記事をきちんと読むだけでも相当な勉強が可能になっている。

一方、共和党陣営には、八〇年代から保守派が運営しているリーダーシップ・インスティテュートという選挙学校がある。日本語で言うならば指導者養成機構とでもなろうか。ここでは、ロビーイングやスピーチの技術はもちろん、実際の選挙への立候補の仕方、公約の作り方といった、非常に実践的なことを教えている。と同時に、技術だけでなく、共和党保守派のメッセージを教育し、保守系の若者、後継者を育てていくという性格を併せ持っている。資金は共和党保守派の寄付に頼っており、本来は授業料を取らなくても運営は可能なのだが、自分への投資という意識を持たせるために、名目的な安い授業料だけは取っているという。これも日本では成立が難しい制度であろう。

ひるがえって日本を見てみると、パナソニックの創業者、松下幸之助が一九七九年に創設した松下政経塾がそうした機能を一部果たしている。少数精鋭ゆえ、多い年でも年に二〇人ほどしか入塾できないが、その代わり三年（二〇一一年度より四年制に移行）かけて政治指導とリーダーシップについて研究し、卒業後も米国で一年なり二年なり勉強できる。少数の人材に厚い投資をおこなうシステムと言えるだろう。先に挙げた米国のリーダーシップ・インスティテュートが、ロビーイングのコース、政治ジャーナリストになるコースなど多くの授業コースを持つものの、一回の授業コースが三週間から五週間程度であることと好対照を成している。より多くの人に聴講の機会を与え、そのなかで自分の好きな科目が取れる、あるいは自分の好きな科目だけが取れるようになっている。一長一短ではあるが、リーダーシップ・インスティテュートのほうが多数の保守派の寄付で支えられた大量生産方式であるといえよう。

9　メディアのプロフェッショナリズム

日米の政治文化とその下地を比較したとき、大きな差があると感じるもう一点は、テレビや新聞など、メディアに登場する知識人の専門性である。わが国では、いわゆるニュース番組において政治を語る司会・キャスター、コメンテーターにプロフェッショナリズムが成立していないように感じられる。インタビューひとつ取っても、日本では印象批評の域を出ていないようだ。

米国では出演する政治家が過去におこなってきた発言などを徹底的にリサーチしておく。NBCの政治インタビュー番組「ミートザプレス」の著名な司会者であり、二〇〇八年に亡くなったティム・ラサートは、ゲストである政治家の過去の発言やビデオの映像を用意しておき、それを紹介しながら「あなたはかつてこう言ったが、今は違うことを言っている」と、政治家が逃げられない状況を作り出して質問する。政治家は自分が昔、間違っていたと思えば、それを認めざるを得ない状況に追い込まれるのである。むろんジャーナリストの個人的能力の高さもあろうが、番組を制作するメディアの取材能力が基盤にあることは言うまでもない。

アメリカでは、そういった番組に政治家はさらされる。と同時にコメントを求められる政治評論家も同じ基準で厳しい質問に遭うため、きちんとした説明が出来ない人は評価が下がってくる。また人材が豊富なので、厳しい競争原理が働く。結果的に政治の世界で生きようとする知識人に対する期待水準も、彼らの水準そのものも高まることになる。

このところFOXテレビのような後発局の影響か、やや能力的に疑問を感じる人物がメディアに登場するケースが増える傾向があるように見受けられる。ただし、意図して、あえて若い人材を登用しようとしている可能性も否定できない。

日本のメディアにおいては、どのように政治番組のすぐれた司会者やインタビュアーを育てていくべきか、より深刻な問題として考えていく必要がある。そのためには政界からは独立した情報源が欠かせない。また、記者クラブのような特定のサークルに入っていかなければ政治家とのアクセスや情報がまわってこない日本型政治報道の構造も問題であろう。米国であれば、そうした情報源の役割を、少なくとも一部は議員やシンクタンクが果たすことになっている。

また派閥に代表されるように、日本の政治風土は未だに村社会的部分が残っているので、例えばある派閥の指導者が政局の中心にいるとすれば、そこに食い込むことがより情報に近づくことと同義になる。しかし米国の場合、最後は大統領選挙で勝つか負けるかに問題が収斂していくため、権力の内幕情報が持つ価値が日本とは若干異なる。また取材の仕方も日本よりも合理化されている。もちろん政治家と個人的な信頼関係を築くことは非常に重要だが、正式にディナーやパーティに招かれる、といったかたちが一般的である。

こうした日本型の取材が成立した背景には、ひとつには議院内閣制があると思われる。いつ政変が起きるか、政局の行方など、村社会の派閥政治では秘密の情報を握っていることの優位がはっきり現れやすい。任期の決まっている大統領制下では、このような事態は起こりえない。

10　米国の知識人と反知性主義の葛藤

最後に、米国における反知性主義の伝統が、知識人と政治のかかわりにどのような影響を与えているか検討する。

そもそも開拓者の国である米国は、モノを作る、働く、といった実業面で役に立つ人々に重きを置く社会的伝統を残している。常に労働者が不足している社会でもあった。ヨーロッパでは君主制や貴族制の下で栄えたサロンが知識人のいる場所であり、その事情は過去に権力者のもとで多くの文化が花開いた日本でも比較的容易に理解しうるであろう。

教育ひとつ取っても、米国ではランド・グランド・カレッジ、すなわち実学としての農業を教える大学などはかなりあるが、知識・教養のための大学教育という観点は一九世紀まではほとんどなかった。二〇世紀初頭ぐらいまで、米国では知識人は社会的影響力の面で弱い存在だったと言える。それは、一九世紀終わりころ、ジョン・クインシー・アダムズ大統領の孫にあたり、当時米国一流の知識人であったヘンリー・アダムズが、自分はまったく影響力を持たないと嘆いたことからも推察できる。米国にも、もちろんそれ以前から優れた知識人はいたが、政治においてある程度の影響力を行使できるようになるのは、先に見たように、おそらく一九三〇年代以降からと考えてよい。

リチャード・ホーフスタッターが『アメリカの反知性主義（Anti-Intellectualism in American Life）』を書いた一九六四年ころまでに、米国の知識階級は、とりわけ大学制度において安定的で強力な基盤を固めたといえる。しかし他方で、一九五〇年代からはマッカーシズムのような運動も登場して、東部のインテリ・エスタブリッシュメントをあからさまに嗤うような風潮が生まれ、その代表として、エリート中のエリート、ディーン・アチソン国務長官がやり玉に挙がったりした。五〇年代の「大衆の復讐《ふくしゅう》」とでも言うべき文化的批判や、六〇年代に出てきたゴールドウォーターの運動にもそうした側面が垣間見える。反知性主義的な動きは連綿と続いていて、それは時々、姿形を変えながら噴出する。

とりわけ注目すべき点として宗教右翼の台頭という現象がある。妊娠中絶が大統領選挙の重要な争点となる背景を日本人は理解しにくいであろう。これは進化論と宗教の問題にも連なる。大学まで出て、一通り科学を勉強した人にとって進化論は自明の説である。しかし、熱心に教会に通う多くの人々は、聖書の天地創造説を支持している。これは共和党の政治家、特に中道穏健派にとっては長らくジレンマであった。

米国では現在でも三〇パーセント前後の人々が聖書に書いてあることの一字一句を信じている。つまりそれは米国人の「ごく一部の人たち」ではない。この文明社会で、二一世紀になって、大学教育を受けた人々を含めて、聖書に書いてあることをすべて真実と言い切ってはばからないというのは、想像しがたいという受け止め方もあるであろう。このようなトゥルービリーバーの存在は、かたちを変えた一種の反知性主義的動きであり、米国の反知性主義の新しい段階と見てよいと思われる。このような宗教右派と米国の反知性主義の問題は、ホーフスタッターが『反知性主義』を著した際には、あまり顕在化していなかった現象である。

ただし、現在の米国そのものを「反知性的」と形容するのは、妥当ではないであろう。米国はノーベル賞受賞者数でも群を抜いており、また大学教育がもつ競争力は世界でも抜群である。音楽、文学、哲学、自然科学、経済学など、多くの分野で世界をリードする。米国社会において大学など知的生産機関ないし高等教育機関がもつ威信と規模もきわめて大きい。

ただし、同時に米国の政治においては、最近、専門家の権威に敬意を表さず、場合によるとあえて挑戦するような傾向も目につく。反エリート主義、反専門家的態度ともいえようか。一九七〇年代には全米の州際高速道路(interstate highway)で、もっとも経済的かつ安全な速度であるという専門家の勧告に基づいて最高速度五五マイル規制が実施されたが、今日その勧告はあまり尊重されていない。親自らが子供に初等中等教育を提供するホームスクーリングの普及も、教師の権威への挑戦である。数はきわめて少ないものの、医者を信用せず、自分で治療する米国人の数が増えていることが指摘される（このあたりはマーク・リラ「リバタリアンのティーパーティ運動」『アステイオン』第七三号、二〇一〇年を参照）。このような文脈で考えると、経済学者が大型景気刺激策の必要性あるいは効用を説いても、聞き入れない米国人が多いことも納得がいく（事実、二〇一一年初め現在、米国の景気は一般の人々が感じられる限りでは、ほとんどよくなっていないので、ますます「専門家」の意見は説得力を失う）。

二〇〇九年から台頭したティーパーティを、「反知性主義」の角度からのみ見るのは適当でなかろう。それは何よりリバタリアン的色彩が濃厚である。ただし、反エスタブリッシュメント感情、オバマだけでなく共和党指導部さえも標的とした反エリート主義、経験を積んだ政治家に対する反発、経済学者・経営学者・外交専門家らおしなべて専門家に対する否定的な感情、サラ・ペイリンに対する強い支持など、判断が難しい要素は存在する。二〇一〇年中間選挙で当選したティーパーティ系共和党議員が今後、党のエスタブリッシュメントに接近するか、あるいは草の根の反エスタブリッシュメント感情をそのまま維持するのか、まことに興味深いところである。

本章では、主として官僚制とシンクタンクを拠点とする政策的知識人のあり方、とくにその党派的・イデオロギー的分断状況について、議論を展開してきた。また、いわゆる政策知識人の層の厚さも強調してきた。しかし、同時に忘れてはならないのは、時に反エリート主義あるいは反エスタブリッシュメント感情として表出するもう一つの軸の存在であるように思われる。

参考文献

久保文明編『G・W・ブッシュ政権とアメリカの保守勢力——共和党の分析』(日本国際問題研究所、二〇〇三年)。

久保文明編『アメリカ政治を支えるもの——政治的インフラストラクチャーの研究』(日本国際問題研究所、二〇一〇年)。

菅原和行「アメリカ政治任用制の過去と現在」久保文明編著『オバマ大統領を支える高官たち——政権移行と政治任用の研究』(日本評論社、二〇〇九年)。

リチャード・ホーフスタッター『アメリカの反知性主義』(みすず書房、二〇〇三年)。

マーク・リラ「リバタリアンのティーパーティ運動」『アステイオン』第七三号(阪急コミュニケーションズ、二〇一〇年)。

第9章

フランスにおける「政治」と「知」——科学・学校・知識人の共和国

宇野重規
UNO Shigeki

1　はじめに

政治的リーダーと文化との関係を考える本書において、フランスは興味深い事例を提供するに違いない。というのも、とりあえず第五共和政(一九五八〜)の大統領だけを取り上げてみても、彼ら自身がかなりの教養人であっただけでなく、自らのまわりに意図的に多くの知識人を集めたことがよく知られているからである。アンドレ・マルローを文化相に任命したド・ゴールや、ジャック・アタリを大統領補佐官に選んだミッテランなど、歴史や文学についての著作がある文人政治家が目立つ。また、歴代大統領の多くは自らのイニシアティブで美術館や図書館を残すことに執念を燃やしている。
　もちろん政治的リーダーの教養や、その周辺に集まった知識人の影響力が、どれほど現実の政治に影響を与えたかは、それ自体あらためて検証されなければならないテーマである。とはいえ、ここでは少なくとも、フランスには「政治家は自らの「教養」や「知」を示さなければならない、少なくとも関心を持っていることを示さなければならない」という「常識」が存在することを確認すれば、それで十分である。明らかにフランスにおいて、「知」は体制の正統化機能をはたしているのである。

　にもかかわらず、興味深いことにフランスは、近代の歴史を通じて、体制を批判する「知識人」というイメージを普及させてきた国でもある。およそ知識人たるもの、権力と距離を置き、権力を批判し続けなければならない。このような「常識」の原産国の一つは間違いなくフランスである。二〇世紀を代表する「知識人」らしい知識人といえば、多くの人がサルトルを思い起こすのではなかろうか。このようなフランスにおける「知」のはたす社会的機能の両義性をどのように理解すればいいのだろうか。

　本章では、大革命以来の、フランスにおける政治と知識人の関係を概観することで、政治的リーダーシップと文化の関係を考える上での興味深い一事例を提供したい。このことを通じて、あらためて「政治」と「知」の関係を考察することがその目的である。

2 「文人」から「科学者」へ

まずは、アンシャン・レジーム期における知識人としての「文人(homme de lettre)」について見ておきたい。ちなみに歴史家のクリストフ・シャルルは『「知識人」の誕生』の中で、「「知識人」の直系の祖先は、一八世紀の哲学者《フィロゾーフ》あるいは「文人」である」としているが[1]、この「文人」については、トクヴィルが『アンシャン・レジームと革命』の中で興味深い分析をしている。すなわち、啓蒙思想家に代表される「文人」たちの著作はたしかにフランス革命の原因の一つになるほど大きな社会的影響を及ぼしたが、彼らの著作物がかくも急進化したのは、実は彼らが政治の実務から排除されていたためであるとトクヴィルはいう。

トクヴィルの分析によれば、アンシャン・レジームを通じて中央集権化が進み、結果として全国の行政は王が派遣した官僚によって独占されるようになる。パリの影響力は大きく、そこでの知的影響はただちに全土に及ぶようにさえなった。ところが、パリのサロンに集まり、知的流行を作り出す中心であった「文人」たちは、実を言えば、政治や行政の実務から排除されていた。ある意味で、彼らは直接的な権力批判をしない限り、どれほど極端な議論でも許されていたのである。これは彼らの政治的無力さの現れでもあったが、結果として議論は過度に抽象化し、急進化した。彼らの「抽象的・文芸的政治理論」は、皮肉なことに、他の要因とあいまってフランス革命につながったのである[2]。

トクヴィルが描き出す「文人」の姿には、その後のフランス知識人の一つの原型が見られると言えよう。すなわち、知識人としての「文人」はたしかに文筆を通じて多大な社会的影響力を持ったが、反面、政治からは基本的に排除されていた。しばしば、その議論は急進化したが、それは実務から切り離されていたからとも言える。さらには、知識人の影響力自体、実は集権化された国家権力の産物という側面があり、相互に強固なつながりを持たない知識人たちは、社会集団として見る限り持続的な力は持っていなかった。

古くはコシャンやモルネ、近年ではフュレ、ダーントン、シャルチエなど、多くの歴史家が証言しているように、フランス革命直前には、サロンのみならず、次々と生まれた思想結社やクラブが多大な影響力を持ったのは事実である。とはいえ、フランス知識人集団が持つ奇妙な政治的無力さについて、トクヴィルの洞察が何ごとかを示唆していることも否定しがたい。彼らの影響力と無力さには、どこかコインの表裏のごとき側面があったのである。

続いて、フランス革命後に「文人」に代わって知識人を代表するようになったのが「科学者」である。科学史家の佐々木力が指摘するように[3]、革命期のフランスは、ガリレオやニュートンによって代表される一六・一七世紀の科学革命につぐ「第二の科学革命」を迎えていた。この時期、熱力学や電磁気学など、近代的な実験装置を用いて物理現象を数学的に解析する科学が急速な発展を示し、後の産業革命につながった。と同時に、グラン・ゼコールをはじめとする新たな学校制度によって科学者が「教授」になったことも重要である。いわば「職業としての科学者」が、フランス革命直後に確立したのである。理工系エリート養成のためのエコール・ポリテクニック（理工科学校）と、教員養成のためのエコール・ノルマル・シュペリウール（高等師範学校）がともに一七九四年に創設されたのが象徴的である。

それではなぜ、この時期のフランスで科学のための学校制度が急速に整備されていったのであろうか。その背景には、アンシャン・レジーム期において教育を担ったのが、主としてイエズス会を中心とするカトリックの聖職者たちであったという事実がある。その意味で言えば、カトリック教会と激しく対立したフランス革命の側からすれば、教育を教会の手から奪い、自らのものとする差し迫った必要があったのである。実際、この後、一九世紀を通じて国家と教会は、長らく教育をめぐって「知のヘゲモニー」闘争を展開することになる[4]。また国家にとっては、出身階層によらない能力による人材の選抜を通じて、自らの正統性と基盤を強化するという動機もあった。

その意味で、公教育の確立による自由と平等の実現、そして新たな国民の形成は、革命の最大の課題の一つであった。この理念を象徴したのがコンドルセである。革命中に非業に倒れたこの数学者は、いわば啓蒙思想と共和国をつなぐ結節点であった[5]。すなわち、アンシャン・レジーム期においては、啓蒙思想家と専制君主との交流に見られるように、啓蒙思想は必ずしも共和政と不可分ではなかった。コンドルセを通じてはじめて両者は結びついたのであり、以後、フランスにおいては、「共和国」と「世俗性(ライシテ)の原理」、そして「科学」との独特な結合が見られるようになる。この結びつきは、一九世紀中の激しい政治体制の転換にもかかわらず、やがて第三共和政へとつながっていく。

3　ブルジョワと「芸術家」

しかしながら、第三共和政へと直ちに話題を移す前に、とりあえず新しい公教育が生み出した第一世代がいかなる政治的役割を担ったのかを見ておきたい。ここで注目すべきは、フランソワ・ギゾーである。七月王政期(一八三〇〜四八)に首相として活躍し、二月革命でその座を追われたブルジョワ政治家として記憶されるギゾーは、政治家になる前は「フランス文明史」を始めとするソルボンヌ大学講義を通じて若い世代に知的影響を及ぼした有力な教師であった。

ギゾーは後年、自らの属する世代を「一八一四年の世代」と呼んでいる[6]。フランス革命に青年期を迎えた「一七八九年の世代」と、二月革命に参加した「一八四八年の世代」に挟まれたこの世代は、まさにフランス革命に実現した公教育によって社会進出の機会を与えられた第一世代であり、ギゾーをはじめ中産階級の出身者が多かった。しかしながら、彼らが青年期を迎えたのは復古王政(一八一五~三〇)という反動期であり、この体制への反発から、彼らの多くは自由主義的な価値観を持つようになる。重要なのは、彼らが活躍の舞台としたのが、大学、あるいはこの当時勃興しつつあったジャーナリズムであったことである。そのような彼らが社会の指導的立場についたのが、復古王政が倒れた後に成立した七月王政期であった。

ちなみにギゾーの政治思想において、注目すべきはその「新しいアリストクラシー」論であろう[7]。これは伝統的な、出自に基づく貴族階級に代わるべき、能力に基づく新たな統治エリート階級の創出の必要を訴えたものであり、同時代においても、スタール夫人やロワイエ＝コラールなど、有力な思想家の間で共有された考え方であった。フランス革命によって、伝統的な貴族勢力は統治権力から排除されていたが、復古王政期に一時的に復活する。そのような彼らの復活を喜ばなかったギゾーらの思いが、「新しいアリストクラシー」論に現れている。実際、度重なる革命を通じてエリートの連続性が断たれていたフランスにおいて、新しい統治エリート階級を創出することは不可欠であった。

興味深いのは、ギゾーらの世代においては、自由主義とロマン主義の間に一定の連合関係が見られたことである。ヴィクトル・ユーゴーらに代表されるフランス・ロマン主義者たちもまた「一八一四年の世代」に属するが、彼らの多くは復古王政下、自由主義的な政治思想に近づく。反動的な体制への敵意が、自由主義とロマン主義の連合を可能にしたのである。

しかしながら、自由主義とロマン主義の連合は長く続かなかった。一つには、復古王政期には野党的立場にあった自由主義勢力が、七月王政においてまさに体制化したことがある。この七月王政は様々な勢力から「凡庸なるブルジョワ支配」の代名詞のように批判されることになるが、ロマン主義もまた、そのような批判の一翼を担うことになった。

これに加え、二月革命によって生まれた第二共和政（一八四八〜五二）が早産し、ルイ＝ナポレオンによるクーデタへの道を開いたことの影響も小さくなかった。この政治的挫折は、その後に続く第二帝政（一八五二〜七〇）の実現とあいまって、自由主義の後退とロマン主義の非政治化をもたらしたのである。この時代に、新たな知識人の表象として浮上してきたのが「芸術家」であった。

非政治化したロマン主義は、ブルジョワ社会の俗悪さから自らを切り離すべく、「芸術のための芸術」を理念として掲げ、脱社会的立場を称揚するようになる。その際に、特権的な表象となったのが「芸術家」であった。この時期、「芸術」はいわば宗教に代わる一つの支配的原理となっていくが[8]、「芸術家」とはまさに、この「芸術」という名の神に殉ずる殉教者的存在であり、俗悪なる社会との摩擦や、それに由来する挫折は、むしろ「芸術家」の象徴的意義を高めることにつながった。社会の支配的価値を侵し、逸脱することでむしろ、「芸術家」はその他の社会的ヒエラルキーと対決したのである。

しかしながら、第二帝政とは、ジャーナリズムが量的に拡大した時代であり、また万国博の時代でもあった。この時期のフランスは、萌芽的な「大衆社会」の揺籃期にあり、その意味では、蓮實重彦が指摘するように[9]、「選ばれた精神」や「特権的な知」というイメージ自体、きわめて通俗的で大衆的なものであった。その意味で言えば、「芸術家」という表象もまた、このような萌芽的「大衆社会」が求めた、きわめて「凡庸な」イメージに他ならない。結果として、民衆が教育を受け、「教養階級」が拡大する中、「芸術家」という概念の持つ差別化の能力は次第に低下していった。本人がいかに「美に殉じる聖職者」を自認しようとも、「芸術家」を気取る人間がきわめてありふれた存在になってしまったのである。このように「芸術家」という「知識人」像は、国家主導による教育普及と、その後の政治的挫折による徒花的存在であった。にもかかわらず、その通俗性もあって、「文人」や「科学者」以上にフランスを象徴するイメージになったことは、皮肉ではあるが興味深い現象であったと言えよう。

4　ドレフュス事件と「知識人」の誕生

よく知られているように、フランス第三共和政(一八七〇〜一九四〇)はけっして祝福されて出発したわけではない。普仏戦争の敗北によって第二帝政が崩壊した権力の空白状態において、いわば妥協の産物として、なし崩し的に成立したのが第三共和政である。しばしば「共和主義者なき共和国」と呼ばれるように、この体制は、ブルボン王朝復活を目指すブルボン正統派、七月王政の流れをくむオルレアン派、そしてパリ・コミューンを弾圧した保守的な共和主義者から成る寄り合い所帯であった。その七〇年の歴史において、実に一〇七もの内閣が権力の座についているように、正統性において脆弱さを抱えるこの体制は、不安定さを免れなかった。

とはいえ、第三共和政において、不完全とはいえ、民主政と共和政が確立したことも間違いない。いずれも短期に終わった第一・第二共和政と比べ、第三共和政はフランスにおいて、はじめて長期にわたって存続した共和政であった。この時期、学校教育制度は定着を見せ、識字率も上昇していく。新聞メディアの自由化が進んだこともあり、ジャーナリストと教員の数が飛躍的に増大したのも、第三共和政時代であった。ただし、全体として知識層への新規参入者が増加する一方で、その内部での格差が拡大していったことは、この後述べるように、ドレフュス事件後における「知識人(Intellectuels)」の成立とも関連してくる。

脆弱な第三共和政をおそった二つの政治的事件が、ブーランジェ事件とドレフュス事件であった。まずブーランジェ事件とは、対独復讐を唱えて人気を博した野心的な軍人ブーランジェの下に共和政に不満を持つ勢力が結集し、彼にクーデタの実行を求めた事件である。この事件は、ブーランジェ自身の逃亡(一八八九)によりあっけなく未遂に終わったが、政府の脆弱さを露呈する結果となった。このような状態の政府を、続いて襲ったのがドレフュス事件(一八九四)である。

ユダヤ人大尉ドレフュスは、ドイツに軍事機密を漏洩したとして、軍法裁判の結果、南米のギアナへ流刑になる。しかしながら、その証拠は薄弱であり、やがて陸軍省内でも疑いの声が高まるが握りつぶされてしまう。事件の性格を急変させたのが、作家のエミール・ゾラが急進派の新聞『オーロール』に書いた記事「私は告発する」であった。このゾラの告発を機に世論は沸き立ち、以後、ドレフュスを支援する勢力と、反ドレフュス派との間で激しい対立がくり広げられることになる。最終的にはドレフュスの有罪判決が破棄され、ドレフュス派の勝利に終わったこの事件であるが、共和国を反ユダヤ主義や軍国的ナショナリズムから守った反面で、反共和主義的なアクシオン・フランセーズ結成の原因となったように、以後の歴史に多大な影響を及ぼすことになった。

ちなみに、すでに言及したクリストフ・シャルルは、このドレフュス事件こそが、現在使われているような意味での「知識人」概念が生まれるきっかけになったと主張している。この事件において、憲法に保障された請願権に基づいて多数の抗議の声明が発表されているが、この文書を分析することでシャルルは、そこに三つの「知識人の権利」が含意されていると指摘する[10]。第一は「スキャンダルを起こす権利」、すなわち真実を世に知らしめようとするあらゆる法的な手続きがすべて挫折に終わった後、ゾラが「私は告発する」という記事を書いたのがこれにあたる。第二は抗議行動にいっそうの力を持たせるために、集団としての知識人が「共同する権利」、そして第三に、大部分の署名者は自分の名の後に肩書きを付け加えているが、この肩書きの集積から引き出される「象徴権力を要求する権利」である。

ちなみに「知識人」という言葉は、このような多数の声明に対し、反ドレフュス派の有力人物であったモーリス・バレスが、自らの論文の中で「知識人の抗議文」と書いたことから来ている[11]。ここから、「知識人」という言葉が、そもそもの出発点から、むしろそれを批判する側からの蔑称として用いられたものであることがわかる。

興味深いのは、このような「知識人」の行動が、いわば「知識人」の集団としての主張として、新たな集団的アイデンティティを模索する中で生み出された点である。この時期のフランスでは、すでに指摘したように、代議制の機能不全に対する危機感がつのると同時に、急激に増大した知識層内部での、自らの存在理由をめぐる不安感が高まっていた。科学を標榜し、狭い専門家のみを相手とする「教授」と、広い教養層に対して一般的で総合的なスタイルを守った「知識人」とが分裂していったのも、同じ時期のことである。拡大した知識層の内部で、国家からの高給を保証された「教授」と、そのような恩恵から疎外されたそれ以外の知識層との分離が進んでいったのである。このような状況において、共和政の価値を擁護するという理念を中核に、自らの集団的アイデンティティを確立していったのが「知識人」であった。

5　歴史は繰り返す

その後の歴史を駆け足で見ておこう。以後のフランスにおける左右の対立構造は、ほとんどドレフュス事件によって決定されたと言ってもいい。ドレフュス派にとって、フランスが革命の成果と人権宣言に忠実でないとしたら、それはもはやフランスではない。他方、反ドレフュス派にとって、フランスが弱体化し分裂してしまい、国家が存在しなくなってしまえば、それはもはやフランスではない。「フランス＝フランス革命と人権宣言」（ドレフュス派）に対し、「フランス＝国家」（反ドレフュス派）という左右の構造は、事件を機にドレフュス派が権力の座につき、他方、反ドレフュス派がアクシオン・フランセーズへと結集して以後も続いていった。この際、ここまでの論述からも明らかなように、フランスの知識層はいずれにしても国家との結びつきが強いのだが、とくに「知識人」という場合、普通はドレフュス派を指すようになったことから、「知識人」と国家との間の微妙な関係が構造化していった。

このような対立構造は一八九〇年代以降、一九三〇年代に至るまで繰り返し現れた。その意味で、人民戦線とヴィシー政権は、いわば、ドレフュス派と反ドレフュス派の対立の総決算に他ならなかった。これに対し、第二次大戦終了後、一九六〇年代にかけての時期には、「レジスタンス」神話の成立とともに、右翼が政治的舞台から消滅し、まさにドレフュス派の継承者としての左翼の独壇場が実現する。この時期こそ、まさしく「知識人の時代」であり、「サルトルの時代」であった。第三共和政、とくにドレフュス事件を契機に形成された「知識人」のイメージは、この「サルトルの時代」にその全盛期を迎え、世界的にも影響力を持つに至ったのである。

しかしながら、この時代は同時に、フランス共和政が脱植民地化という危機を迎えた時期でもあった。とくにアルジェリア戦争をめぐっては、知識人を巻き込んで大きな論争が起こり、その影響は現在にまで及んでいる。今日ではとくにイスラム系の移民問題をきっかけに、あらためて「ヨーロッパ」や「政教分離」の意味が問い直され、移民に反発する極右勢力の台頭も見られる。何がフランスのフランスらしさなのかをめぐる論争が、政治的対立軸となっている点では、ドレフュス事件の時期と現在との間には奇妙な類似性が見られると言えるだろう。

6 結び

このようなフランスの事例から、どのような示唆が得られるのだろうか。ある意味で言えば、フランスとは、「政治」と「知」が結びつく多様なパターンのうちでも、かなり極端なものである。大革命以来、フランスの政治体制の正統性は、世俗的な「知」、とくに「科学」に大きく依拠してきた。結果として、教育はつねに国家にとっての最重要課題となっていった。

このことは、逆に言えば、教育問題を通じて、まさしく国家、とりわけ共和国そのものが問われることを意味する。背景にあるのはすでに指摘したように、激しくカトリック教会と対立したフランス革命以後、共和国は教育を教会から奪うことで、自らの体制の正統性を確立しようとしたという歴史的事情である。このことはとくに正統性の危うい政治体制の時代に当てはまり、正統性が脅かされれば脅かされるほど、共和国は「知」や「科学」に頼ろうとした。

その意味からすれば、フランスにおいてかくも「政治」が「知」に依存することになった理由は明らかである。まず、数度の革命を通じて激しい政治体制の転換があり、その意味で政治につねに正統性をめぐる不安定さが存在したが、その不安定さを補填したのが「知」であったと言えるだろう。そしてそこに、フランス革命におけるカトリック教会との対立ゆえに、共和国は自らの精神的基礎をとくに非宗教的で世俗的な「知」の上に置かねばならなかったという事情が加わったのである。

もちろん、このような「知」と「科学」に立脚した「共和国」が可能になったのも、学校教育制度の整備による識字率の向上があってこそである。このことがとくに当てはまるのは第三共和政以降であるが、それが実現したのも、フランス革命以来の国家権力による準備があったためであり、さらに言えば、アンシャン・レジーム以来の中央集権化のはたした意味も小さくない。その意味で言えば、フランスにおいては「政治」が「知」に依存する程度が大きいとしても、同時にそれは「政治」が「知」の発展のために社会的基盤を持続的に構築してきたからでもある。その限りで、「政治」と「知」は相互に補完し合う関係にあったと言えよう。

最後に強調すべきは、体制を批判する「知識人」すら、それを養成したのは国家権力であるという事実である。この点については、ドレフュス事件において大きな役割をはたしたのがエコール・ノルマルの学生たちであったことや、第二次大戦後に活躍した「知識人」の多くがやはりエコール・ノルマルの卒業生であったことを指摘すれば明らかだろう(サルトルやボーヴォアールはもちろん、フーコーやデリダもまた同校で学んでいる)。体制が体制を批判する「知識人」を生み出すメカニズムについては、本論でも指摘したような、「知識人」と政治の距離感や、知識層内部における「知識人」の占める位置についてのさらなる検討が必要である。とはいえ、ここにフランスにおける、きわめてユニークな「政治」と「知」の関係を見いだすことができる。

「政治」と「知」が一定の緊張関係をはらみつつ、機能的には相互を補完し合うのがフランス・モデルである。すべての前提に国家権力の巨大さがあることはあらためて強調しなければならないが、民主的社会の自己批判能力を制度的に保証するという視点からは、学ぶべき点も少なくないのではないだろうか。

註

1――クリストフ・シャルル著、白鳥義彦訳『「知識人」の誕生』（藤原書店、二〇〇六年）一一頁。

2――Alexis de Tocqueville, *L'Ancien Régime et la Révolution, Œuvres complètes*, Paris, Gallimard, 1952, Livre III, Chapitre I. 小山勉訳『旧体制と大革命』（ちくま学芸文庫、一九九八年）第三部第一章。

3――佐々木力『科学革命の歴史構造』（岩波書店、一九八五年）三二八―三三四頁。

4――小山勉『教育闘争と知のヘゲモニー』（御茶の水書房、一九九八年）。

5――この点につき、コンドルセ他著、阪上孝編訳『フランス革命期の公教育論』（岩波文庫、二〇〇二年）を参照。

6――François Guizot, *Trois générations, 1789-1814-1848*, Paris, Michel Lévy, 1863. 松本礼二『トクヴィル研究――家族・宗教・国家とデモクラシー』（東京大学出版会、一九九一年）終章第二節も参照。

7――『トクヴィルとデモクラシーの現在』（東京大学出版会、二〇〇九年）所収のリュシアン・ジョーム論文とアラン・カハーン論文が、この「新しいアリストクラシー」概念について詳細に論じている。

8――松宮秀治『芸術崇拝の思想――政教分離とヨーロッパの新しい神』（白水社、二〇〇八年）。

9――蓮實重彦『凡庸な芸術家の肖像――マキシム・デュ・カン論』上・下（ちくま学芸文庫、一九九五年）。

10――シャルル、前掲書。

11――シャルルは、「大文字で書かれるIntellectuelという語は、一八九〇年代以前には、名詞としてはフランス語に存在しなかった」という。クリストフ・シャルル著、荻野文隆訳「ドレフュス事件以降のフランス知識人――政治的記憶の主体／構成要素としての」『思想』一九九七年二月号、三五―三六頁。

第10章

貴族の教養、労働者の教養

――イーデンとベヴィンにおける外交と社会的背景

細谷雄一
HOSOYA Yuichi

1 階級を超えた友情

一九三五年一二月から一九五五年四月までの二〇年間、イギリス外交は二人の政治指導者によって動かされてきた。この時期は、ヒトラーの台頭と第二次世界大戦の勃発、そして冷戦の始まりと、イギリスにとっても世界にとっても危機の連続であった。この困難な時代にイギリス外交を指導した人物が、アンソニー・イーデンとアーネスト・ベヴィンである[1]。

保守党政治家のイーデンは上流階級の出自、巨大で贅沢を尽くしたマナー・ハウスでの幼少時代、イートン校とオクスフォード大学でのエリート教育。他方で労働党政治家ベヴィンは貧しい農家の私生児で母親に育てられたが八歳でその母親を亡くし、小学校を離れて単身で労働に出る。イギリス社会は階級社会として知られているが、これほど上流階級と労働者階級のイメージを見事に体現した政治家は少ないかもしれない。

しかしながら、保守党のイーデンと労働党のベヴィンは、政治家として互いに尊敬し、協力し、友情を育んでいた。この二人は、外交指導者としてイギリスが選択すべき外交に関する考え方を共有し、第二次世界大戦時には戦時内閣においてしっかりと手を取り合い協力した。一九四五年七月の総選挙で労働党政権が成立すると、イーデンは野党政治家としてベヴィン外相の外交方針を多くの場合、力強く支えた。これほどまでに、与党と野党という差異を超えて、二人の外交指導者が緊密に協力し、それが一国の外交として結実し、力強く促進されることも稀である。

そもそも、一九四五年の総選挙での勝利の後の組閣作業に際し、蔵相のポストを提示されて自らもそれを求めていたベヴィンに外相に就くよう強く説得したのが、前任者のイーデンであった。イーデンは、無数の困難に覆われる戦後イギリスで外交を指導するために求められる比類なき資質がベヴィンに備わっていると見抜いていた。イーデンは次のように語った。「何のために蔵相などになるのだ？　そこでは、われわれがもっていないお金の勘定をする以外、何もすることがないだろう[2]」。そのような説得や、国王ジョージ六世の助言もあり、結局ベヴィンは外務大臣のポストを引き受けることになった。それは実に見事な成功に帰結した。ベヴィンはその後、マーシャル・

プランへの対応や大西洋同盟の成立をはじめ数々の優れた指導力を発揮して、イギリスの国際的地位と戦後西ヨーロッパの安全を確立することに成功し、偉大な外務大臣としての評価を得るに至った[3]。それはベヴィンとイーデンの共同作業とさえいえるものであった。

この二人の外交指導者に特別の資質が備わっていると喝破したのは、その下で外務事務次官を務めたウィリアム・ストラングであった。三四年間の長きにわたって外交の最前線にいたストラングは、ベヴィンとイーデンの二人こそが、外務大臣として別格であったと回想する。アルジャーノン・セシルはかつて、「国際関係についてのセンスこそが、外交における叡智の最初の言葉であり最後の言葉だ」と語ったが、ストラングは、ベヴィンとイーデンほどこれが当てはまる外交指導者はいないという[4]。では、「国際関係のセンス」とは何か。なぜ、イーデンとベヴィンという異なる階級、異なる政党に属する二人の政治家が、緊密な信頼関係と協力関係を構築できたのか。

以下、この二人の指導者の生い立ち、教育、経験などを概観することで、一九世紀末から二〇世紀半ばに至るイギリスにおける外交指導者が育成される過程と、優れた外交指導者に必要な資質とは何かを見ていきたい。

2 ベヴィンが育った世界——労働者階級の教養

労働者階級を象徴するアーネスト・ベヴィンとは、いかなる人物なのか。一九四五年七月にベヴィンが外相に就任した際に首相の地位にあったクレメント・アトリーは、彼との親しい交友関係を振り返り、「彼はとても偉大な人物であった」と回想している[5]。またオクスフォード大学の歴史家アラン・ブロックは、「二〇世紀の真に最も偉大なイギリス人の一人」だとし、「ウィンストン・チャーチルのみがそれに比肩しうる」と力説する[6]。誰もが感じ取ることができるベヴィンの人間的魅力は、彼の生い立ちに由来していた。

ベヴィンの政治家として軌跡と功績はそのまま、二〇世紀における労働者階級の台頭とその政治運動、そして階級社会の変容を示してもいる[7]。そもそも労働者階級が社会的に台頭し、政治的に参画する機会が生まれなければ、彼が政治的に台頭する可能性はなかったのだ。一九世紀イギリスの政治指導が貴族階級と不可分に結びついているとすれば、二〇世紀のそれは労働者階級が新たに加わったものであった。その中心におり、労働者階級とともに存在感を高めていった政治家が、ベヴィンであった。

アーネスト・ベヴィンは、ヴィクトリア時代の後期にあたる一八八一年八月七日に、イングランド西部のウィンズフォードの貧しい農家に生まれた。その四年前に、彼女の夫のウィリアム・ベヴィンが失踪したため、母親のダイアナ・ベヴィンは「未亡人」として女手一人で子供を産み育てていった。長女のメアリー・ジェーン以外、六人の息子はすべて父親不明で、末っ子のアーネスト・ベヴィンも同様に「父親不在」のままウィンズフォード教会で洗礼を受けている[8]。

ベヴィンは父親を知らずに人生を送る運命にあった。ある証言によれば、「彼と彼の母親以上に貧しい者は、この世界には一人もいないと確信する[9]」。彼の兄たちは労働に出かけ、まだ幼いアーネストは母親を手伝いながら教会の日曜学校に通っていた。教育制度が完備されて、イギリス国民の子女が無償で初等教育(the primary education)を受けられるようになるのは、地方自治体により異なるとはいえ、しばらく後のことである。また、中等教育制度が確立して一律一五歳までイギリス国民が教育を受ける義務を負うのは、バトラー教育改革が採択される一九四五年四月一日を待たなければならない[10]。それ以前は地域によってまちまちの年齢で初等教育を終えており、後に触れるようにベヴィンの学校教育も一一歳で終止符を打つことになる。極貧の労働者の子どもが十分な公立教育を受けられるようになるのは、労働党が政権に参画してその影響力を行使する半世紀以上後のことであった。

3　労働者の生活の現実

一九世紀末になると徐々に労働者が組織化され、政治参画を求め始めた。その背景には、この時代を支えた労働者の収入の継続的向上と、デフレーションがあった[11]。それによって、より安定した生活が可能となったのだ。労働者の多くは一八七〇年代から二〇世紀初頭にかけて余暇を楽しむだけの経済的余裕を獲得し、それがイングランドの各都市におけるフットボール・クラブの設立へと繋がっていた。上流階級とは異なる世界で、彼らならではの生活水準の向上を期待し、サッカー観戦などの新しい余暇を楽しんでいたのだ。イギリスにおいて「フットボール」は上流階級と労働者階級に分断されていた。前者のそれはラグビーであり、後者のそれはサッカーであった。イギリスにおけるプロフェッショナルなサッカー・クラブの設立と普及は、あくまでも労働者階級の台頭とその生活水準の上昇と結びついていたのだ。

労働者は多くの場合、経営者と常に闘争していたわけではない。そこにはあるていどの信頼関係があって、その底流には膨らみつつあるナショナリズムを映した国民としての一体感が醸成されていたといえる[12]。ナショナリズムこそが、二度の世界大戦でイギリス国民の強固な結束を用意し、戦場での階級を超えた友情や協力が生まれていく土壌であった。この時代のイギリス社会における人々のアイデンティティは、宗教的活動を行う教会や、生活舞台である産業化の進む近代的都市

（とそれと結びついたサッカー・クラブ）、さらにはナショナリズムに鼓舞される国民的アイデンティティによって方向付けられることが多かった。階級闘争がすべてではない。

しかしながら、ベヴィンの家庭はそのような労働者の新しい余暇の誕生とも無縁であった。アーネストが八歳になるまで、母親は貧しい中でも懸命に子どもたちを養い教育し、一家をまとめ上げていかねばならなかった。ただ、それは必ずしも絶望的なものではなかった。母ダイアナ・ベヴィンは献身的なメソジスト派のキリスト教徒であり、貧しさを憂うことなく勤勉さや優しさ、誠実さなどを子どもたちに教えていた[13]。

ダイアナは、過酷な労働や栄養失調などが続く中で病床に伏せるようになり、一八八九年五月一日にわずか四八歳でこの世を去った。残された八歳のベヴィンには過酷な運命であった。貧しい農家の家屋は解体され、数少ない家具も売られていった。それまで母親の愛情を存分に浴びてきたベヴィンに、同様の愛情を注いでくれる者はいなくなり、彼は孤独な人生を歩み始める[14]。ダイアナの死去とともにベヴィンの家族は離散した。母が実践したように、ベヴィンもまた一人の独立した人間として、自らの意志と良心を頼りに強く逞しく生きていかねばならなかった。自助努力は、ヴィクトリア時代の時代精神でもあった。

アーネストは、姉のメアリーとその夫ジョージ・ポープの家で養育されることになり、デヴォン州のマーチャード・ビショップに移り住む。その後、姉夫妻とともにもう一度引越をして、コールブルックの小学校に通うようになった。しかし彼は一年を経ずにその学校に通うのを止めた。ベヴィンが学校に通わなくなった理由は分からない。その後、姉のメアリーは、クレディトンのヘイウォード男子校に弟のアーネストを通わせることにし、彼は一八九二年三月までその学校に通い続けた。ベヴィン少年は毎朝早起きをして、学校に通う前にジャガイモの皮をむいたり家族の靴を磨いたりしていた[15]。朝早起きをして勤勉な作業を行うことに関しては外務大臣に就いてからも同様で、ベヴィンは生涯それを続けることになる。勤勉さこそがベヴィンの大きな強みであった。

ちなみに後にベヴィンは幼少時代を回顧して、靴磨きをする際には自らの冷静な思考を深めていたと語る。半世紀以上経って外相となり外交交渉を行う際に、ソ連のヴァチャエスラフ・モロトフ外相に向かって、早朝に会議に赴く前に自分の靴を磨いていたら解決策が思い浮かんだと伝えた。イギリス帝国の外務大臣が幼少時代から靴磨きをしていたことを聞いて、裕福な家庭に生まれ育ったモロトフは驚いたという[16]。イギリスの外相とは、みな貴族階級出身と思ったのであろうか。社会主義国家のソ連よりも、イギリスの外相の方がはるかに労働者の良心をより美しく体現していたとしたら、皮肉というほかない。

4　大都市ブリストルへの旅立ち

小学校時代のベヴィンは勉学に励み、相応の成績を収めていた。そのベヴィンが小学校を離れ、また慣れ親しんだ農村を後にして、大都市のブリストルへと移動するのは一一歳のことである。兄のジャックがアーネストを呼び、一緒に労働者として働くことを勧めたからである。ベヴィンの労働者としての生活は、レストランの給仕見習いからはじまった。引き続き、生きるための厳しい生活が待っていた。

ベヴィンの教養は、日曜日の教会での教説や、短い年限の初等教育、そして実践的な生活や労働からの経験的知識に基づいていた。なかでも圧倒的に大きな比重を占めていたのが、最後のものであった。それは学校での教学とは異なり、ある年齢で終わることはなかった。晩年まで実践的な経験的知識は蓄積されていくのである。

彼の受けた学校教育は、基本的な読み書きや算術に限られていた。ベヴィンはそれ以後、必要な知識を自らの経験や色々な組織での交際を通じて広げていった。そして、勤勉さと人なつこさから多くの人に信頼され、自然と組織の中でリーダーシップを発揮するようになる。

戦後、ベヴィン外相の下で駐米大使を務めたオリヴァー・フランクスは、ベヴィンが「生け垣大学(university of the 'edgerows)」で教育を受けてきたと、愛情を込めて述べている[17]。というのも、国王ジョージ六世が、どこでそのように多様な知識を得てきたのかを尋ねたときに、ベヴィンは「経験という生け垣によってです(the hedgerows of experience)」と返答したからである[18]。ベヴィンは、ジャガイモの皮を剥いたり、畑を耕したりする幼少時代の田舎の生け垣での日々の経験から、生活に、そして後の政治や外交で必要となる叡智を身につけたのであろう。それは、書物や大学などから得る観念的知識ではない。経験主義的な知識こそを本質的とみなすイギリス社会ならではの、堂々とした誇るべき教養であった。

ベヴィンにとって階級闘争は必然ではなく、また雇用者は暴力的に打倒するべき敵ではなかった。そもそもベヴィンには、マルクスの『資本論』などという難解な書物を読む力もなかった。むしろ多くの場合に彼の雇用者は彼を助け、ベヴィンが労働組合運動のような政治活動へと進むための支援をしてくれた[19]。教養とは、書物のみによって得られるわけではない。

歴史家デイヴィッド・キャナダインは、この時代の労働者の多くは結党間もない労働党ではなく、むしろ保守党や自由党に投票していた事実を明らかにする[20]。というのも一九世紀末から二〇世紀初頭にかけての労働者の多くは保守的な考えの持ち主であり、また労働者と雇用者は多くの場合に互助的な関係にあったからだ。ケア・ハーディーやラムゼイ・マクドナルドのような労働党の指導者たちも、マルクス主義的な「階級闘争」の理論を排して、より協調的で調和的な議会政治を通じて、労働者の権利や福祉の拡大を求めていたといえる。

彼は二九歳になるまで、労働者として様々な職種を転々としていた。力強く勤勉なベヴィンは様々な仕事を通じて経験を蓄積し交際を広げる一方で、毎週日曜日に教会に行く習慣をブリストル時代に定着させていった。それは亡き母ダイアナから受け継いだ習慣であり、教会での聖書を読む講座を通じてベヴィンは道徳や人間の尊厳を学んでいった。

ブリストルの教会でベヴィン青年は、高名な非国教派牧師のモファット・ローガンの説話を聞きそれに魅了されていった。ローガンは情熱を秘めた実践的な社会改革者であり、毎週日曜日夕方に聖書のセミナーを開き、幅広い階層の聴衆を集めていた。そのセミナーを通じてベヴィンは政治や社会問題への関心を強めていった。後年ベヴィンは、「それは素晴らしい授業だった」と回顧している[21]。さらにベヴィンは、ブリストル社会人学校運動（Bristol Adult School Movement）と呼ばれる社会人向けの授業に参加して、そこでブリストル大学の高名な経済学者や政治学者の講義を聴くことになる。教会と社会人学校での魅力的な「授業」は、若く情熱に溢れるベヴィンに最良の教育の機会を提供したのである。

ベヴィンは一八歳の時にブリストルのマレン教会で洗礼を受けて、以後そこの講話者の一人となった。彼の説話は力強く情熱的であり、それは多くの場合に誠実で感動的なものであった。独特の雄弁術は、後に政治活動を進める上での大きな武器となる。神学について真剣な勉強も重ねていったが、しかしそれはあくまでも実践的な動機に基づくものであった。すなわち、いかにして貧困な人々がより良い暮らしを手に入れることが出来るのか、より幸福な生活を送れるのかといった問題への根源的な関心である。そのため彼の関心は徐々に、教会の説教壇からブリストル社会主義協会へと移っていった[22]。

ベヴィンと同世代の労働党幹部の多くが、マルクス主義の信条を吸収し、理論的な関心から社会主義を志していたのとは対照的に、ベヴィンは実践的で社会的な理由から政治の道を歩み始めていた。一九一〇年にベヴィンはブリストルの港湾労働者組合の書記長として、政治的な第一歩を刻んだ。四年後の一四年には、同じ組合の全国組織へと転じ、一九二二年には、運輸一般労働組合の設立幹部となった。労働運動の指導者として、その巨大な体格とともに、全国にその名を広く知らしめることになる。

ベヴィンの伝記を著し、またベヴィンと親しく接していたフランシス・ウィリアムズによれば、ベヴィンはブリストル社会主義協会ではじめて、緊密で一体感のある人間関係を構築できたという[23]。両親と死別し、家族愛にあまり恵まれなかったベヴィンにとって、この時代に確立しつつあった彼の属する労働組合こそが、最も愛着のあるコミュニティであった。都市化が進み、社会が個人主義化する中で、労働者階級はあたたかみのあるコミュニティをベヴィンに提供したのである。だからこそベヴィンは生涯、たとえ権力の中枢に入っても、そして内閣の中心で活躍しても、労働者たちを「私の人々(my people)」と呼び、彼らへの愛を失うことはなかった。発音、服装、マナーにおいて、自らが労働者階級を体現していることを忘れなかったのだ[24]。

労働者階級の人々の生活を守り、彼らの生活水準を向上させてより良い人生を送ってもらうこと、それこそがベヴィンにとって政治を行う重要な原動力となっていたのである。それは、オクスフォード大学やケンブリッジ大学を卒業し社会主義思想に魅了されていった、多くの左派系知識人たちとは異なる政治姿勢であった。

敬虔なキリスト教徒であり、あたたかい人間性を備えたベヴィンが、ソ連の共産主義体制に嫌悪感を抱くことはそれほど不自然なことではなかった。マルクスの分厚い『資本論』はもちろんのこと、同時代の左派系知識人や労働党政治家の多くが魅了されていた社会主義の理論家の書物の数々も、ベヴィンには無縁であった。ベヴィンにとっては、あくまでも自らの同胞である労働者の生活を守り向上させることが政治に携わる第一の目的であった。

こうした柔軟性とプラグマティズムは、必然的に、労働党政治家ベヴィンが保守党の政治家と友好関係を築く土壌ともなっていた。同時に、ベヴィンは本能的にスターリン主義やヒトラーの独裁体制に嫌悪感を抱いていた。彼の政治姿勢は、ウィンストン・チャーチルやアンソニー・イーデンといった第二次世界大戦時に政権の中枢を占める反宥和派の保守党政治家たちとの信頼関係を築く契機となり、一九四〇年五月に成立する戦時挙国一致内閣で労働大臣として政治指導の中心舞台に立つ背景ともなった。

5　イーデンが育った世界――貴族階級の教養

アンソニー・イーデンが生まれたのは、ベヴィンが一六歳の時、一八九七年六月一二日のことである。ヴィクトリア時代の末期であり、一九世紀が幕を閉じようとしていた。イーデンはそのような時代に、イングランド北部ダーラムにある豪奢なマナー・ハウス、ウィンドルストン・ホールに生まれた。父親は第五代准男爵のサー・ウィリアム・イーデンで、貴族に次ぐジェントリの地位にあった[25]。高い地位ではないが、イギリス上流階級の空気を存分に浴びて、幼少時代を過ごしていた。

幼少時代について、イーデンは他界する一年前に回顧録『異なる世界(*Another World 1897-1917*)』で愛惜を込めて綴っている。晩年にこの館を訪れたイーデンは、すでに住人のいない廃墟となったマナー・ハウスを目にした。それは、堂々とした構造とは対照的に寂しい佇まいを残していた。イーデンは、高い文学的教養に包まれた美しい文章で幼少時代を追憶する。その第一章のタイトルは、「ブラバゾンとバルビゾン」。幼少時代を過ごしたダーラムのウィンドルストン・ホールの館を、晩年のイーデンが訪れる場面からストーリーがはじまる。

「いいかい、ここに来なさい、少年。私がおまえに、ブラバゾンとバルビゾン派の違いを教えてあげよう」。この言葉が、幼少時代のイーデンにとって、はじめて近代絵画に触れる誘いとなった。

ウィンドルストン・ホールの壁という壁には、高価な絵画が飾られていた。少年のイーデンには、なぜ自宅にこれほど多くの絵画が飾られているのか分からなかった。その頃のイーデンにとって、絵画とは壁に空いたスペースを埋めるための代物にしか感じられなかった。しかしそれども、次々と新しい絵画が自宅に届くのである。

ウィンドルストンには、イーデンの祖父が購入した数々の絵画や家族の肖像画に加え、絵画の収集癖のある父ウィリアム・イーデンが購入した高価な近代絵画が多く並んでいた。フランスのバルビゾン派を代表するコローのように、まだ当時それほどその価値が広く知られてはいなかったものも含めて、ウィリアムは自らの鑑識眼をもって優れた絵画を多く手に入れていた。自慢の絵を、父は息子に向かってとうとうと解説する。その価値やそれぞれの絵画の違いなど、少年イーデンにはあまりよく理解できなかったが、それでもスペインの高名な彫刻家アロンソ・カノの絵画など、比較的気に入った絵もあった[26]。イーデンにとって芸術は、幼少時代の父との良好な関係や、愛すべきウィンドルストン・ホールの甘い想い出と深く結びついていた。

とはいえ、イーデンの幼少時代のすべてが幸福に包まれていたわけではなかった。『異なる世界』ではあまり触れられていないが、すでにイーデン家の家運は傾いており、絵画収集癖のある父親や消費好きの母親のゆえに将来に暗雲が漂っていた。イーデンの公式評伝を執筆したD・R・ソープは、「お金の問題は、イーデンの人生で一貫した懸念の材料であった」と書いている[27]。さらに、かんしゃく持ちの父親から日々むち打ちを受けており、父親は三男のアンソニーに対してほとんど愛情を注ぐことはなかった[28]。それだけではない。イーデンは生涯、サー・ウィリアムが実の父親かどうか、疑念を抱いていた。というのも、母シビルは、政治家であり文人でもあったジョージ・ウィンダムに魅了され頻繁に密会を重ねていたからである。実際にイーデンの容姿は、ウィンダムと酷似していた[29]。そのような疑念からも、イーデンの家族内での疎外感は膨らんでいった。

一九一一年に家族のもとを離れて、名門パブリック・スクールのイートン校に通い始めたイーデンは、内気な性格で芸術や読書に没頭する日々が続いていた。その父親もイーデンが二〇歳になる直前の第一次世界大戦中に、病気で亡くなっていた。一人になった母親は常に家計を圧迫し、一九三六年には自邸であるウィンドルストン・ホールも他人に売却せざるを得なくなる。

それだけではない。第一次世界大戦勃発間もなく、イーデンが最も敬愛していた長兄のジャックが戦死し、イーデンと最も良好な関係にあった弟のニコラスもユトランド沖海戦でほどなく落命する。残されたのは、イーデンとは折り合いの良くなかった次兄のティムと、まもなく嫁いでいく姉のマージョリーである。ティムがイーデン家を継いで准男爵(baronetcy)の称号を受けると、自然とイーデンはウィンドルストン・ホールから距離を置くようになる。イーデンは二〇歳を前後して、愛する家族と次々と離別する悲運に見舞われ、人間的にも経済的にも自立せざるを得なくなった。

6 パブリック・スクールのエリート教育

イーデンは貴族的な上流階級の生活環境で幼少時代を過ごしながらも、准男爵の称号を世襲できる長男ではなかったために、庶民(commoner)として人生を送ることが運命づけられていた。そもそも准男爵は、世襲貴族の中でも地位の低い称号であった。そのような貴族階級と庶民の二つの世界の境界線に生きたからこそ、イーデンはイギリス社会の変容に柔軟に対応できたのかもしれない。

一九世紀のイギリスでは、ヨーロッパ大陸の貴族制の諸国の多くと異なり、世襲貴族はきわめて限定された数に止まっていた。一九〇一年にイギリス(連合王国)全体の人口は四一二五万人であったが、世襲貴族の総数は五五〇人に過ぎなかった[30]。また二〇世紀に入り工業化が進むと、次第にイギリスの都市部の政治は、アッパー・ミドルの階層によって動かされるようになっていった。その意味でイギリスは本質的には、貴族制の国家というよりも、中流階級や労働者階級が中心の国といえる。

イーデンが属する世界は、上流階級とはいえ貴族階級というよりも、明らかにアッパー・ミドルであった。ゆえに、大富豪あるいは高い爵位の貴族が集まるイートン校で学ぶイーデン少年は、むしろ劣等感を抱いたことであろう。新興のアッパー・ミドルの家庭の子弟が数多く学んでいたラグビー校やチェルトナム校、ウェリントン校などのパブリック・スクールとは異なり、この時代のイートン校は極めて排他的な世界であって、貴族階級が占有する空間であった[31]。一九世紀末から二〇世紀初頭にかけて、グラッドストン、ソールズベリ、ローズベリ、バルフォアと、イートン校卒業生が四人続けてイギリス首相に就任している。さらに前者三人は、オクスフォード大学クライストチャーチ・コレッジの卒業生であった。半世紀後、イーデンもまたイートンとクライストチャーチの卒業生として、首相に就任する。労働者階級が台頭し、大都市におけるアッパー・ミドルが徐々に政治での影響力を拡大しつつある中で、イートンやオクスフォードでは古風な古典教育を基礎とした特殊な世界観が保存されており、イーデンはこのような環境の中で教育を受けることになる。

イギリスでは、いわゆる「パブリック・スクール」と呼ばれる私立学校がエリート教育の中枢を占めていたが、それには二つの種類があった。社会史家ロス・マッキビンはこの二つの違いこそが、エリート教育の過程で決定的な違いをもたらしていると指摘する[32]。それは、全寮制学校(boarding schools)と通学制学校(day schools)である。前者にはイートンやハローなどの名門校が含まれ、後者にはセント・ポール校、マーチャント・テイラー校、マンチェスター・グラマー・スクール、バーミンガムのエドワード六世校などがその代表的存在として知られる。近年では進学実績は概して後者の方が良いのだが、イギリスの政財界など権力の中枢は依然としてこの時代には圧倒的に前者の卒業生によって占められていた。一九五五年になっても、保守党下院議員の二割ほどがイートン校たった一校の卒業生で占められていた[33]。

イートンやハローのような伝統的な全寮制パブリック・スクールや、オクスフォードやケンブリッジのような古い大学は、徹底して古典を教育の中心に位置づけてきた。たとえば、一九三六年のイートン校では、古典を教える教員が三九人いたのに対して、科学を教える教員はわずか九人、歴史に至っては四人に過ぎなかった[34]。ギリシャ語やラテン語を徹底的に教育し、それをもとに古典の原典を読むスタイルの教育は、二〇世紀に入ってもしばらくは変わることがなかったのである。そこから教養を汲み取ることが、イギリスのエリートには求められていた。それは、より実践的な科学や外国語などの学習に力を入れるアメリカやドイツ、あるいは日本などの新興工業国のエリート校の教育とは大きく隔たったものであった。イギリスが古典に偏重した教育カリキュラムを大幅に修正することになるのは、第二次世界大戦後のことであった。

イートンやハローのような全寮制パブリック・スクールでは、戦時に帝国を防衛するための士官を輩出することが学校教育の重要な使命の一つとなっており、それはウェリントン校やチェルトナム校において顕著であった[35]。イートン校の学生であったイーデンが第一次世界大戦で率先して戦場に赴くことは、学校の教育精神からすれば当然ことであった。一九一四年六月、サラィヴォ事件の報に接した。彼の心がその後、大陸の戦争へと惹きつけられていったのは、そのような学校教育の影響であると同時に、当時の上流階級に見られた一般的な時代精神でもあった[36]。

イーデンが生きた時代においては、「高貴なる義務（*noblesse oblige*）」として、恵まれた立場にある者たちが、国家のために一定の義務を負うことが崇高な精神と見なされた。またそのような精神によってイギリス帝国が守られると考えられていた。「高貴なる義務」の精神は、通学制パブリック・スクールに比して全寮制パブリック・スクールの教育において徹底していたと、マッキビンは指摘する[37]。名門ハロー校を卒業したウィンストン・チャーチルが、その後サンドハースト陸軍士官学校に入学するのも、こうした背景からすれば理解しやすいことであろう。それもそのはずで、これらのパブリック・スクールの校内の至るところに、同校ＯＢの戦死者を讃える慰霊碑が置かれており、在学生たちはそのような「栄光」のかたちを目にしながら日々の生活を送っていた。戦争は彼らのすぐ近くにあったのだ。

イーデンが卒業したイートン校は、ハロー校とならびイギリスにおける最高の名門パブリック・スクールであり、これに続く「クラレンドン九校（Clarendon nine）」と呼ばれる、ラグビー、ウェストミンスター、シュリューズベリー、チャーターハウス、ウィンチェスター、セント・ポール、マーチャント・テイラーがその頂点を占めていた。セント・ポールとマーチャント・テイラーは通学校であるため、全寮制をとる最初の七校が、典型的な上流階級向けのパブリック・スクールといえる[38]。イギリスのパブリック・スクールとは高額な授業料が課せられる私立学校であり、裕福な家庭の子弟のみが入学できるきわめて限定された教育組織であった。

7 戦場という新しい社会

一九一四年の夏、第一次世界大戦が勃発した。イートン校の生徒としてまだあどけなさが残るイーデンも、英仏海峡を渡り、国家に奉仕すべく陸軍中佐としてヨーロッパ大陸の戦場で戦う運命となった。青年時代のイーデンは、そこで見事な戦績を挙げると同時に悲惨な戦争の現実を目にした。幼少時代の甘美な記憶とは異なり、過酷で凄惨な戦場での経験は、イーデンに多くのことを教えることになる。ベヴィンが家族愛に恵まれぬ中で労働者として過酷な現実に向かい合った一方、イーデンは過酷な戦場で生き抜く術を学んだ。

それだけではない。戦場では社会階級などは存在しない。貴族もミドル・クラスも労働者も、みな同じ軍服を着て銃を握り、迫り来る死の兆候に怯えている。第一次世界大戦は疑いなく、社会の平準化の機能を果たし、民主主義の時代の到来を準備した。それは、庶民の世界から遠く隔離されていたイートン校とは、大きく異なる世界であった。自らの経験こそが重要な人生の教科書となり、そこで独立した精神や自立的な行動の必要を学んだのであろう。

戦時中にイーデンは、外交官か政治家の道を進むことを考えたが、最終的に政治家への道を歩むことにした。終戦とともにイーデンは、姉のマージョリーに書簡を送り、その中で「私はかなり真剣に、次の総選挙で議員に立候補することを考えています」と綴っている[39]。しかし母シビルは、息子がまず大学に進学することを強く求めた。イーデンは、母親の意見を聞き入れて、イーデン家が代々通ってきたオクスフォード大学へ進学することに決めた。オクスフォードの中でも名門であるクライストチャーチ・コレッジの学寮に進む。そのホールには祖先のオークランド卿ウィリアム・イーデンの肖像画も掲げられている。この時代のイギリスの大学は、他国と比べてもきわめて排他的で限定的な教育機関であった。一九一九年の時点で、イギリスの同年齢の中でわずか一・五パーセントが入学するに過ぎなかった[40]。その中でも、オクスフォードとケンブリッジの存在感は圧倒的であって、政治家、外交官、主要銀行幹部などの多くの者が両大学の卒業生で占められていた。

イーデンが大学の東洋語学部で学んだのは、アラビア語とペルシャ語であった。外国への関心と異文化への好奇心がそこには見られる。学生時代のイーデンは、戦場での悲劇と興奮が冷めやらぬ中で、年少の同級生たちとはあまり親密な関係を築くこともなく、引き続き芸術への関心を深めていき、シェイクスピア演劇などに没頭した。シェイクスピアについての造詣の深さでは、他の学生を圧倒していた。イートン校やオクスフォード大学のクライストチャーチ・コレッジという典型的なエリート教育の軌跡を辿りながら、同時にイーデンは孤独な時間を過ごすことも多かった。それは彼の性格による部分も大きいし、戦場での経験によるところも大きいのだろう。

いずれにせよイーデンは、政治の世界を目指す上流階級出身のエリートとして、学校教育を卒業する。卒業直後の二三年一二月の総選挙で、イーデンはイギリス中部のウォーリック・アンド・レミントンの選挙区から立候補して見事勝利を収めると、保守党政治家としての一歩を踏み出した。それは、アーネスト・ベヴィンが労働組合幹部として政治的活動を始める時期とほぼ重なっていた。二人の人生は、イギリス政治の舞台上で交錯し始める。

8 没落する貴族、台頭する労働者

デイヴィッド・キャナダインは、「一八八〇年代」はフランス革命の起きた一七九〇年代や大陸で革命が続いた一八四〇年代と並んで、ヨーロッパの階級社会にとって最も大きな変動の一〇年であったと指摘する[41]。ベヴィンが生まれたのが一八八一年、イーデンが生まれたのが一六年後の一八九七年である。巨大な社会変動とともに二人は生を受けた。

階級社会の変動にはいくつかの理由があった。それまで土地貴族は田舎に巨大な領地を有していたが、都市化と工業化が進むことによって田舎での農業経済の生産性が著しく低下していった。南北アメリカなどからの輸入による安価な農産物の輸入とも関連する農産物価格の急落が、土地貴族の生活に大きな打撃を与えたのだ。

とはいえ、そのような貴族的な世界が残る領域の一つが外交の世界であった。一九四五年七月に労働党政権が成立してベヴィンが外相になるまでの半世紀ほどの保守党の外相を概観すると、第三代ソールズベリ侯爵、第五代ランズダウン侯爵、アーサー・ジェームズ・バルフォア、初代カーズン伯爵、サー・オースティン・チェンバレン、サー・サミュエル・ホーア、アンソニー・イーデン、第三代ハリファクス子爵と、八人中で七人がイートン校かハロー校のいずれかの名門パブリック・スクールを卒業している（ハロー校出身はホーアのみ）[42]。唯一の例外が、ラグビー校を卒業したミドル・クラス出身のチェンバレンだ。また八人中でサーを含めた貴族の称号を持たないのは、バルフォアとイーデンだけであった。

ましてや、名門パブリック・スクールおよびオクスブリッジ出身の外交官たちに囲まれる外務省の中で、ベヴィンがどれだけ異質な存在であったのか理解できるであろう。一八九七年から一九〇八年までの一一年間に外務省採用試験を合格した者の内訳は、調査数二二人のうち半数の一一人がイートン校卒業であり、一九〇九年から一三年まではその数は一六人中九人であった[43]。イートン校卒業でない者というだけで、外務省内ではマイノリティであったのだから、多くの外務官僚にとってベヴィンのような労働者階級の出自の指導者に仕えることは、未知の経験であった[44]。

そのような伝統に風穴を開けたのが、イーデンとベヴィンの二人であった。一九四一年以来イーデンは外相として外務省採用制度の改革を検討しており、一九四三年にはその改革案を公表する白書を提出した。その白書で次のようにイーデンは記している。「外務官僚に向けられる批判の中には、あまりにも小さなサークルの中から採用をしているであるとか、国家全体ではなくて国民の一部の階層の利益を代表する傾向があるだとか、彼らは経済や社会の問題に十分に精通していないだとか、彼らが対処しなければならない問題の数々を適切に理解するにはあまりにも限られた経験しか有していないだとか、彼らが駐在する諸国の人々と十分に幅広く交際するためには彼らの交流する世界はあまりにも狭すぎるだとか、そのようなものが見られる[45]」。

イーデンはきわめて強い言葉で、外務官僚の採用が狭い階層からのみに限られている現状に憂慮を示していた。外相のイーデンは、労働大臣のベヴィンとともにこの外務省改革案を提出し、見事法案として通過させることに成功した。そのためにこの法案は、「イーデン＝ベヴィン改革」と呼ばれている。これ以降、外務省内の人事は、身分や出自ではなく、その人物の能力への評価をより重視するかたちで行われていく。

はたして優れた外交官には、どのような教養や能力が求められるのか。外務省改革の恩恵を受けた一人であり、イーデン、ベヴィン外相の下で外務事務次官を務めたウィリアム・ストラングは次のように論じる。「外交の技術とはすなわち交渉の技術であって、それは特殊な場面で行使される。しかしそれは、労働組合の激しい交渉という学校の中でも学ぶことは出来るし、労働者と雇用者という二つの勢力の間の衝突の中においても学ぶことも出来る。そこでの目的はしばしば、対外関係と同じように、勝利というよりはむしろ忍耐強い調停なのである。彼の思想の本質とは、国際コミュニティの構築であって、それは親密な会合や具体的な目標への献身によって実現可能であるのだ[46]」。

9 ベヴィン外交のリアリズム

ベヴィンが外相の座に就いた一九四五年七月は、イギリスにとってきわめて難しい時期であった。国民世論が対独戦勝に沸き返りイギリス帝国の偉大さに酔いしれる一方で、植民地は独立派の要求の前に瓦解の道を歩み始め、イギリスは世界最大の債務国となり、経済も軍事も疲弊しきっていた。いかにしてイギリスは自らの国益を守るのか。アメリカとソ連という二つの巨大な大陸国家を前に、「三大国」の一角を占めるイギリスはいかにして自らの地位を維持するのか。外交経験のないベヴィンにとって大きな難問であったのが、イギリスが自らの提携すべきパートナーとして、アメリカを選ぶべきなのか、あるいはソ連を選ぶべきなのか、それともこの二つの超大国から自立した「第三勢力（the Third Force）」の道を進むべきなのか、という問題であった。

これは必ずしも、自明ではなかった。イギリス政府は一九四二年にソ連との間で英ソ相互援助条約を締結しており、戦後ヨーロッパ大陸の安全と復興のため、そしてドイツの軍国主義の再来を防ぐためにも、ソ連との協力が重要であった。同時に労働党の中には、親ソ的で、マルクス主義に親近感を持つ議員も少なくはなく、ソ連と敵対的な関係に入ることへの抵抗が強かった。

しかしながらベヴィンはそうではなかった。そもそも高等教育を受けてないベヴィンにとって、難解なマルクス主義の理論など分からず、ソ連の社会主義への憧憬もなかった。他方でベヴィンは自ら、それまでに何度となくロシアを訪れたことがあり、ロシア人と交渉をしたこともあった。自らの経験を頼りに、ロシア人やロシアの政治が、労働者にけっして優しいものではないことを強く感じていた。それゆえ、自然とベヴィンはロシアへの嫌悪感を醸成させていた。さらには、若き日にキリスト教の信仰心に深く染まっていたベヴィンにとって、宗教を悪とみなす無神論的なソ連共産主義国家は、非道徳的な国家と映ったのかもしれない。

ベヴィンは、アメリカとソ連のいずれにも一定の不信感を抱きながらも、ソ連よりもアメリカの方がイギリスのパートナーとしては好ましいと感じていた。そして、労働者の生活を保護すべく社会福祉が芽生えつつある西ヨーロッパの社会民主主義諸国こそが、もっとも望ましいパートナーと思われた。ベヴィンは次のように述べている。「われわれは、共産主義の原理と実践に対してと同様に、抑制を知らない資本主義の非効率性、社会的不平等、そして道徳的弱点を攻撃すべきである[47]」。むしろ、「西ヨーロッパのすべての民主主義勢力の精神的、道徳的、そして政治的領域において、その指導を行うのは、アメリカ人ではなくて、ヨーロッパ人として、また社会民主主義政権としてのわれわれである」。こうしてベヴィンの外交は、フランスとの提携に重きを置くようになっていた。

当時の駐仏大使であったダフ・クーパーは、この頃のフランスからイギリスへの輸出品が贅沢品しかなかったために、その大半を占めるワインの関税を下げるようベヴィンに要請した。親仏的なクーパーは、英仏協調を促進するための英仏条約締結へ向けて努力を続けており、両国の友好を深めるためにも、イギリス国民がより多くのフランス産品を輸入することが重要だと考えた。その提案を、ベヴィンは次のように述べてすぐさま快諾した。「私にはワインはあまり問題ではない。」というのも、「私はウィスキーの方が好きだからだ。だが、私は人びとがもっとワインを多く飲むようになって欲しいと思う。私は、ワインはいいものだと思う。私はいいものを見つけたときに、それが金持ちに独占されることを止めさせたいと思う。そして、労働者がそれをたっぷりと飲んで欲しいと思う[48]」。自らは保守党政治家であり貴族的なマナーを好むクーパー大使だが、労働党政権の外相のあたたかいユーモア溢れる言葉を聞いて、ベヴィンへの敬愛の念を深めたことであろう。このようにしてイギリスとフランスは接近していった。

当初ベヴィンは「自由、計画、そして社会的正義を信じており、『第三勢力』であるイギリスこそが、外交の指導的立場に立つべきだと考えていた[49]。しかしそれはけっして硬直的で原理主義的な思考ではなかった。その点で、理念と観念に基づいて硬直的に社会主義の実現を目指す、他の多くの労働党政治家とは一線を画していた。ベヴィンにとって重要なのは、労働者の生活を守り、イギリス国民の安全と幸福を守り、国際コミュニティの発展にイギリスが貢献することであった。それゆえベヴィンは徐々に、自らが信じる「第三勢力」構想を捨てて、アメリカとの軍事同盟へと向かって行く。アメリカの資金援助や防衛関与がなければ、西ヨーロッパの人びとの経済復興や安全保障が困難になると考えたのだ。

とりわけ、一九四八年三月にチェコスロバキアで共産主義者のクーデターが起ったことが大きな転機となる。暴力的な手段を用いてでも、政権から社会民主主義者を追い出そうとする共産主義勢力の手法に怒りを感じた。それゆえに同月にベヴィンは「西欧文明への脅威」と題する閣議メモランダムを提出し、「ソヴィエトの膨張が示す、迅速に増大する西欧文明への危機」に対抗するために、十分な軍事力を持つ重要性を説いていた[50]。

健全な道徳心とリアリズムが融合するところに、ベヴィン外交の真価が見られた。それは独善的で硬直的なイデオロギーとも、無責任で短絡的な楽観主義とも無縁であった。誰とでも交渉に応じ、しかも相手への敬意を示すことを忘れないのが、ベヴィンの強さであった。他方で、ヒトラーのドイツへの宥和主義を弾劾したように、弱さから妥協を繰り返す危険も十分に悟っていた。彼は敬虔なキリスト教徒であり、外交における倫理的な側面を看過することもなかった。そこに、ベヴィン外交の本質があった。

その後ベヴィンは、外相としてブリュッセル条約、さらには北大西洋条約締結へとイギリスを巧みに導いていった。そして、共産主義勢力が影響力を広げ、一九四八年から四九年にかけてのベルリン封鎖や一九五〇年の朝鮮戦争が勃発した際も、十分な軍事力に基づいた毅然たる外交と、外交目的を見失うことのない柔軟でバランスのとれた政策を進めていった。一九四五年七月にベヴィンが外相に就任した際には、ベヴィンへの社会階層的な違和感や、労働党政権へのイデオロギー的な不信感から、外務省全体に懸念が渦巻いていた。しかし時間が過ぎるとともに、彼と身近に接する外務省高官は例外なくベヴィン外相への忠誠を誓うようになる。ベヴィンを頂点としてイギリス外務省は見事な結束を示し、優れた外交を展開していった。それは、ベヴィンが労働組合の指導者として活躍し、部下に信頼された構図と同様のものであった。

病を得たベヴィンは一九五一年四月一四日、現職閣僚のまま永眠した。タイムズ紙は次のようにその死去を伝えた。「彼はいくつかの深刻な失敗を犯した。しかしながら、彼の偉大さを疑うことなど問題外である[51]」。ウェストミンスター寺院で行われたベヴィンの葬儀には、国王から労働組合員まで多様な階級の人びとが集まった。それはまさに、階級の壁を乗り越えて政治を行い人びとと交際したベヴィンの人生を象徴するかのようである。

その半年後の一九五一年一〇月には、イギリス総選挙で保守党が勝利を収め、再びアンソニー・

イーデンが外相の座に就くことになった。イーデン外相もまた、道徳や社会的正義といった価値を大切にしながら、同時にイデオロギーに拘束されず柔軟であった点で、ベヴィンと同様の外交を展開した。それはリアリズムの立場からアメリカとの防衛協力を重視すると同時に、緊張緩和を進めるためにはソ連との交渉も辞さないものであった。ベヴィンとイーデンの活躍は、自由競争と社会的正義が融合し、上流階級と貴族階級の協力が不可欠となった新しいイギリスの社会を背景としたものであったのだろう。彼らの台頭は、偶然がもたらしたものであると同時に、社会的必然でもあったのかもしれない。

10　外交指導者にとっての教養

ウィリアム・ストラングはベヴィン外相の下での日々を回顧して、次のように記す。

「ベヴィンにおける公式の教育の欠落は、予想に反してそれほど大きな欠点とはなっていなかった。彼の筆跡は不器用で、彼の書いた文章は読解困難であった。カーズンやオースティン・チェンバレンが彼の部下に指示したであろう注意深く書かれた長文のメモランダムを、彼に期待することは出来なかった。しかしそれらは、ほとんど問題にはならなかった。彼の執務室での三十分ほどの会話は、いくつもの書面でのメモランダムほどの価値を持つものであったし、われわれはそのために彼を待つことを何ら気になどはしなかった。その後には、最もあたたかく親切で寛容な歓待を期待できたからだ。おそらくわれわれは時として、彼の寛容さに少しばかり甘えすぎていたのかもしれない[52]」。

ベヴィン外相の部下たちの回顧録を読むと、あたたかく甘い追憶の言葉で溢れており、いかにベヴィンが部下たちに敬愛されていたのかがわかる。同様のあたたかな賛辞を他の外相について見いだすことは困難である。それは、ベヴィンが労働組合の幹部であった頃に、「ベヴィン・ボーイズ」と呼ばれる彼の部下の労働者たちに敬愛されときと同じ種類の信頼関係であっただろう。どのような組織にいても、彼は徹底して自分の下で働く者たちのことを考え、愛情を注いでいた。ベヴィンからすれば、労働組合も外務省も一つの血の通った「家族」であったのかもしれない。フランシス・ウィリアムズが記すには、青年時代にブリストルで労働する中で、「とりわけベヴィンが学び、高い価値を置いたのは、労働者階級の同志愛(comradeship)であった[53]」。そのような同志愛こそが、ベヴィンの存在を支えるものであった。

それを示す一つのエピソードがある。一九四四年にノルマンディ上陸作戦へ向かうイギリス兵を閲兵するために、チャーチル首相はベヴィン労相を特別列車に乗せて英仏海峡へと向かった。列車の中で、目前でいきなり靴磨きを始めたベヴィンの姿を見て、位の高い公爵家の血を引くチャーチルは憤慨した。イギリスの兵士を動かす戦時内閣の閣僚にして労働相である政治家ベヴィンが、自ら靴磨きをするとはなにごとか。すぐさま側近に、王立海兵隊の兵士一人を労相の当番兵として靴磨きをさせるよう指示を出すチャーチルにベヴィンは戸惑い、次のように首相に向かって述べた。「首相、そのようにはなさらないでください。私は、自分の靴を磨くときに、とびきり素晴らしいアイデアが思い浮かぶのですから[54]」。ベヴィンにとって、兵隊一人一人が自らと同じ地位の「同志」であった。彼らに対する愛情からも、その「同志」に靴を磨かせることは、ベヴィンには出来ないことであった。それだけではない。いま自分が語りかけている兵士たちが、これから海峡を渡って激しい戦闘に赴き、そこで命を失うかもしれないことに、大きな悲しみを感じていた。

こうしたベヴィンの政治家としての感性に触れて、アラン・ブロックは次のように記している。「ベヴィンにとっての慈愛(humanity)は、チャーチルにとっての歴史意識と同様のものであった。そして、自らが話しかけたそれらの兵士たちのこれから海を越えて待ち構えている運命に想いを寄せて、列車に戻ろうと歩いている途中に彼の目に涙がこみ上げていた[55]」。ベヴィンが、生い立ちとともに身につけた慈愛の精神こそが、政治家ベヴィンの麗しい美徳の一つであった。

それに劣らず重要なのは、彼の豊かな行政能力の手腕である。クレメント・アトリーはベヴィンの有する次のような美徳を指摘する。それは第一に「同僚への偉大な忠誠心」であり、第二に「偉大な行政能力と幅広い知識」であり、第三に「彼と働くすべての者の愛情を膨らませる力強さ」である。そのようなベヴィンの「忠誠心」によって結ばれていたのは、盟友アトリーや戦時内閣で運命を共にしたイーデンばかりではない。アメリカの国務長官ジョージ・マーシャルや、さらにはときに厳しく対決したソ連外相のモロトフさえも、ベヴィンに一定の敬意や愛情の念を示すことを忘れなかった。またアトリーはベヴィンの美徳として、「交渉における偉大な能力」をそこに加えている[56]。それこそが彼が外交指導者として優れた成果を残した、決定的に重要な要素であろう。さらにベヴィンをよく知るアトリーならではの次のような言葉が続く。「それが国内政治であろうと国際政治であろうと、政治がふつうの男性の人たちや女性の人たちの生活に関わる問題であると決して忘れなかったことこそが、彼の偉大な美徳であった[57]」。

これらのベヴィンの美徳や能力を深く見抜くだけの教養を、イーデンは持ち合わせていた。イーデンにとって社会的階層の違いや、エリート教育の経験の有無は、それほど大きな意味を持っていなかった。それ以前にイーデンにとってベヴィンは、一九四三年のイーデン＝ベヴィン改革を実現させる上での盟友でもあり、一九三八年には反宥和政策について自らの立場を支えてくれた頼もしい支援者でもあった。その意味で、イーデンから外相を引きついだ一九四五年から一九五一年までのベヴィンが基本的にそれ以前の外交政策を継続させたのは自然であったし、一九五一年に再びイーデンが外相に戻ったときに彼がベヴィンの外交路線を継承したのも当然であった。一九三五年から一九五五年までの危機と戦争の二〇年間に、イーデンとベヴィンという互いに尊敬しあう二人が外交を指導したことは、イギリスにとって何と幸運であったことか。まるで二人の間に貴族と労働者の間の階級的な壁など存在しないかのように。

二人が政治家として活躍する背景となったのが、一八八〇年代の貴族階級の没落と労働者階級の台頭という巨大な社会的階層の変容であった。政治の舞台が貴族院から庶民院へと移り、より広い社会階層から政治家や外務官僚が集まるようになった。そのような流れに乗った二人が、一九四三年の外交官採用をめぐる改革を牽引することは必然であったのかもしれない。

両者が、自らの知識と政治能力を磨いた場所はそれぞれ異なっていたし、教養や知識の意味も大きく異なっていた。しかし、実際の経験や試練によって能力を磨き、自立した精神によって道を切り開き、勤勉さと誠実さによって交渉を進めていくこの二人は、とりわけ外交指導者としての素養において多くの美徳を共有していたのかもしれない。イギリス社会には経験主義の思想が浸透し、純粋な理論に基づく観念主義的な思考を敬遠する伝統があった。それをベヴィンとイーデンは、よく理解していた。マルクスが生きた一世紀後にベヴィンとイーデンという二人の優れた外交指導者が示した友情と信頼関係は、必ずしもイギリス社会が、マルクスが描いたような歴史的必然としての「階級闘争」に支配されたものではなく、経験による教養と優れた慈愛の精神によって支えられていることを示しているのかもしれない。

註

1——この間の二度の例外が、一九三八年から二年弱外相を務めたハリファクス子爵と、一九五一年三月にベヴィンの死後緊急に外相に転じて半年間そのポストを務めたハーバート・モリソンの二人である。

2——Anthony Eden, *The Reckoning* (London: Cassell, 1965) pp.550-1; 細谷雄一『外交による平和——アンソニー・イーデンと二十世紀の国際政治』(有斐閣、二〇〇五年) 七六頁。

3——そのベヴィン時代の外交については、細谷雄一『戦後国際秩序とイギリス外交——戦後ヨーロッパの形成、一九四五〜一九五一年』(創文社、二〇〇一年) が詳しい。

4——William Strang, *Home and Abroad* (London: Andre Deutsch, 1956) p.288.

5——Clement Attlee, "Foreword", in Francis Williams, *Ernest Bevin: Portrait of A Great Englishman* (London: Hutchison, 1952) p.7.

6——Preface, Alan Bullock, *Ernest Bevin: A Biography*, edited by Brian Brivati (London: Politico's, 2002) p.ix.

7——Preface, Alan Bullock, *The Life and Times of Ernest Bevin, Volume I: Trade Union Leader 1881-1940* (London: Heinemann, 1960) pp.xi-xii.

8——Ibid., pp.1-2.

9——Ibid.

10——Ross McKibbin, *Classes and Cultures: England 1918-1951* (Oxford: Oxford University Press, 1998) p.226.

11——Colin Matthew, "The Liberal Age 1851-1941" Kenneth O. Morgan(ed.), *The Oxford History of Britain*, Revised edition (Oxford: Oxford University Press, 1999), pp.483-4.

12——David Cannadine, *History in Our Time* (New Haven: Yale University Press, 1998) p.175.

13——Williams, *Ernest Bevin*, p13.

14——Bullock, *The Life and Times of Ernest Bevin.*, p.3.

15——Williams, *Ernest Bevin*, p.14.

16——Ibid.

17——Preface by Peter Hennessy, Bullock, *Ernest Bevin*, p.vii.

18——Roger Steer, "From the hedgerows of Devon to the Foreign Office", *Devon Life*, July 2002 <http://www.rogersteer.com/ED-artcile3.asp>.

19——Williams, *Ernest Bevin*, p.17.

20——David Cannadine, *Class in Britain* (London: Penguin, 2000) p.115.

21——Williams, *Ernest Bevin*, p.22.

22——Ibid.

23——Ibid., p.25.

24——Ibid., p.20.

25——アンソニー・イーデンの生い立ちについての短い説明は、前掲、細谷『外交による平和』第一章を参照。また、より詳細な評伝については、膨大な史料に基づいた信頼できる研究として、公式評伝の二冊、Robert Rhodes James, *Anthony Eden* (London: Weidenfeld and Nicolson, 1986)とD.R. Thorpe, *Eden: The Life and Times of Anthony Eden, First Earl of Avon, 1897-1977* (London: Chatto & Windus, 2003) および、政治史家によるDavid Dutton, *Anthony Eden: A Life and Reputation* (London: Arnold, 1997)を参照。

26——Anthony Eden, *Another World 1897-1917* (London: Allen Lane, 1976) pp.11-13.

27——Thorpe, *Eden*, p.22.

28——前掲、細谷『外交による平和』一九-二一頁。

29——James, *Anthony Eden*, p.18; Thorpe, *Eden*, pp.18-19.

30——William D. Rubinstein, "The World Hegemon: the Long Nineteenth Century, 1832-1914", in Jonathan Clark, *A World by Itself: A History of the British Isles* (London: William Heinemann, 2010) p.468.

31——Ibid., p.470.

32——McKibbin, *Classes and Cultures*, p.237.

33——Ibid.

34——Ibid., p.244.

35——Ibid.

36——Thorpe, *Eden*, p.27.

37——McKibbin, *Classes and Cultures*, p.244.

38——Ibid., p.235. イギリスのパブリック・スクールの生活の様子を日本人の眼から描いた名著として、池田潔『自由と規律——イギリスの学校生活』（岩波新書、一九六三年）を参照。また教育社会学者が描いたパブリック・スクールについての優れた分析として、竹内洋『パブリック・スクール　英国式受験とエリート』（講談社現代新書、一九九三年）を参照。

39——Thorpe, *Eden*, p.41.

40——McKibbon, *Classes and Cultures*, p.248.

41——David Cannadine, *The Decline and Fall of the British Aristocracy* (New York: Random House, 1999) pp.25-6.

42——David Butler and Bareth Butler, *Twentieth-Century British Political Facts 1900-2000*, 8th edition (Basingstoke: Macmillan, 2000) の資料を参照。

43——Zara Steiner, *The Foreign Office and Foreign Policy 1898-1914* (Cambridge: Cambridge University Press, 1969)

Appendix 3を参照。

44——とはいえ、一九二四年に首相として外相も兼任したラムゼイ・マクドナルドや、第二次マクドナルド労働党政権下で一九二九年に外相に就いたアーサー・ヘンダーソンもまた、初等教育を終えたていどの学歴であった。しかし両者とも、貴族的な空気を残す外務官僚とさまざまな局面で敵対し、それぞれ一〇カ月と二年二カ月在任したに過ぎなかった。それは、後のベヴィン外相時代とは大きく異なる雰囲気に包まれていたと言える。また、自由党の外相たちの多くは名門パブリック・スクールを卒業した者が多いとはいえ、イートン校の卒業生はむしろ少数であった。たとえばサー・エドワード・グレイはウィンチェスター校、サー・ジョン・サイモンはフェッツ・コレッジ、サー・サミュエル・ホーアはハロー校であった。

45——Cited in Thorpe, *Eden*, p.280.

46——Ibid., p.288.

47——The National Archives (TNA), CAB129/23, CP(48)8, 4 January 1948, memorandum by Ernest Bevin, "Future Foreign Publicity Policy"; 前掲、細谷『戦後国際秩序とイギリス外交』八一頁。

48——細谷雄一『大英帝国の外交官』(筑摩書房、二〇〇五年) 二一五頁。

49——前掲、細谷『戦後国際秩序とイギリス外交』八一頁。

50——TNA, PREM8/1431, CP(48)71, 3 March 1948, memorandum by Bevin, "The Threat to Western Civilization".

51——Alan Bullock, *Ernest Bevin: Foreign Secretary 1945-51* (London: Heinemann and Nicolson, 1933) p.835.

52——Strang, *Home and Abroad.*, p.294.

53——Williams, *Ernest Bevin*, p.19.

54——Bullock, *Ernest Bevin*, p.370.

55——Ibid.

56——Attlee, "Foreword", p.7.

57——Ibid., p.8.

第11章

音楽と政治参加——パウル・ベッカーと第一次世界大戦

岡田暁生
OKADA Akeo

1 はじめに

二〇世紀の音楽史を特徴付ける現象の一つとして、国家権力による音楽活動の統制が挙げられる。例えばソ連では楽譜出版もオーケストラもオペラ劇場もすべて国有化され、作曲家たちの創作は絶え間なしに政府からの干渉を受けることになった。国家社会主義時代のドイツにおいても事情はほぼ同じで、フルトヴェングラーやヒンデミットやリヒャルト・シュトラウスといった大音楽家たちが、次々と深刻な政治的係争に巻き込まれる。このように音楽が政治問題化するなどといった事態は、第一次世界大戦以前には想像も出来ないことだった。また「自由の国」アメリカでは、さらに巧妙な「やわらかい」やり方でもって、文化産業が人々の音楽の好みをコントロールしていることは、アドルノが既に一九四〇年代に喝破したとおりである。もちろん封建時代のオペラなどは国王を賛美するためのスペクタクルだったわけだし、一九世紀になってもなお、政治的道徳的にふさわしくないと見做された作品は、検閲によって上演を禁止されたりもした。だが近代的な意味での「総動員体制」の中に音楽が組み込まれていくのは、やはり二〇世紀に入ってからのことであって、そのきっかけになったと考えられる出来事が第一次世界大戦である。本章では、二〇世紀初頭に活躍したドイツの音楽批評家パウル・ベッカーの戦中ならびに戦後における思想変遷を通し、「社会参加する音楽」という理念がいかにして生まれてきたかを考えてみたい。

2　「社会の産物としての音楽」という理念

パウル・ベッカーはベルリンに生まれたユダヤ人である。もともと彼はヴァイオリニストであったが、一九〇六年より音楽家としてのキャリアを断念し、音楽批評家に転身した。一九一一年にドイツで最も影響力のあった新聞の一つ『フランクフルト新聞 *Frankfurter Zeitung*』の専属批評家になった彼は、同年に大部のベートーヴェンの伝記を出版し、その大ヒットによって一躍ドイツで最も有力な音楽批評家として認められるようになる。第一次大戦勃発時に既に三〇歳を超えていた彼は、兵役対象年齢を過ぎていたにもかかわらず、開戦直後の八月に徴兵されて西部戦線に送られる。ベッカーは激戦地として名高いヴェルダンの近くで、約四年間を戦場の郵便配達夫として過ごしたが、そこで一九一六年に『ドイツの音楽生活』(*Das deutsche Musikleben*, Berlin 1916：以下DMLと略)という本を著す。「この書物は戦場で書かれた」の一文で始まる『ドイツの音楽生活』は、出版が戦中であったにもかかわらず、非常に多くの読者を獲得することとなった。

題名からも想像がつくように『ドイツの音楽生活』は、音楽と社会の問題について論じた著作である。一九世紀の音楽研究は作曲家個人の創作に焦点を当てるものが主流であって(伝記研究や様式研究がその典型である)、「社会」という集合的な範疇がそこに入り込んでくる余地はほとんどなかった。音楽は卑俗な現実世界など超越している、だからあくまで純粋に「音楽それ自体」として考察するのが正しいやり方だ——こうした自律美学の最も極端な例が、有名なハンスリックの音楽美学である。それに対してベッカーが『ドイツの音楽生活』において打ち出したのは、「それを生み出した社会から音楽を考える」という視座であって、これは当時としては極めて斬新な発想だった。『ドイツの音楽生活』はしばしば、一九二一年出版のマックス・ウェーバー『音楽社会学序説』(執筆されたのは戦前)と並んで、最初の本格的な音楽社会学の書物とされるが、その所以はこのあたりにある。

『ドイツの音楽生活』は、未来のドイツにおける音楽制度についての、極めて詳細な改革プランである。劇場やオーケストラの運営システム、ホールの建築様式、あるいは学校音楽教育のカリキュラムに至るまで、来るべき戦後社会における音楽のありようについてベッカーは、徹底的な考察を行なうのである。とはいえ、『ドイツの音楽生活』は決して無味乾燥なパンフレットではなく、この著作において今日なお読者に鮮烈な印象を与えるのはむしろ、何かに追い詰められたようなその文体である。

序文の中でベッカーは、この本の構想自体は戦前に遡るものだが、それは戦争体験を通して初めて明確な形を獲得するに至ったと書いている。彼によれば、『ドイツの音楽生活』は異様な状況で初めて成立した本であり、戦争の経験、そして二年間近く祖国から遠く離れていることによって初めて、その「内なる出発点」を見出すことが出来た。もともと彼はこの本に「ある戦場の書物」という副題を考えていた。ベッカーがここで語っているのは一つのユートピアであり、戦場で見た幻視なのである

『ドイツの音楽生活』の中心となるのは、「音楽は社会が作る」というテーゼである。既に示唆したように、そもそも一九世紀において、社会が音楽を作るなどという発想はほとんどなかった。音楽を作るのは一人の天才の霊感であり、また彼の創造物の鑑賞受容もまた、世俗からは隔絶された個人の最も深い内面でなされるべきものであると信じられていた。瞑想するがごとく目を閉じて静かに音楽に耳を傾けるクラシック音楽の聴衆は、こうした一九世紀の個人主義的な音楽の聴き方を

可視化したものである。それに対して『ドイツの音楽生活』におけるベッカーは、「音楽とは作曲家と社会との共同作業の産物である」という主張を繰り広げる。例えばバッハの《マタイ受難曲》においては、一八世紀の教会を中心とした社会秩序が、その形式を規定している。またヘンデルのオラトリオは当時のイギリス社会のありようと密接に関係していて、他の国では恐らく存在しえなかった。「社会学的な前提条件がより多彩で内容豊かであるほど、それは創造者により力強い摩擦面を提供し、一層意味深い個性がそこから生じてくるのである」(DML: 25-6)。

ベッカーの主張を単純化するなら、「音楽は一人が作るものでもなければ、一人で聴くものでもない」ということになろうが、これは一九世紀のブルジョワ的個人主義に対する批判に他ならない(ベッカーは政治的に常に左派に対して共感を持っていた)。一九世紀の音楽美学は、芸術体験における「内面性」や芸術家の創作の「主観の自由(自律)」を、いやがうえにも神聖化したわけだが、これは同時代の自由主義的な政治風潮の対応物だったと考えてもいいだろう。

それに対して『ドイツの音楽生活』におけるベッカーの論調はしばしば、左派の立場からの個人主義批判という性格を帯びる。音楽は一人の天才が創るものではないし、一握りの金持ちがいい気分に浸るためのものでもないのである。こうした彼の考え方は、具体的な改革案の細部からもうかがうことが出来る。例えばベッカーは、上演中のコンサートホールを暗くせず、ずっと照明をつけておくべきだと主張する。それはなぜかと言えば、音楽を聴いている間もずっと、ともにそれに耳を傾けている他の人々の顔が見えるようにするべきだからである。音楽とは皆で一緒に聴くべきものであり、皆が一体になって創り上げるものなのだ。

開戦当初よりベッカーは、戦争自体に対しては極めて批判的だった。しかしながら『ドイツの音楽生活』では、「個」を「全体」の熱狂へと解消するような音楽への強い共感が、繰り返し語られている。彼にとっての「人々を一つにする音楽」のモデルは、ベートーヴェンの《第九》である。近代市民社会にとっての《第九》の記念碑的な意義を、ベッカーは歴史哲学的に説明する。つまり市民革命とともに音楽は、貴族や教会による支配から解放された。今やそれは、従来の身分制から解き放たれた人々に呼びかけ、彼らを新しい一つの社会へ向けて統合する力を持った。「聴衆という混沌とした群集を公衆へと作り変える。彼らに意志と目的を与える。かつての教会、あるいはもう少し限定的な形ではあるが、貴族社会が行ったように、あらゆる差異を解消して、時代の人々を一つの大きな共同体へと統一するところの、共通の関心事を与える」のである(DML: 41)。こうした新しいタイプの音楽の誕生を告げるのが、ベートーヴェンの《第九》であった。

しかしながら一九世紀のロマン派の時代とは、ベッカーの考え方によれば、こうした壮大なベートーヴェン的理念が、どんどん矮小化していくプロセスに他ならない。メンデルスゾーンやシューマンやブラームスのような作曲家たちは、ベートーヴェンのように「社会全体に呼びかける」ことをやめ、一握りの教養ブルジョワのために作曲したにすぎなかった。社会全体を一つに統合するという音楽の使命を、放棄したのである。とりわけベッカーが激しく非難するのが、一九世紀後半に本格化してきた音楽産業である。

音楽出版やマネージメント業などに対する彼の見立ては、マルクス主義的な資本主義批判の形をとる。ベッカーによれば、音楽には常に社会的要素が不可欠であり、かつては音楽の注文主であった教会や王侯が、その役割を担っていた。だが今や音楽家と社会との間に、創造せず媒介するだけの、エージェントが割り込んできた(DML: 52)。彼らは音楽を商品としてその利益を中間搾取しているだけであり、様々な娯楽音楽を人々のニーズに応じて提供することでもって社会の一体感を分断してしまい、社会全体に呼びかけるという音楽本来の使命を見失わせるに至った。社会は享楽を求める者、無関心な者、教養を求める者へ分裂し、音楽家は利益に関心がある諸グループへ解体し、仲介業者の支配は音楽家をして本来の使命を忘れさせたというのである(DML: 275)。「創造力に満ちた聴衆のみが、音楽家たちと協力しあうという課題にふさわしい。享受するだけで、消費することしかしない聴衆は、創造者たちを麻痺させるだけだ。純粋な形式が創り出されるためには、創造的な音楽家だけではなく、ともに創造する社会がなければならない」(DML: 56)。

当然予想がつくことだが、彼は音楽を「自由市場」に委ねず、国民全体の財産として国が責任をもって管理するよう主張する。エージェントが氾濫する今日の音楽生活には国家が不在であるが、これは美的生活形式と政治的生活形式の分裂の、何よりの証である。両者は本来一体であるべきなのである（DML: 52）。例えば彼は「宮廷歌劇場を国立歌劇場へと移行させ、それを国家の文化的威光の場とするべし」という主張をしているが（DML: 84）、ベッカーにとっての音楽は社会統一のシンボルであった。「社会のシンボルを芸術の中に作り出すことで初めて、私たちはこの統一という理念を絶えず生き生きと保つことが出来るのだ」（DML: 276）。従って国家は芸術を「社会形成の意志の表現」として認識しなくてはならない（DML: 73）。「今日の社会的統一における巨大な群集を、理念の力のもとに統合し、それを美的な統一へと形作ることが出来る芸術が、音楽である。それはどんな階級差も知らない。すべての人がそれを感じることが出来る」（DML: 277）のである。

ユダヤ人だったベッカーは、早くも一九三四年にパリを経てアメリカに亡命することになるのだが、皮肉なことに第一次大戦中の彼の思想の中には、後の全体主義国家における音楽の国有化と極めてよく似た発想が見られる。ベッカーにとって偉大な音楽作品は国有財産である。一九一五年に書かれた「芸術と戦争」という記事では、次のように主張されている（*Kritische Zeitbilder*, Berlin 1921, p.193：以下KZBと略）。「［音楽は私たちの精神的財産であり］それは、私たちが集い、絆を強め、高めあうことに奉仕しなければならない。それは私たちの偉大な芸術家たちによって蓄えられた国の宝であり、そこから私たちは道徳的な力や抵抗力を生み出すのだ。そのような財産を商業に委ねて、勝手に搾取できるようにすることは、小麦粉の浪費に許可を与えるのと同じくらい犯罪的である。いや、その方がもっと犯罪的だといっていい」。彼によれば、ベルリン・フィルは年間六万マルクの補助金を市当局からもらい、その代わりに入場料の安い市民コンサート(Volkskonzert)を催す義務をもっているが、こうした制度を計画的にもっと広めていくべきである(KZB: 195)。現在の音楽界を支配しているのは「赤裸々なアメリカニズム」と「芸術に対する商業的資本主義のあからさまでもはや見紛うことない支配」であるが(KZB: 196)、これらを打破するには劇場やオーケストラに国が十分な援助を行い、金持ちを優待する予約客システムを廃止し、チケットもすべて均一料金にするべきだというのである(KZB: 240-1)。オペラ劇場の国有化をはじめとするベッカーの構想の多くは、戦後のワイマール共和国における音楽制度再編に際して、強い影響力を持つことになった。

3 「運動する遊戯としての音楽」へ

大戦末期のドイツ革命からワイマール共和国の創設にかけての時代、ベッカーは時代の寵児となる。新政府の文化政策の立案にあたっては、絶えず『ドイツの音楽生活』が参照され、政府入りするという話もあったらしい。だが結局彼はあらゆる政治的オファーを断る。この時期のベッカーにはしばしば、政治的なものに対する忌避感が見られる。例えばドイツ革命直後に書かれた「危機」と題された記事で彼は、芸術革命はあくまで「芸術の」革命であるべきであり、それを政治革命と混同してはならないと主張している(KZB: 220)。「賃上げでも無規律でもない、人格の解放と新しい道徳的に正統な権威信仰の確立こそが、芸術家革命の目標である。それは物質主義とアナルキーへ転落せぬよう細心の注意を払わねばならない。芸術家が何をしようとも――それは芸術という理念の中に最終的な、そして最も深い根拠を見出さなければならない」。

興味深いことに戦後のベッカーは、『ドイツの音楽生活』のキーワードであった「社会」という言葉を、ほとんど口にしなくなる。それだけではない。戦後の彼の思想の変質は《第九》的なものからの離反という性格を帯びてくる。既に述べたように、『ドイツの音楽生活』における「社会が作る音楽／社会を作る音楽」というテーゼのモデルは、ベートーヴェンの《第九》だった。一九一七年の「ベートーヴェンからマーラーまでの交響曲」という講演でベッカーは、交響曲の「共同体を作る機能」について語っている。音楽のこうした力が最高度に発揮される記念碑が、《第九》なのである。ここでベートーヴェンが作り上げたのは、「公衆という混沌とした群集を公共性へ向けて再創造する統一の意識」であった(DML: 41)。

しかしながら、《第九》的な交響曲の理念への無条件の熱狂は、ベッカーの戦後の著作にはほとんど見られない。既に「ベートーヴェンからマーラーまでの交響曲」では、《第九》は始まりではなく終わりだったという、苦い認識が語られている。第九フィナーレの「この理想、いや敢えて言えば、この理想についての夢は、実現不能であることが明らかになった」のである(*Neue Musik*, Stuttgart/Berlin 1923, p.16：以下NMと略)。ベッカーによればそれは「これまで誰もそれに接続することが出来なかった一つの締めくくりであると、今のところ私たちには思える」(NM: 17)。

「共同体を作る交響曲」に代わって、戦後のベッカーの思索のキーワードになり始めるのが、「遊戯」である。彼が高く評価していたクシェネクという若い作曲家の第一交響曲(一九二一年)について、ベッカーは次のように述べる[1]。「この音楽は何をしようとしているのか？　それは表現しようとはしない、感動させたり揺さぶったりはしない。それはパトスと感傷がまったくない一つの音楽である。しかしそれは一体何なのか？　それは響きの運動する遊戯である」。「鳴り響きつつ運動する形式の遊戯としての音楽という、ハンスリックの非常によく分かる言葉が、私たちの時代のこの若い芸術において、新しい、予想もしなかった意味を持つようになったのだ」。何も表現しない音楽、戯れ(ゲーム)以上のものではない音楽、人々を熱く煽ったりはしない音楽——ベートーヴェン的な「熱い」音楽からのこうした決定的な離反は、ベッカーのみならず、ストラヴィンスキーやヒンデミットなど戦後の多くの作曲家の創作を特徴づけるものでもあった。

4　「社会的に有用な音楽」というデマゴーグ

戦後のベッカーの思索の内面に、一体どのような変化が生じたのか。その詳細を辿ることはもはや不可能であるにせよ、その背後に大戦経験が与えたある種の幻滅がなかったはずはない。手がかりはある。戦前のドイツにおいて最も有力な音楽雑誌の一つだった『音楽』の、一九二二年九月号の巻頭に載った、「時代転換」という記事である。この雑誌は一九一五年九月号を最後に戦中は休刊になっており、この号によって七年ぶりに再発行され始めたのである[2]。この記事においてベッカーは、第一次世界大戦中のドイツ社会における音楽のありようの変化を、次のように総括している。

「戦争は初めのうち芸術を沈黙させた。世界的な大事を平時の基準で評価していいと考えられていた間は、人々は軍事的な事柄に専心し、そして直接的な戦争遂行能力のないものすべて——一体芸術が、とりわけ音楽が、どうやって戦闘手段となりえたというのだろう——は黙らなくてはならなかったのである。しかしながら平時の基準はやがて不十分だということが明らかになってきた。新しい種類の戦争の遂行の仕方が生まれてきて、それに際して精神的あるいは芸術的な事柄にもまた重要な役割が与えられるようになった。それらは内に向けては人々の心を落ち着かせ、あるいは彼らを勇気づける手段となり、外に向かっては宣伝手段となったのである」。

「戦争が続き、非常時から常時となるに従って、生活の諸条件すべてにおける根本的姿勢の変化に、芸術は順応するようになった。アクチュアルな外的生活の諸状況の中に、このようにして音楽もまた意識的に組み入れられるようになったのは、およそ戦争が始まって二年目からのことであったが、今日ではなじみとなっている政治的戦闘手段としての音楽の利用の萌芽は、ここにあった。芸術にとってこの順応は、自己主張のための唯一の手段だったのである。確かにこれは危険かつ不吉な手段であり、結果として芸術認識の基盤は揺さぶられざるをえないことになった。しかしながら最初のうち、芸術に対して敵対的な状況の中にあって、外的な存在可能性がこれによって保証されたのであり、犠牲を払うかいはあった。劇場と演奏会は突如として思いがけないくらい賑わうようになり、造形芸術にとってもこれ以上のものは何十年間もなかった好景気が到来した」。

周知のように第一次世界大戦は、いわゆる総動員体制による最初の戦争だった。単に前線の兵士だけが戦うのではなく、補給ルートの維持や食料調達や武器開発など、ありとあらゆる銃後の備えのために、すべての人的資源が投入されるのである。この総動員体制の中で、ベッカーの表現を借りれば、「新しい種類の戦争の遂行の仕方」が生まれてきて、その中で音楽にもまた、国民を励ますという役割を与えられたわけである。これは一見したところ福音とも見えた。かくしてベッカーによると、「アクチュアルな外的生活の諸状況の中に、このようにして音楽もまた意識的に組み入れられるようになった」のである。

やがてドイツの音楽業界は、突如として思いがけない戦争景気に沸くようになる。至るところで慈善コンサートの類が催されるようになったのである。だが戦争がもたらしたのは結局、ベッカーによれば最悪の結果、つまり体制にとって無害な三流音楽の大繁盛にすぎなかった。音楽が金儲けの対象にされるという事情に、何の変化もなかった。「戦争末期になると、音楽には外面的には多くの課題と活発な活動の刺激が与えられた。しかしその背後には、その駆動力として、娯楽および宣伝の意図が隠れており、当時与えられた数多い可能性は、芸術というより、外的な目的にこそ適ったものであって、芸術的水準はどんどん低下する一方だった」。そして「その場で効き目のあるスローガンを巧みに利用し、ある時は愛国者の、ある時は革命家／社会主義者の顔をしながら、至るところで投機がのさばり続けた」。

だがベッカーが考えている負の方向への最大の変化は、戦争を機にして音楽に社会的ミッションが与えられるようになった点である。「新しい種類の戦争の遂行の仕方が生まれてきて、それに際して精神的あるいは芸術的な事柄にもまた重要な役割が与えられるようになった」。そして戦争という非常時において、「芸術にとってこの順応は、自己主張のための唯一の手段だったのである。確かにこれは危険かつ不吉な手段であり、結果として芸術認識の基盤は揺さぶられざるをえないことになった。しかしながら最初のうち、芸術に対して敵対的な状況の中にあって、外的な存在可能性がこれによって保証されたのであり、犠牲を払うかいはあったのである」。戦中に体制から与えられたこの「社会的有用性」というミッションは、音楽にとって諸刃の剣であった。

芸術は芸術であってはならず、社会の麻酔薬を作り出さねばならなかったというだけではない。ベッカーによれば重要なのは、「戦争およびそれが引き起こした諸々の出来事によって、公的な芸術育成が近年、政治的な視点に従属してしまうに至った」点にある。音楽が社会の麻薬を作り出さねばならなかっただけでなく、音楽の社会的ミッションという理念それ自体が、音楽にとって麻薬だったと言ってもいいかもしれない。「社会の役に立つ」というスローガンの後ろ盾なしには、音楽家たちはやっていけなくなり始めたということだろうか。

ベッカーは時代に先駆けて時代の潮目を読むことに長けた、天才的な批評家だった。ヒトラーが政権をとるや彼は、ドイツの借家を解約し、一九三四年一月に既に住居をパリに移している。パリで書いた記事の中で、早くも一九三四年に彼は、「そんなことがかつて可能だったなどと人々が決して信じたくないと思う、とりわけ自らそれに関わった人はそう思うような時代が、やがて来るに違いない」と述べた[3]。第一次世界大戦後の彼には、交響曲的な集団の熱狂がもたらす帰結について、既に何らかの不吉な予感があったのかもしれない。

「音楽は社会が作る／音楽が社会を作る」というテーゼが反復される、戦後における数少ないベッカーのエッセイの一つに、一九二三年の音楽雑誌『アンブルッフ』に載った「ラプソディ」と題された不思議なエッセイがある[4]。ここでは『ドイツの音楽生活』で展開された主張が、いわば無調で変奏されている。「さあ、これから森の中に入っていこう。その木の下に四人の楽師が座り、私たち他の者たちはその近くに散らばる。彼らが弾くのはベートーヴェンの弦楽四重奏でもシェーンベルクのそれでもない——私たちは気分の中に浸りたくはない。彼らは、まさに彼らがたった今思いついたものを弾かなければならない。いいものになるかもしれない。森がフォルムを与えてくれるだろう。私たちは再び音楽の中で生きる。なぜならそれは私たちからやってきたものなのだから。私たちは再び、音とは、響きとは、物音とは何か、理解するようになるだろう」。――『ドイツの音楽生活』における「音楽は人々が作る／音楽が人々の絆を作る」という主張自体に変化はない。だが「社会」という言葉はここでは撤回され、また人々の共同体が生まれるのはコンサートホールではなく、暗い神秘的な森においてであり、そこで奏でられるのはもはや荘厳な交響曲ではなく、まだ誰も聴いたことのない弦楽四重奏の不可思議な響きとなっている。ベッカーがここで語っているのは、シェーンベルクの無調音楽やアドルノの否定的弁証法が夢見たような、実現不能の一つのユートピアである。

5　おわりに

一九二〇年代のベッカーの思想を特徴づけるのが、社会に背を向けた一種のフォルマリズムであるのとは対照的に、戦後ヨーロッパでは多くの芸術ジャンルにおいて、参加型の芸術創造が強く希求されるようになる。これは一九世紀の上流ブルジョワが、「芸術」を高価なステータス・シンボル（あるいは労働の疲れを癒す娯楽）としてしか扱ってこなかったこと、そして芸術を「する」権利が一握りのプロに独占されてしまったことに対する、下からの反動だったと考えられる。例えば文学の世界では雑誌の連載で読者の投稿によって小説を作っていくといったことが行なわれ、美術でもいわゆる「未開人」だとか児童が描く絵画が注目されたりするようになる。人々はジャズやアメリカン・ダンスに熱中し、ヒンデミットは素人のための音楽を数多く作曲したし、とりわけ多くの人々が共同で作り上げる映画は、新しい時代の参加型芸術として熱狂的に迎えられた。すべての人には芸術を「する」権利があるというわけである[5]。

一九二〇年代のドイツ音楽に強い影響を与えたものとして、いわゆるユーゲント運動がある。この源流となったのはいわゆるワンダーフォーゲル運動であり、一八九九年に社会から疎外感を感じていた若者たちが、自分たちだけでボヘミアの森に徒歩旅行を行なったのが始まりとも言われる。堕落した都市文明に背を向けた若者たちが、田舎で集団生活を営みながら、皆で素朴な歌を歌ったり、登山をしたりするのである。そして第一次世界大戦が終わるとともに、ロマンチックで現実逃避的な初期ワンダーフォーゲルは、より大衆化した戦闘的な集団組織へと姿を変える。これがユーゲント運動であり、左派の場合は「階級」が、右派の場合は「民族」が、その旗印だった。

このユーゲント運動において、民族の根源としての音楽を重視し、いわゆるユーゲント音楽運動を始めたのが、フリッツ・ヨーデという人物である。彼は(それこそベッカーと同じように)一九世紀音楽のありようをブルジョワ的堕落と見なし、古いドイツ民謡の発掘などに熱心に取り組んだ。また彼は「芸術から遠い生活と生活から遠い音楽の間の亀裂」を嘆き、「一五〇〇年前にはまだ非常に能動的な参加によって、色々な音楽の出来事と結びついていたアマチュアの人々」の活動が、どんどん受動的な参加に限定されていくことを厳しく非難した[6]。

平井正はドイツの戦後世代を特徴づけるのが「共同体感情」であり、後の全体主義の萌芽もここにあったと述べている[7]。事実ユーゲント運動の一部は、やがてヒトラー・ユーゲントに吸収されていった。そしてヨーデも後にナチスに入党することになるのだが、彼が抱いていた思想から考えて、これは意外なことではない。平井によれば、ナチズムの母体になったのは、いわゆるランゲマルク世代だったという。一九一四年一〇月二二・二三日にベルギーのイープルとドーヴァー海峡の間で、ドイツ第四軍が敵陣の突破を試みる。その際に投入された見習い職人や学生からなる志願兵(第二六予備隊)が、軍事常識を無視してドイツ国歌を歌いながら英国軍の正面突破を試みるのだが、彼らは機関銃掃射を受けて次々に戦死した。ランゲマルク世代とは、こうした体験を共有し、それに熱狂した世代のことである。音楽を通した社会的連帯という魔力に人々が魅入られ、あるいはその危うさに気づくきっかけとなった出来事、それが第一次世界大戦であった。

註

1——*Ernst Krenek. Erste Sinfonie*, in: *Frankfurter Zeitung* 67.Jg. ,Nr.884, Abendblatt 9.12.1922, p.1.

2——Paul Bekker, *Zeitwende*, in: *Die Musik* 1922, p.1-10.

3——《Geist unter dem Pferdeschwanz》*Paul Bekkers Feuilletons aus dem*《Pariser Tageblatt》1934-1936, ed.by Andreas Eichhorn, Saarbrücken 2001, p.100.

4——Paul Bekker, *Rhapsodie*, in: *Musikblätter des Anbruchs* 1923, p.214.

5——池田浩士『歴史のなかの文学・芸術——参加の文化としてのファシズムを考える』（河合ブックレット、二〇〇三年）を参照。

6——*Die Grundlage musikalischer Betätigung in Schule und Leben*, in: *Musik und Schule*, ed. Zentralinstitut für Erziehung und Unterricht, Berlin 1922,S.5/34.

7——平井正『ヒトラー・ユーゲント』（中公新書、二〇〇〇年）ii頁。

序論は、東日本大震災前に書いていたのだが、この「あとがき」は大震災後に書くことになった。それで、なおさら本書の意義は増したと言ってよいのではないかと考えている。今回の危機に際して私達が見聞させられたのは、地震・津波被害にしても原発危機にしても、そうした困難の最先端・最前線にある日本の庶民・大衆の健気さと困難に立ち向かう勇気とであり、と同時に、それに比してのリーダー達の政治的リーダーシップの恐ろしいまでの欠落と自覚のなさとであった。

いかに政治的苦境にあるとはいえ、日本の政治的リーダーがこれほどまでに小手先の政治的利害に憂き身をやつす脆弱振りと危機管理能力のなさをさらすとは、多くの人は思ってもいなかったのではないだろうか。現在、日本における政治的リーダーシップの欠如はその極限にまで達したと言ってもよいであろう。こういう状況になると怪しげな日本文化論が横行するのが常であり、今回も江戸時代にまで引き伸ばしてもっともらしい議論を立てる人などを見かけたが、近代の日本に優れた政治的リーダーシップを発揮した人がいたことは本書が示す通りである。

問題はそうした人材が近年ぷっつりと途切れてしまったところにある。また、その道に欧米では相変わらず色々な問題があるとはいえそれまでの壁を打ち破る優れた政治的リーダーシップを発揮する人材が出続けているのである。なぜそうなるのか。それを政治を取り囲む文化的要素との関連の中から追究したのが本書である。

日本でも初めての試みであるだけになお色々な問題点が残されてはいるが、大震災からの復興途上にある中、今回の経験をこれからの日本の将来に最大限に生かして行こうとまじめに考えている人々にとって、本書は様々に活用していただける内容になっているのではないかと自負している。

本書の母体となった研究会はサントリー文化財団による研究助成を受けた。その研究会においてご報告・ご参加いただいた以下の各氏に謝意を表したい(なお、当然のことながら、「序論」と「あとがき」は筆者の個人的見解でありすべての参加者の統一的見解ではない)。

山崎正和、竹内洋、今谷明、猪木武徳、浅見雅男、北岡伸一、広田照幸、松井孝治、大竹文雄、中西寛、福山哲郎、浅尾慶一郎、簑原俊洋、小森卓郎、三﨑冨査雄、池内恵、五百旗頭薫。

本書の刊行に当たっては、執筆者の原稿の調整・整理に関し千倉書房の神谷竜介氏のアクティヴなご活躍に一方ならぬお世話になった。執筆者を代表して深甚なる謝意を表したい。

二〇一一年三月

筒井清忠

(Lincoln, Abraham) 146, 148-149, 219
リンボー, ラッシュ
(Limbaugh, Rush Hudson) 208
ルイ=ナポレオン
(Bonaparte, Charles Louis-Napoléon) 240
ルーリー, ロッド (Lurie, Rod) 151
レーガン, ロナルド (Reagan, Ronald Wilson)
145-147, 153-155, 162, 213-214,
218-219,
レダー, ミミ (Leder, Mimi) 151
ローガン, モファット (Rogan, Moffat) 261
ローズベリ (第五代ローズベリ伯)
→プリムローズ
ローズベルト, セオドア
(Roosevelt, Theodore) 147
ローズベルト, フランクリン・デラノ
(Roosevelt, Franklin Delano) 148, 152, 173,
203
ローフォード, ピーター (Lawford, Peter)
153
ロールズ, ジョン (Rawls, John) 183
ロワイエ=コラール (Royer-Collard) 239

ワ

ワインバーグ, アルヴィン
(Weinberg, Alvin M.) 173-174, 177,
185-186
ワシントン, ジョージ
(Washington, George) 148, 219
渡辺邦男 (WATANABE Kunio) 157
ワッサーマン, ルー (Wasserman, Lew) 153
和辻哲郎 (WATSUJI Tetsuro) 131-132,
136-137

松下幸之助（MATSUSHITA Konosuke）224
松平太郎（MATSUDAIRA Taro）046
松平慶民（MATSUDAIRA Yoshitami）044
松本剛吉（MATSUMOTO Gokichi）068
松本順（良順）（MATSUMOTO Jun (Ryojun)） 045-048, 069
マルクス, カール（Marx, Karl Heinrich） 260, 263, 285
丸山真男（眞男）（MARUYAMA Masao）007, 013, 137-139
マルロー, アンドレ（Malraux, André）233
マンハイム, カール（Mannheim, Karl）009
三木清（MIKI Kiyoshi）012, 132-136
岬洋二（MISAKI Yoji）157
三島中洲（MISHIMA Chusyu）054
三島通庸（MISHIMA Michitsune）044, 048
三島弥太郎（MISHIMA Yataro）048
水野清（MIZUNO Kiyoshi）093
ミッテラン, フランソワ （Mitterrand, François Maurice Adrien Marie） 233
ミラー, デヴィッド（Miller, David）149
ムーア, マイケル（Moore, Michael Francis） 149, 153
陸奥宗光（MUTSU Munemitsu）053-055, 058-059
明治天皇（Mutsuhito）026-028, 052, 087, 090, 157
メンデルスゾーン, フェリックス （Mendelssohn, Jakob Ludwig Felix）296
モーレー, レイモンド（Moley, Raymond） 203
望月小太郎（MOCHIDUKI Kotaro）067
森槐南（MORI Kainan）022, 054
森繁久弥（MORISHIGE Hisaya）158
森田朗（MORITA Akira）140
森谷司郎（MORITANI Shiro）158
モルネ, ダニエル（Mornet, Daniel）236
モロトフ, ヴァチャエスラフ （Molotov, Vyacheslav Mikhailovich）258, 284
モンゴメリー, ロバート （Montgomery, Robert）153

ヤ

安田善次郎（YASUDA Zenjiro）046
山内豊景（YAMAUCHI Toyokage）049
山県（山縣）有朋（YAMAGATA Aritomo） 043, 048, 052, 055, 059, 062-063, 067-069, 156
山下亀三郎（YAMASHITA Kamesaburo）068
山本薩夫（YAMAMOTO Satsuo）159
ユーゴー, ヴィクトル（Hugo, Victor-Marie） 239
湯川秀樹（YUKAWA Hideki）130
ヨーデ, フリッツ（Jode, Fritz）307-308
横田国臣（YOKOTA Kuniomi）061
芳川顕正（YOSHIKAWA Akimasa）061
吉田健三（YOSHIDA Kenzo）047
吉田士子（YOSHIDA Kotoko）047
吉田茂（YOSHIDA Shigeru）047, 065, 084, 087-088, 090, 096, 156, 158
吉田松陰（YOSHIDA Shoin）022, 034
嘉仁親王→大正天皇
依田学海（YODA Gakkai）054

ラ

ライシャワー, エドウィン （Reischauer, Edwin Oldfather）205
ラサート, ティム（Russert, Tim）225
ラフォレット, ロバート・M・シニア （La Follette, Robert Marion Sr.）202
李垠（Euimin）063-064
笠智衆（RYU Chisyu）157
リラ, マーク（Lilla, Mark）230
リンカーン, エイブラハム

012-013, 036-037
福田康夫(FUKUDA Yasuo) 099-100
ブッシュ, ジョージ・H・W
(Bush, George Herbert Walker) 148, 155
ブッシュ, ジョージ・W
(Bush, George Walker) 210, 219-220
ブッシュ, ヴァネヴァー(Bush, Vannevar)
173
フュレ, フランソワ(Furet, François) 236
ブラームス, ヨハネス(Brahms, Johannes)
296
フランクス, オリバー
(Franks, Oliver Shewell) 259
ブランダイス, ルイス
(Brandeis, Louis Dembitz) 203
フリーマン, モーガン(Freeman, Morgan)
151
プリムローズ, フィリップ
(Primrose, Archibald Philip) 268
フルトヴェングラー, ウィリアム
(Furtwängler, Wilhelm) 291
ブレア, トニー
(Blair, Anthony Charles Lynton) 127, 129
ブロック, アラン
(Bullock, Alan Louis Charles) 254, 283
ベイナー, ロナルド(Beiner, Ronald) 135
ペイリン, サラ(Palin, Sarah Louise) 230
ベヴィン, アーネスト(Bevin, Ernest)
251-255, 257-264, 273-285
ベヴィン, ウィリアム(Bevin, William) 254
ベヴィン, ダイアナ(Bevin, Diana) 255, 257, 261
ベヴィン, メアリー・ジェーン
(Bevin, Mary Jane) 255-256
ペーターゼン, ウォルフガング
(Petersen, Wolfgang) 151
ベートーベン, ルートヴィヒ・ヴァン(Beethoven, Ludwig van) 292, 296, 300-301, 305
ベッカー, パウル(Bekker, Max Paul Eugen)
292-306
ベック, ウルリッヒ(Beck, Ulrich) 181, 187-189, 191
ヘナベリー, ジョセフ(Henabery, Joseph)
148
ベルツ, エルヴィン・フォン
(Bälz, Erwin von) 045, 053
ヘンデル, ゲオルク・フリードリヒ
(Händel, Georg Friedrich) 295
ホーア, サミュエル(初代テンプルウッド子)
(Hoare, Samuel) 274
ボーヴォアール, シモーヌ・ド
(Beauvoir, Simone Lucie-Ernestine-Marie-Bertrand de) 248
ポープ, ジョージ(Pope, George) 255
細谷雄一(HOSOYA Yuichi) 139
穂積陳重(HODUMI Nobusige) 052
ホフスタッター, リチャード
(Hofstadter, Richard) 228-229
ポラニー, マイケル(Polanyi, Michael) 186
本多庸一(HONDA Yoichi (Yoitsu)) 062

マ

マーシャル, ジョージ
(Marshall, George Catlett) 284
牧野伸顕(MAKINO Nobuaki) 048
牧野雪子(MAKINO Yukio) 049
マクドナルド, ラムゼイ
(Macdonald, James Ramsay) 260
益田孝(MASUDA Takashi) 068
町田忠治(MACHIDA Chuji) 067
マッカーサー, ダグラス
(MacArthur, Douglas) 090
松方正義(MATSUKATA Masayoshi) 044
マッキビン, ロス(McKibbin, Ross) 268, 270

中島俊子（NAKAJIMA Toshiko）059
中島信行（NAKAJIMA Nobuyuki）059
中島初穂（NAKAJIMA Hatsuho）059
中曽根康弘（NAKASONE Yasuhiro）
087-088, 092-093, 095, 163
中村義洋（NAKAMURA Yoshihiro）161
長与専斎（NAGAYO Sensai）050
梨本宮伊都子
（NASHIMOTONOMIYA Itsuko）064
梨本宮正子
（NASHIMOTONOMIYA Masako）064
夏目漱石（NATSUME Soseki）012-013
鍋島直大（NABESHIMA Naohiro）054
成島出（NARUSHIMA Izuru）160
南原繁（NAMBARA Shigeru）139
新島襄（NIIJIMA Jo）046
ニクソン, リチャード
（Nixon, Richard Milhous）149
ニュートン（Newton, Isaac）236
ネーダー, ラルフ（Nader, Ralph）177
野崎広太（NOZAKI Kota）068

ハ

バーガー, ニール（Burger, Neil）149
バーゲン, ポリー（Bergen, Polly）151
ハーディ, ケア（Hardie, James Keir）260
バーリ, アドルフ（Berle, Adolf A.）203-204
バーンハイト, カーティス
（Bernhardt, Curtis）151
橋川文三（HASHIKAWA Bunzo（Bunso））007
橋本忍（HASHIMOTO Shinobu）163
橋本龍太郎（HASHIMOTO Ryutaro）093, 095
羽田孜（HATA Tsutomu）086
畑村洋太郎（HATAMURA Yotaro）141
バックリー, ウイリアム
（Buckley, William F.）214
バッハ, ヨハン・セバスティアン
（Bach, Johann Sebastian）295
鳩山一郎（HATOYAMA Ichiro）043, 158
鳩山由紀夫（HATOYAMA Yukio）088, 099-100, 163
ハバーマス, ユルゲン（Habermas, Jürgen）189
原一男（HARA Kazuo）157
原敬（HARA Takashi）057-059, 066-069, 087, 089
ハリファクス（第三代ハリファクス子）
→ウッド
バルフォア, アーサー
（Balfour, Arthur James）268, 274
バレシ, モーリス（Barrès, Maurice）244
ハンスリック, エドゥアルト
（Hanslick, Eduard）293, 301
バンディ, マクジョージ
（Bundy, McGeorge）205
東久邇宮稔彦王
（HIGASHIKUNINOMIYA Toshihiko）086
樋口真嗣（HIGUCHI Shinji）158
ヒッチコック, アルフレッド
（Hitchcock, Alfred Joseph）152, 154
ヒトラー, アドルフ（Hitler, Adolf）263, 279, 305
卑弥呼（HIMIKO）155
ヒューム, トーマス・アーネスト
（Hulme, Thomas Ernest）170
平井正（HIRAI Tadashi）308
平田オリザ（HIRATA Oriza）163
ヒンデミット, パウル（Hindemith, Paul）291, 301, 307
フーコー, ミッシェル（Foucault, Michel）248
ブーランジェ, ジョルジョ
（Boulanger, Georges Ernest Jean-Marie）242
フォスター, ジョディー（Foster, Jodie）154
福沢（福澤）諭吉（FUKUZAWA Yukichi）

シュワルツネッガー, アーノルド
（Schwarzenegger, Arnold Alois）163
昭和天皇（Hirohito）155-157
ジョージ六世（George VI）259
ジョーンズ, ジェームズ・アール
（Jones, James Earl）151
ジョンソン, リンドン
（Johnson, Lyndon Baines）205-206
末松生子（SUEMATSU Ikuko）055
末松謙澄（SUEMATSU Norizumi）044, 055, 059
菅原謙二（SUGAWARA Kenji）156
スコセッシ, マーティン（Scorsese, Martin）154
スコット, トニー（Scott, Tony）155
鈴木貫太郎（SUZUKI Kantaro）087, 157
スターリン, ヨシフ（Stalin, Joseph）263
スタール夫人
（Staël, Anne Louise Germaine de）239
ストーン, オリバー（Stone, William Oliver）148-149
ストラヴィンスキー, イーゴリ
（Stravinsky, Igor Fyodorovitch）301
ストラング, ウィリアム（Strang, William）253, 275, 281
セシル, アルジャーノン
（Cecil , Edgar Algernon Robert）253
石侍露堂（SEJI Rodo）160
副島種臣（SOEJIMA Taneomi）049
ソークロフ, アレクサンドル
（Sokurov, Aleksandr Nikolayevich）157
ソープ, リチャード（Thorpe, D.Richard）265
ソールズベリ（第三代ソールズベリ侯）
→ガスコイン=セシル
園田孝吉（SONODA Kokichi）061
ゾラ, エミール（Zola, Émile）243
ソロス, ジョージ（Soros, George）210

タ

ダーントン, ロバート（Darnton, Robert）236
大正天皇（Yoshihito）056
大地真央（DAICHI Mao）159
髙木兼寛（TAKAGI Kanehiro）046, 048
滝沢修（TAKIZAWA Osamu）159
タグウェル, レックスフォード
（Tugwel, Rexford）203-204
竹下登（TAKESHITA Noboru）096
タックマン, バーバラ
（Tuchman, Barbara Wertheim）141
田中角栄（TANAKA Kakuei）088, 158-160
丹波哲郎（TAMBA Tetsuro）158-159
チェンバレン, オースティン
（Chamberlain, Joseph Austen）274, 281
チャーチル, ウィンストン
（Spencer-Churchill, Winston Leonard）254, 263, 270, 282-283
津川雅彦（TSUGAWA Masahiko）158
筒井清忠（TSUTSUI Kiyotada）131
寺田寅彦（TERADA Torahiko）130
デリダ, ジャック（Derrida, Jacques）248
東条英機（TOJO Hideki）158
トクヴィル, アレクシス・ド
（Tocqueville, Alexis de）235-236
徳川慶喜（TOKUGAWA Yoshinobu）061-062
ドゴール, シャルル
（de Gaulle, Charles André Joseph Pierre-Marie）233
富井政章（TOMII Masaakira）050
ドレフュス, アルフレド（Dreyfus, Alfred）242-246, 248

ナ

ナイ, ジョセフ（Nye, Joseph Samuel）164
仲木繁夫（NAKAGI Shigeo）156

クリントン, ヒラリー
(Clinton, Hillary Rodham) 210, 216-217
クリントン, ビル
(Clinton, William Jefferson) 217
クルーズ, トム (Cruise, Tom) 155
栗栖三郎 (KURUSU Saburo) 140
来原良蔵 (KURUHARA Ryozo) 034
黒田清隆 (KURODA Kiyotaka) 085
桑子敏雄 (KUWAKO Toshio) 189
ケネディ, ジョン・F
(Kennedy, John Fitzgerald) 149-150, 153, 204-206, 217
ゲフィン, デヴィッド
(Geffen, David Lawrence) 153
ケリー, ジョン (Kerry, John Forbes) 219-220
小泉純一郎 (KOIZUMI Jun'ichiro) 087-088, 095-096, 099-100, 159-161
ゴールドウォーター, バリー
(Goldwater, Barry Morris) 206-207, 214, 218-219, 228
コシャン, オーギュスト (Cochin, Augustin) 236
小杉勇 (KOSUGI Isamu) 156
後藤新平 (GOTO Shimpei) 068
後藤田正晴 (GOTODA Masaharu) 093
近衛文麿 (KONOE Fumimaro) 043, 084, 157
小林秀雄 (KOBAYASHI Hideo) 012
小村寿太郎 (KOMURA Jutaro) 043
近藤廉平 (KONDO Rempei) 049
今日出海 (KON Hidemi) 156

サ

サージェント, ジョセフ (Sargent, Joseph) 151
西園寺公望 (SAIONJI Kimmochi) 043, 057-059, 065-066, 068-069, 087, 157
西郷隆盛 (SAIGO Takamori) 021-022
西郷従道 (SAIGO Tsugumichi) 044
斎藤実 (SAITO Makoto) 087
阪本浩一 (SAKAMOTO Koichi) 162
阪本順治 (SAKAMOTO Junji) 160
佐久間象山 (SAKUMA Shozan) 137-138
佐々木毅 (SASAKI Takeshi) 171
佐々木力 (SASAKI Chikara) 236
佐々木勇之助 (SASAKI Yunosuke) 062
佐藤栄作 (SATO Eisaku) 086-088, 092, 095-096, 158-159
佐分利信 (SABURI Shin) 159
鮫島武之助 (SAMEJIMA Takenosuke) 059
サルトル, ジャン=ポール
(Sartre, Jean-Paul Charles Aymard) 246, 248
澤田美喜 (SAWADA Miki) 049
三条実美 (SANJO Sanetomi) 027, 065
シェーンベルク, アルノルト
(Schönberg, Arnold) 305-306
志立鉄次郎 (SHIDACHI Tetsujiro) 062
篠田正浩 (SHINODA Masahiro) 157
司馬遼太郎 (SHIBA Ryotaro) 019-021
渋沢栄一 (SHIBUSAWA Ei'ichi) 046, 060-063
島田三郎 (SHIMADA Saburo) 067
島津忠寛 (SHIMADU Tadahiro) 049
ジャクソン, アンドリュー
(Jackson, Andrew) 201
シャルチェ, ロジェ (Chartier, Roger) 236
シャルル, クリストフ (Charle, Christophe) 235, 243
シューマン, ロベルト
(Schumann, Robert Alexander) 296
シュタイン, ローレンツ・フォン
(Stein, Lorenz von) 026, 028-030
シュトラウス, リヒャルト
(Strauss, Richard Georg) 291
シュレジンジャー, アーサー
(Schlesinger, Arthur Meier) 205

ウェーバー, マックス (Weber, Max) 293
ウェンジャー, ウオルター
(Wanger, Walter) 152-153
ウォーレス, ジョージ
(Wallace, George Corley) 154
ウッド, エドワード (Wood, Edward) 274
梅謙次郎 (UME Kenjiro) 052
榎木孝明 (ENOKI Takaaki) 157
エメリッヒ, ローランド
(Emmerich, Roland) 152
大久保利通 (OKUBO Toshimichi) 022, 065
大隈重信 (OKUMA Shigenobu) 050, 055, 062, 067, 069, 085
大倉喜八郎 (OKURA Kihachiro) 068
大島義昌 (OSHIMA Yoshimasa) 068
大滝秀治 (OTAKI Shuji) 157
大平正芳 (OHIRA Masayoshi) 088
大山巖 (OYAMA Iwao) 044
岡本愛祐 (OKAMOTO Aisuke) 044
岡本喜八 (OKAMOTO Kihachi) 156
沖守固 (OKI Morikata) 049
奥崎謙三 (OKUZAKI Kenzo) 157
尾崎行雄 (OZAKI Yukio) 044, 067
押川方義 (OSHIKAWA Masayoshi) 062
尾高惇忠 (ODAKA Atsutada) 060
オバマ, バラク (Obama, Barack Hussein) 145, 153, 164, 210, 216-217, 219
小渕恵三 (OBUCHI Keizo) 088

カ

カーゾン, ナサニエル (初代カーゾン伯)
(Curzon, George Nathaniel) 274, 281
カーター, ジミー (Carter, James Earl Jr.) 217
海部俊樹 (KAIFU Toshiki) 088, 096
ガスコイン=セシル, ロバート
(Gascoyne-Cecil, Robert Arthur Talbot) 268, 274
桂太郎 (KATSURA Taro) 043, 056, 061, 069, 086, 157
加藤高明 (KATO Takaaki) 049, 058-059, 067-069, 089
加藤尚武 (KATO Hisatake) 176
金子堅太郎 (KANEKO Kentaro) 050
カノ, アロンソ (Cano, Alonso) 265
樺山資紀 (KABAYAMA Sukenori) 049
ガダマー, ハンス=ゲオルク
(Gadamer, Hans-Georg) 135-136
神島二郎 (KAMISHIMA Jiro) 007
亀井文夫 (KAMEI Fumio) 156
ガリレオ (Galileo Galilei) 236
カロン, ミシェル (Callon, Michel) 183, 185
河合弥八 (KAWAI Yahachi) 044
菅直人 (KAN Naoto) 099-100
菊島隆三 (KIKUSHIMA Ryuzo) 163
岸信介 (KISHI Nobusuke) 158-159
ギゾー, フランソワ
(Guizot, François Pierre Guillaume) 238-239
北畠親房 (KITABATAKE Chikahusa) 136
木戸孝允 (KIDO Takayoshi) 021-022, 065
衣笠貞之助 (KINUGASA Teinosuke) 155
木下恵介 (KINOSHITA Keisuke) 156
キャナダイン, デイヴィッド
(Cannadine, David) 260, 273
キューブリック, スタンリー
(Kubrick, Stanley) 152
京極純一 (KYOGOKU Jun'ichi) 007
京マチ子 (KYO Machiko) 156
クーパー, ダフ (Cooper, Alfred Duff) 278
倉田百三 (KURATA Hyakuzo) 131
グラッドストン, ウィリアム
(Gladstone, William Ewart) 268
クリック, バーナード (Crick, Bernard R.) 129
グリフィス, デヴィッド (Griffiths, David) 147

主要人名索引

ア

アーペル, カール=オットー
(Apel, Karl-Otto) 189
アーモンド, ガブリエル・A
(Almond, Gabriel Abraham) 005-006
アイゼンハワー, ドワイト
(Eisenhower, Dwight David) 153, 213
浅野総一郎(ASANO Soichiro) 062
浅利慶太(ASARI Keita) 163
芦田伸介(ASHIDA Shinsuke) 158
麻生太郎(ASO Taro) 099-100
アダムズ, ジョン・クインシー
(Adams, John Quincy) 227
アダムズ, ヘンリー(Adams, Henry) 228
アタリ, ジャック(Attali, Jacques) 233
アチソン, ディーン
(Acheson, Dean Gooderham) 228
アトリー, クレメント
(Attlee, Clement Richard) 254, 283-284
アドルノ, テオドール
(Adorno, Theodor Ludwig Wiesengrund)
292, 306
阿部次郎(ABE Jiro) 131-132
安倍晋三(ABE Shinzo) 088, 099-100,
125-126
安倍能成(ABE Yoshishige) 131
有栖川宮(ARISUGAWANOMIYA) 027, 044
アリストテレス(Aristotle) 135
安重根(An Jung-geun) 064
イーデン, アンソニー
(Eden, Robert Anthony) 251-253,
263-275, 280-281, 284-285
イーデン, ウィリアム(Eden, William)
264-266
イーデン, ウィリアム(オークランド卿)
(Eden, William) 272
イーデン, シビル(Eden, Sybil) 266, 272
イーデン, マージョリー(Eden, Marjorie)
266, 271
池田勇人(IKEDA Hayato) 087, 095, 158
石坂浩二(ISHIZAKA Koji) 158-159
石橋湛山(ISHIBASHI Tanzan) 089, 158
イッセー尾形(ISSEY OGATA) 157
伊藤梅子(ITO Umeko) 057-058, 064
伊藤俊也(ITO Shun'ya) 158
伊藤博邦(ITO Hirokuni) 064, 066
伊藤博文(ITO Hirobumi) 019-039,
043-044, 050-065, 068-069, 085, 087
伊東巳代治(ITO Miyoji) 050
稲垣満次郎(INAGAKI Manjiro) 061
犬養毅(INUKAI Tsuyoshi) 061, 087, 089
井上馨(INOUE Kaoru) 050, 059, 066, 068
井上毅(INOUE Kowashi) 050
井上真(INOUE Makoto) 193
岩倉具視(IWAKURA Tomomi) 027, 065
岩崎久弥(IWASAKI Hisaya) 049, 062
岩崎美和(IWASAKI Miwa) 049
岩崎弥太郎(IWASAKI Yataro) 058
岩崎弥之助(IWASAKI Yanosuke) 049, 051,
062
ヴァーバ, シドニー(Verba, Sidney) 005
ウィリアムズ, フランシス
(Williams, Francis) 262, 282
ウィルソン, ウッドロウ
(Wilson, Thomas Woodrow) 148, 203

編者、序論・あとがき執筆
❖筒井清忠（帝京大学文学部教授）

第1章執筆❖瀧井一博（国際日本文化研究センター准教授）
第2章執筆❖奈良岡聰智（京都大学大学院法学研究科准教授）
第3章執筆❖待鳥聡史（京都大学大学院法学研究科教授）
第4章執筆❖加藤秀樹（構想日本代表、東京財団理事長）
第5章執筆❖苅部直（東京大学大学院法学政治学研究科教授）
第6章執筆❖村田晃嗣（同志社大学法学部教授）
第7章執筆❖小林傳司（大阪大学コミュニケーションデザイン・センター教授）
第8章執筆❖久保文明（東京大学大学院法学政治学研究科教授）
第9章執筆❖宇野重規（東京大学社会科学研究所教授）
第10章執筆❖細谷雄一（慶應義塾大学法学部教授）
第11章執筆❖岡田暁生（京都大学人文科学研究所准教授）

政治的リーダーと文化

二〇一一年六月二〇日　初版第一刷発行

編著者　筒井清忠
発行者　千倉成示
発行所　株式会社 千倉書房
〒一〇四-〇〇三一
東京都中央区京橋二-四-一二
〇三-三二七三-三九三一（代表）
http://www.chikura.co.jp/

印刷・製本　中央精版印刷株式会社
造本装丁　米谷豪

ISBN 978-4-8051-0969-4 C0030

歴史としての現代日本

五百旗頭真 著

日本外交史・国際関係論の碩学による、近現代史を読み解く最良のブックガイド。第七回毎日書評賞受賞。

❖四六判／本体 二四〇〇円＋税／978-4-8051-0889-5

表象の戦後人物誌

御厨貴 著

戦後史を表象する人物の足跡をたどり、我々の人生をすっぽりと覆うほど長い「戦後」の変遷と変質に迫る。

❖四六判／本体 二四〇〇円＋税／978-4-8051-0912-0

なぜ歴史が書けるか

升味準之輔 著

歴史家は意味や効用があるから歴史を書くのではない。政党史研究の泰斗が傘寿を越えてたどり着いた境地。

❖四六判／本体 二八〇〇円＋税／978-4-8051-0897-0

千倉書房

表示価格は二〇一一年五月現在